나는 재미있게 살았다

As Good As It Gets

한국·독일·캐나다에서
진정한 삶의 재미를 깨달은 인생 이야기

조정훈

Edia

나는 재미있게 살았다
As Good As It Gets

초판1쇄발행 2024년 9월 10일

글쓴이 조정훈
윤문·편집 김영신
펴낸곳 에디아
주소 04557 서울시 중구 퇴계로37길 14 기종빌딩 6층
전화 02-2263-6321
팩스 02-2263-6322
등록번호 제1996-000115호(1996.7.30)

ISBN · 978-89-87977-61-4 03810
값 15,000원 $15CAN

문의 youngshin.books@gmail.com

남보다 힘들게 살았다고,

남보다 재미있게 살았다고도 할 수 있습니다.

인생이 힘들면서도 재미있었습니다.

재미와 사랑이 있었던 모든 순간에 감사드립니다.

나이아가라 폭포 앞에서 아내와 함께, 1975년

차례

03 어디든지 이끄시면 *If you lead me anywhere*

04 빈들에 마른 풀 같이 *Like dried grass in an empty field*

05 기쁠 때나 슬플 때나 *When I'm happy or sad*

06 공중나는 새를 보라 *Look at the flying bird*

10 고생과 수고가 지난 후 *After all the hardship*

11 나의 갈 길 다가도록 *Jesus leads me to go my way*

추천의 글

Foreword

이민 와 살아가며 수없이 많이 들은 이야기 중 하나는 "이민 생활을 이야기로 쓰면 10권의 책으로도 모자란다"는 말입니다. 그런데 한 이민자의 삶의 이야기가 이렇게 감동적일 수 있음을 "나는 재미있게 살았다"에서 실제로 확인할 수 있었고 희로애락의 이 이야기를 울고 웃으며 빠르게 그리고 천천히 읽으며 아팠고 또 즐거웠습니다.

조정훈 장로님과 한 교회를 12년간 섬겼던 목회자로 장로님을 볼 때 성격이 온유하면서도 강직하고 모범이 될 만큼 주어진 일에 성실하고 충성스럽고 늘 언행이 일관된 분이셨는데 이 책을 통해 장로님의 삶이 그렇게 보여지고, 그렇게 느껴진 것의 근거가 무엇이었는가를 확실히 알 수 있었습니다.

장로님의 자전적 기록인 "나는 재미있게 살았다"는 창세기의 별책부록과도 같다고 생각합니다. "갈 바를 모르고 나아갔으며", "130년 험악한 세월을 보내었나이다" 아브라함의 결단, 야곱의 고백이 생각나 마치 족장들의 삶의 여정을 읽는 듯했습니다. 거기에 사회과학적인 통찰도 양념처럼 뿌려져 그 맛이 쏠쏠합니다.

이 책은 흥미진진합니다. 엎치락 뒤치락이 있는 인생 여정의 희로애락이 당당합니다. 자서전 머리말에 "나의 인생에 찾아온 재미 속에 진지한 교훈이 있었고, 고통 속에도 숨겨진 재미를 찾을 수 있었다"라는 글에 나타난 "고통과 재미가 한 덩어리"라는 삶의 깊은 통찰은 이 책을 읽는 내내 모든 이들에게 깊은 울림이 될 것입니다.

"성경대로 살면 인생을 재미있게 살 수 있겠구나"(P. 271) 이렇게 시작된 마음을 "나는 재미있게 살았다"로 결실케 하신 하나님을 찬양하며 기쁨으로 이 책을 여러분 모두에게 추천합니다.

> "너희 안에서 착한 일을 시작하신 이가 그리스도 예수의 날까지 이루실 줄을 확신하노라"

2024. 7. 25

유 충 식 목사

프롤로그

Prologue

"기쁨"과 "슬픔"은 자매지간이라는 말이 있다. 완전히 다른 것 같지만 동전의 앞, 뒷면처럼 하나 안에 거하기도 하고, 둘 사이에 긴 간극 없이 기쁨 뒤에 슬픔이, 슬픔 뒤에 기쁨이 바로바로 오기도 한다. 그래서 기쁘다고 호들갑을 떨 필요도 없고, 슬픔에 빠져 좌절할 필요도 없다. 생각만 달리 하면 기쁨 속에서도 침착하게 대비할 것이 있고, 슬픔 속에서도 불행 중 다행이라며 기뻐할 것이 있다.

나에게는 인생의 "재미"와 "고통"이 그러하다. 내 인생에 따로 따로 단독으로 찾아온 것 같기도 하지만, 생각하기에 따라 하나로 볼 수도 있겠다. 재미 속에도 진지한 삶의 교훈이 있었고, 고통 속에도 숨겨진 재미를 찾을 수 있었다. 그래서 이 나이가 되면 어떤 일에도 크게 놀랄 일이 없게 된다. 하나로 뭉뚱그려 그저 감사하게 된다.

이 책을 쓰게 된 결정적인 이유는 오래 전 아들들의 질문에서부터 시작되었다. "아빠, 어떤 인생을 살아오셨어요? 한국에서 태어나서 독일에 갔다고요? 그리고 다시 캐나다로 왔다고요? 왜요?" 아들들은 어릴 때부터 눈을 동그랗게 뜨고 내게 물어왔지만 나는 한 번도 아이들을 붙잡고 속 시원하게 제대로 말해준 적이 없다. 어디서부터 어떻게 말해야 할지 난감했고, 이왕 알려주려면 잘 정리해서 잘 말해주고 싶었다.

그래서 생전 처음 컴퓨터라는 것을 켜고, 워드라는 프로그램을 배우고, 느리디 느린 독수리 타법으로 지나온 날들을 하나 하나씩 깨알같이 복기해보았다. 젊은 사람이면 7일 안에 마쳤을 일을 나는 석 달을 넘게 해도 모자랐다. 이런 컴맹인 늙은 노인을 남다른 인내심을 가지고 컴퓨터의 세계로 인도한 나의 젊은 친구 김덕용 집사에게 고마움을 전한다. 두서없이 쓴 글을 잘 다듬어준 김영신 작가와의 인연도 참으로 감사한 기도 제목이다. 그리고 성심성의를 다해 아름다운 결과물로 만들어준 에디아 출판사 박희정 사장께도 감사의 마음을 보낸다.

무엇보다도 이 이야기의 공동주연인 내 인생 최고의 친구이자 아내 정병숙 여사에게 모든 공을 돌리고 싶다. 그리고 아빠의 인생에 대해 더욱 알고 사랑하기 원하는 속 깊은 아들들 Ricky와 Philip에게 이 책을 바친다. 한 식구가 되어 한 배를 타고 멋지게 인생을 항해중인 사랑하는 며느리들 Clara와 Sharon, 그리고 반짝이는 보석 같은 손주들 Cecily, Elliott, Micah의 앞날에 내가 줄 수 있는 가장 큰 사랑과 축복의 선물로 이 책을 안겨주고 싶다. 이들이 진정 재미있는 인생을 살기를 바라면서…

사사롭고 개인적인 이유로 책을 내게 되는 것이 부끄러워 여러 번 망설이기도 했다. 하지만 인터넷 세상인 지금과는 너무도 다른, 옛날 아날로그 시대에 좌충우돌 몸으로 부딪히며 3개국을 거쳐 살아온 남다른 경험과 지혜(조금이라도 있다면)를 나누고 싶기도 했고, 나의 이야기를 통해 자라나는 후손들과 한국의 조카들에게도 연대감을 주고 싶었다.

그리고 요즘 한국에 가면 외국인 이주 노동자들을 많이 보게 된다. 그들의 모습을 보면 과거의 내 모습이 떠올라 더욱 유심히 바라보게 되고 친절하게 말 한마디라도 건네고 싶어진다. 이 책을 쓰면서 이상하게도 그분들 생각이 많이 났다. 나는 거창한 조언을 할 자격이나 능력이 없는 사람이지만, 우리 모두가 외국인 이주

노동자들을 차별하지 않고 격려하고 응원해 주길 바라는 희망도 꾹꾹 눌러 담아서 쓰게 되었다.

그리고 무엇보다도 나에게 가장 벅찬 감격이 되어 절실하게 표현하고 싶었던 그것, 그것은 바로 "하나님에 대한 감사"이다. 이것은 80세 어린이인 어리석고 초라한 내가 삐뚤빼뚤 마음을 담아 눌러쓴 하나님께 드리는 감사의 땡큐 카드이자 귀여운 포옹 같은 것이다.

한평생 나의 인생을 이끌어 주시고 보호해주신 그분께 모든 것을 올려드린다. 드린다는 말도 어불성설이다. 그 분이 거저 주신 모든 것, 잘 누리며 잘 사용하고 살아왔음에 감사드리고 또 감사드린다. 이 이야기의 시작과 끝은 그분이셨으며 이 페이지에서 저 페이지로 모든 장면을 넘기는 손길이 다 그분이셨다.

2024년 9월
Northhill Park
선선한 바람 속에서 찬양과 함께
조정훈 드림

01

그 시절 우리는

When we were young

나의 살던 고향은 *Song of my hometown*

나의 부모님 *Dear mom and dad*

고향풍경 I *Sketch of my hometown I*

나의 가족 *My family*

농사는 종합예술 *The art of agriculture*

고향풍경 II *Sketch of my hometown II*

고향풍경 III *Sketch of my hometown III*

자연, 놀이터이자 식탁 *Nature, playground, dining table*

나의 살던 고향은

Song of my hometown

꽃피는 논산이다. 청춘들의 군화 소리가 울려 퍼지는 육군 훈련소가 있고, 요즘에는 봄이 되면 딸기축제를 여는 곳으로 유명하다고 한다.

우리 집에서 논산 읍내까지는 약 10리(1리 = 약 0.4㎞), 걸어서 한 시간 정도의 거리이다. 읍내에는 논산 군청을 중심으로 국민학교(초등학교의 옛 명칭), 중학교, 고등학교가 둘러싸 있고, 호남선이 지나가는 논산 역 대합실에는 언제나 물건을 이고 지고 오가는 많은 사람들이 북적거렸다. 이별의 논산훈련소 때문인지 항상 만원이었고, 아들을 보내고 남겨진 가족들의 눈동자는 빨갛게 젖어 있었다.

논산역에서 출발하는 기차는 위로는 대전을 거쳐 서울로 가고, 아래로는 이리를 거쳐 순천이나 광주, 목포까지 간다. 논산 역 옆에는 논산 시외버스 정류소가 있는데 서울, 대전, 전주, 공주, 부여

등 여러 방면으로 가는 다양한 노선이 있어 어린 내 눈에는 이 곳이 세상의 중심 같았다.

그 당시 논산읍은 주위에서 꽤 큰 도시에 속했으므로 5일마다 큰 장이 섰다. 장날이 되면 많은 사람들이 몰려들었고 각종 농산물, 수산물, 축산물, 식료품, 생활용품 등이 그동안 어디에 숨어 있다가 이렇게 한꺼번에 나타나나 싶게 요술처럼 쏟아지고 펼쳐졌다. 있을 것은 다 있고, 없을 것은 없다는 시골 장터의 풍경은 그 자체로 인간미가 넘치고 사람을 살 맛나게 만드는 에너지를 준다.

구두방에서는 각자의 발 사이즈에 맞춰서 요모양 조모양의 구두를 만들어 내었고, 양복점에서는 각자의 몸에 맞게 요리조리 치수를 재어 양복을 맞춰 주었다. 고물 자전거들을 수리해주는 자전거포와 인감도장을 파주는 도장집도 보였고, 그 주위로는 주로 흰 저고리에 검정치마를 입은 아주머니들과 할머니들이 떡, 고구마, 강냉이 등을 광주리에 놓고서 길거리에 사이좋게 앉아 팔고 계셨다. 이렇게 맛있고 간소한 음식들이 후식이나 간식이었다면 더 좋았으련만, 배고픈 우리에겐 입에 넣을 수 있는 모든 음식이 크고 작든 간에 상관없이 다 식사 대용이었다. 아니 식사용이라고 해도 이것마저 사 먹을 수 있는 사람은 소수였고, 조금 여유가 있는 사람들은 시장통 안으로 좀 더 깊이 들어가 돼지 국밥이나 순대국을 사 먹을 수 있었다. 어느 정도의 배고픔은 기본적으로 달고 살던 시절이었다.

길에서는 어린 동생을 등에 업고 천으로 허리를 둘둘 두른 채 다니는 여자아이들을 쉽게 볼 수 있었다. 한 집에 자녀가 대 여섯인 집이 많았으니, 부모가 밖에 나가 일을 하면 동생들을 돌보는 일은 자연스럽게 언니나 누나의 몫이었다.

남자들은 주로 한복 바지와 저고리를 입었고, 개중에는 상투를 튼 사람들도 있었다. 조금 깨인 멋을 아는 사람들은 군복을 검게 물들여 입고 다녔다. 한복과 양복을 입은 사람들이 안 어울리는 듯 어울려 함께 다녔고 고무신을 신은 사람들과 짚신을 신은 사람들을 동시에 볼 수 있었다. 지금 생각해보면, 옛것과 새것이 오묘하게 섞인 매력적인 믹스 앤 매치(Mix & Match)의 시대가 아니었나 싶다.

지위와 여유가 있는 '양반'이라는 사람들은, 여전히 갓을 쓰고 하얀 두루마기에 더 하얀 고무신을 신고 고고하게 다녔기에 주위에서 쉽게 알아볼 수 있었다. 비라도 내리면 보통 사람들은 처마 밑으로 급히 뛰어들어가 비를 피했지만, 천박한 뜀박질 따위를 하지 않고 뒤뚱뒤뚱 오종종한 오리걸음으로 비를 피하는 양반들의 우스꽝스러운 모습은 여간 신기하고 재미난 구경이 아닐 수 없었다.

나의 부모님

Dear mom and dad

나는 1946년 평범한 집안에서 4남 4녀 중 3남으로 태어났다. 할아버지는 일제시대에 일찍 돌아가셨는데, 큰아버지가 재산을 다 차지하시고, 동생인 우리 아버지를 공부도 시키지 않으셔서 아버지는 주경야독(晝耕夜讀)으로 검정고시를 통과한 뒤 공무원이 되셨다. 아버지가 군청 공무원으로 일하셨기 때문에 그나마 우리집은 안정적인 생활을 할 수 있었다.

어머님은 평범한 보통의 가정주부셨다. 아니, 사실은 슈퍼우먼이셨다. 아침 일찍 일어나 도시락과 준비물을 챙겨 우리들을 학교에 보내고, 아버지의 출근 준비를 돕고, 그 큰 집안 살림을 다 꾸려나가시면서 동시에 일꾼들을 불러 농사 일도 도맡아 하셨다. 어머님은 바쁜 농사일뿐만 아니라 우리의 학업과 진학에도 무척 관심을 기울이셨고 아낌없이 후원하셨다. 저녁에 아버지가 군청에서 퇴근하고 돌아오시면 두 분이 두런두런 이야기를 나눌 때가 많았는데, 어린 나의 눈에도 아버지는 농사에 관해 이론적으로 아는 것이 많고, 어머니는 현실적으로 더 아는 것이 많아 보였다.

어머님은 집에 조금이라도 여유가 생기면, 조금씩 땅을 사서 늘리셨다. 땅이 많아 땅부자란 소리를 들었을 뿐, 실제적인 집안 살림은 팍팍했고 늘 빚에 쪼들렸다. 그래도 어머님은 빚을 갚으면 또 땅을 사셨다. 그렇게 우리는 여유 없이 빠듯하고 빡빡하게 살았지만, 어머님은 차곡차곡 재산을 성실하게 불려 가셨다.

고향풍경 I

Sketch of my hometown I

우리모두는 특별한 일이 아니고선 고향 주위를 벗어나는 일이 없었다. 그 때만 해도 대중교통이 흔하지 않았을 뿐만 아니라, 대중교통을 이용하는 것이 사치에 가까웠으므로 사람들은 주로 걸어서 다녔다.

우리 집에서 20리(약 8㎞)를 가면 일제시대에 만들어진 강경 읍이 나타난다. 꽤 먼 거리임에도 불구하고 그 정도는 아침에 걸어 갔다가 오후에 걸어 돌아올 수 있는 일일생활권으로 생각했다. 강경 읍에는 '부산시장', '목포시장'과 더불어 한국 3대 시장이라고 불리는 '강경시장'이 있었다. 농산물, 수산물, 축산물이 모여드는 집합지로서 상업이 발달하였고, 그러한 분위기를 반영하듯 유명한 강경 상업고등학교가 있었다. '부산상고', '목포상고', '강경상고'는 당시 그 지역의 수재들이 모이는 출세길의 출발점이었다.

강경에는 호남평야에서 생산되는 풍부한 농산물과 소금에 절여지거나 젓갈로 만들어진 서해의 해산물이 금강을 통해 배로 운송되었다. 대개는 노를 젓는 배들이었고 가끔은 엔진을 달고 통통거리는 소리를 내며 다니는 배들이 있었는데 우리는 그것을 '통통배'라고 불렀다. 강경 읍은 일본식으로 지은 집들과 큰 상점들이 많아서 구경할 것도 많은, 한마디로 윈도 쇼핑의 거리였다.

우리 집에서 동쪽으로 10리를 가면 논산훈련소가 있는 연무대 읍이 나타난다. 남자들이 입대를 하면 수용연대에 모여 신체검사를 한 뒤 훈련소에 배치되어 6주 동안 훈련을 받고 배출대에서 전방이나 후방으로 배치된다. 바로 그 6주 동안의 훈련 기간을 이 곳 논산훈련소에서 보낸다. 주말에 훈련병들의 면회날이 되면, 전국 각지에서 그들의 가족들과 연인들이 모여들었다.

고장의 자랑인 육군 병원도 있었다. 육군 병원은 현대적인 시설을 갖추고 군의관들도 많았지만 일반인들은 갈 수가 없는 병원이었다. 나와 같은 일반인이 아플 때면 면허증이 없는 의사가 왕진가방을 들고 직접 집으로 와서 진찰을 하고 처방을 내리기도 했다.

훈련소 뒤에는 장엄한 지리산 줄기에서 뻗어 나온 높은 산들이 많았는데, 동네 사람들은 그곳을 두메산골이라 불렀다. 우리 할머니의 고향이기도 하고 6.25 사변때는 우리 식구가 하루 종일 걸어서 피난을 갔던 곳이기도 하다. 나는 전쟁중인 것도 모르고 그 곳 개울가에서 가재를 잡느라 정신이 팔렸었던 개구쟁이 천둥벌거숭이 였다고… 어머님은 그 때를 회상할 때마다 혀를 차며 웃으셨다.

나의 가족

My family

형님은 고등학교를 수석으로 졸업하고 서울로 올라가 공대를 졸업했고, 여동생들도 모두 논산이나 강경에서 고등교육을 받았다. 특히 남동생은 논산 중학교를 수석으로 입학했는데 논산 사거리에 축하 현수막이 걸리고 그가 졸업한 국민학교와 우리 집에서는 매일매일 잔치가 벌어졌었다. 우등생인 동생은 대전으로 유학간 뒤 훗날 서울대학교로 진학했다.

나도 고등학교까지는 형제들과 비슷한 코스를 밟았으나 그렇게 뛰어난 편도, 처지는 편도 아닌 평범한 학창시절을 보냈다. 부모님은 우리들의 등록금 때문에 힘들게 사셨지만, 자식들이 밖에 나가서 제 할 일도 잘하고 공부도 잘하니 육신은 피곤하여도 마음은 날아갈 듯하다며 늘 뿌듯해하셨다.

옛말에, 형제 자매란 나무에 비기면 같은 뿌리에서 뻗은 가지요, 물에다 비기면 같은 수원에서 갈린 다른 흐름이라고 하였다.

하나의 가지, 하나의 물줄기로 시작되었지만 각자 개성도 도드라졌던 우리 4남 4녀는 부모님의 한량없는 사랑 속에서 콩 한 쪽도 나눠먹으며 우애있게 자라났다. 가장 가까운 가족과 화목하게 지낼 줄 아는 것, 그것이 타인과도 잘 지낼 수 있는 길의 첫걸음이 되었던 것 같다.

어머니와 여동생들

농사는 종합예술

The art of agriculture

우리는 다른 집보다 농사를 많이 지었기 때문에 모내기 날이 되면 일꾼들 40~50명을 불러 모내기를 했다. 모내기나 추수 때가 되면 우리집에는 새벽부터 많은 일꾼들이 모여 7개나 되는 방안을 가득 채우고 앉아서 식사를 했다. 일꾼들뿐만 아니라 그들의 아내나 아이들도 같이 와서 밥을 먹었다. 해 뜨기 전에 아침을 먹고 논으로 나간 일꾼들은 해가 떨어져 컴컴할 때 돌아와 다시 우리집에서 저녁을 먹고 각자의 집으로 돌아갔다.

동네 아주머니들은 부엌 일을 도와주시고, 일당 대신 음식으로 수고한 값을 챙겨 가셨다. 부엌 일을 도우신 아주머니들, 일꾼들과 그 가족들까지 합치면 매일 약 100명이 식사를 하고, 남은 음식을 싸가기까지 했으니 지금 생각해도 놀라운 스케일이 아닐 수 없다. 너와 나를 구별하지 않고 서로를 가족같이 여기는 정(情)과 유대감이 살아있던 때였다.

추수할 때도 마찬가지였다. 아주머니들은 하루 종일 부엌에서 아침, 점심, 저녁 그리고 사이사이의 새참까지 총 다섯 끼의 식사를 준비하셨고 그 모든 것이 어머님의 진두지휘 하에 일사불란하게 진행되었다.

일꾼들은 새파랗게 날이 선 낫을 허리에 차고 논으로 가서 벼를 베어 논바닥에 세워놓고, 약 일 주일 후에 벼가 마르면 집으로 날라왔다. 볏단을 집으로 들일 때는 논길이 좁기 때문에 일꾼들이 하루 종일 지게로 날라야 했다. 일렬로 줄을 지어 논두렁 밭두렁을 넘는 지게꾼들의 행진은 장관이었고, 그것을 또 다른 무리의 일꾼들이 이어받아서 마당에 탑처럼 쌓는 것을 보면, 마치 어떤 예술 공연을 보는 것 같은 착각마저 들었다. 탈곡을 마친 알곡은 곳간으로 들어갔고, 볏짚은 집 뒤에 작은 성처럼 쌓여갔다. 볏짚은 겨울 내내 소 여물이 되어주고, 새끼를 꼬거나 가마니를 만드는 데에도 쓰이고, 지붕을 얹는 데에도 쓰이고, 부엌에서 불을 지피는 땔감용으로도 쓰였으니… 지푸라기 한 올도 공(空)으로 버려지는 것이 없었다.

요즘도 캐나다 가을 들판에 거대한 두루마리 휴지처럼 돌돌 말려진 건초더미(hay)를 보면 어릴 적 고향생각이 난다. 마른 풀 하나도 사람을 위해 일하는 감사한 자연이다.

고향풍경 II

Sketch of my hometown II

우리집은 은진 면사무소에서 5리쯤 떨어진 산골에 있었다. 은진 면에는 국민학교, 사무소, 지서(파출소), 우체국 등의 주요 기관들과 향교, 버스 정류장, 육군장교 숙소 그리고 양조장이 한 장의 그림엽서처럼 오밀조밀 모여 있었다.

매일 아침, 나는 굽이굽이 산길과 보리밭 길을 지나 5리를 걸어야 학교에 다다를 수 있었다. 학교에서 북쪽으로 5리를 더 가면 탑정리 저수지가 있고, 북서쪽으로 5리를 더 가면 유명한 은진 미륵 관촉사가 있었다. 학교 소풍은 언제나 그 두 곳 중 하나였다.

탑정리 저수지는 일제시대에 만들어진 인공호수다. 계곡을 막아 호수를 만들었고, 수로를 만들어 농사용 물을 대었다. 여름 방학 때는 그 곳에서 아이들이 물놀이나 낚시를 하다가 잘못되는 경우도 많아 안타까운 장소로 기억되기도 했다.

동네 언덕에 올라가면 뒤에는 야산이 있고 앞으로는 넓은 논과 밭이 있었는데, 가을에 곡식이 익어 황금평야가 되면 바람에 벼들끼리 비벼지는 소리와 함께 금빛 물결이 이리저리 일렁거렸다. 그것을 한참 바라보고 있노라면 내 몸도 저절로 박자를 맞춰 흔들거렸다.

마을에는 약 150가구, 900명 정도의 사람이 살았으며 조씨 집안의 집성촌 답게 거의 대부분이 피를 나눈 친척들이었다. 그러니 서로가 필요할 때마다 도와주고 기쁨도 슬픔도 함께 나누는 가족 같은 분위기였고, 마을 어른들은 향교(조선시대부터 내려오는 지방 교육기관)를 중심으로 유교(선을 지향하는 동양철학)를 중시하는 질서 속에서 살아왔다. 마을 인구의 대략 20 % 정도는 자기 소유의 땅 하나 없이 품을 팔아서 먹고사는 가난한 사람들이었고, 약 40%는 논이나 밭을 5마지기 정도쯤 소유하고 있으나 해마다 4, 5월이 되면 보릿고개를 겪어야 하는 고달픈 신세였다. '보릿고개'란, 지난해 가을에 수확한 식량이 모두 떨어진 데다가 햇보리는 아직 여물기 전이어서 일년 중 가장 먹을 것이 없는 어려운 때를 말한다. 이 배고픔의 시기가 고개를 넘는 것처럼 힘들다고 하여 보릿고개라 부른다고 했다. 그래서 이 때, 가난한 사람들은 다가오는 여름에 농사일을 해주겠다는 조건으로 외상으로 양식을 빌리러 다녔다. 해마다 3, 4월이 되면 개나리꽃을 중심으로 진달래, 제비꽃, 할미꽃 등이 여기저기 흐드러지게 피어나는데, 아이러니하게도 이 반가운 꽃소식이 보릿고개의 서막을 알리는 슬픈 신호탄이 되었다.

고향풍경 Ⅲ

Sketch of my hometown III

그때만 해도 아버지 혼자 벌어서 가족을 책임지는 외벌이 시대였다. 어머니들은 주로 가정일이나 아이들을 돌보는 일을 했지만, 논이나 밭에 나가서 열심히 노동도 하셨고 삯바느질이나 남의 집 허드렛일, 행상과 노점상 등 닥치는대로 일을 하셨다. 여자가 한번 시집을 가면 죽을 때까지 남편의 집을 위해 봉사해야 하는 것으로 알았고, 무슨 일이 있어도 친정으로 돌아와서는 절대 안 되는 것이었다. 못 사는 집안의 딸들은 서울로 식모살이(남의 집에 고용되어 집안 일을 맡아하는 거주형 도우미)를 하러 가거나 노동환경이 취약한 방직공장에 취직하여 청춘을 바치기도 했다.

남녀노소를 불문하고 모두가 하루하루 먹고사는 일이 힘에 겨웠다. 사람 입 하나를 더하는 일이 가장 무서울 때였고 가난을 이겨낼 방법이 없어서 장남 한 명만이라도 제대로 공부를 시켜서 집안을 일으켜보자는 게 부모들의 유일한 꿈이기도 했다. 비교적 안정적으로 사는 가정은 아버지가 공무원, 우체국이나 경찰 혹은 철도청에 근무하여 고정수입이 들어오는 집이었다. 그런 부류의 직업인들은 마을에서 지식인으로 인정받고 생활형편도 좋은 편이었다. 하지만 그런 직업은 동네에서 몇 되지도 않았고 대부분의 동네 사람들은 도토리 키재기로 고만고만하게 가난하게 살았기 때문에 말하지 않아도 서로의 사정을 잘 알고 위로하며 돕고 살았다.

그런가하면, 매일 주막에서 술로 세월을 보내는 사람들도 있었고 노름에 빠져 가정을 풍비박산 낸 사람들, 자신의 운명을 탓하며 팔자타령만 하는 사람들도 많았다. 인생의 어려움을 혼자서 고단하게 지고가는 사람들이 많았으니 한(恨) 많은 인생도 많았을 것이다.

자연, 놀이터이자 식탁

Nature, playground, dining table

시골의 농번기에는 마을 전체가 바쁘지만, 겨울이 되면 갑자기 어리둥절해질 만큼 할 일이 없어진다. 어른, 아이 할 것 없이 폭신한 솜바지와 솜저고리를 입고서 햇볕이 잘 드는 담벼락 아래에 쪼그리고 앉아서 잡담을 하며 노는 것이 겨울의 흔한 풍경이었다.

우리들은 산짐승이나 물고기를 잡으러 산으로 들로 정신없이 뛰어다녔다. 산토끼가 다니는 길에 덫을 놓거나, 콩 속을 파내어 청산가리를 넣고서 초를 녹여 메운 뒤 꿩이 모이는 곳에 뿌려 놓기도 했다. 늦은 가을이 되면 참새가 떼를 지어 날아 다니는데 넓은 그물을 만들어 쳐 놓고 참새가 잡히면 불을 피워 구워 먹었다. 작은 호수에 모여서 두레박으로 하루 종일 물을 퍼내며 물고기를 잡거나, 마을 앞 냇가를 막아서 물고기가 잡히면 역시 그것도 불을 피워 맛있게 구워 먹었다. 6.25사변 이후에는 TNT(폭발물의 일종)를 구해와서 넓은 호수에 던지면 많은 양의 물고기들이 흰 배를 드러내면서 떠오르는 것이 재미있는 구경거리였고, 우리는 힘들이지 않고 고기를 잡을 수 있어서 박수를 치며 환호했다. 물고기뿐만 아니라 뱀장어, 게, 자라 등 여러가지 종류의 생물을 잡는 재미도 쏠쏠했다. 뿐만 아니라 뒷산에서 각종 곤충을 빠른 손놀림으로 낚아채서 잡는 일도 무척이나 즐거웠다. 가을이 되면 산에 있는 밤나무, 감나무에 열매를 따러 올라갔다가 떨어져 다치기도 했고, 산에서 이것저것 놀이를 하다가 넘어지기도 숱하게 넘어졌다. 그때는 물새, 참새, 제비가 하도 많아서 대나무로 만든 사다리를 타고 언덕에 올라 날아가는 새도 쉽게 잡았다. 논 가운데에 허수아비나 그물막을 세워서 참새들을 내쫓기도 했다. 어린 우리들은 그렇게 두 손으로 캐거나 잡아서 먹는 것이 자연스러운 놀이이자 원초적인 즐거움이었다. 우리에게 자연은 완벽한 놀이터이자 잘 차려진 식탁이었다.

그러던 어느 해부터인가 농촌에 농약이 공급되기 시작하고 제초제가 일상화되면서, 더 이상 논에 김을 맬 필요가 없어졌다. 농약과 제초제 때문에 물고기, 게, 새우, 뱀장어, 우렁 등 물 속의 생명체들이 전멸되었고, 그 먹이 사슬을 따라 잠자리와 나비 등 각종 곤충들까지 사라지게 되었다. 곤충이 없어지니 제비나 물새, 참새들도 보기 힘들어졌다. 농부들의 노동은 줄어들고 편해졌으나 생명이 있어야 할 곳에 생명력이 사라졌다.

겨울에는 연을 날리면서 연싸움을 했다. 유리나 사기를 곱게 빻아 가루로 만든 뒤 아교에 넣고 함께 끓여서 연줄에 먹이고, 그 줄을 얼레에 감아 밖으로 나가 연을 날렸다. 연을 높이 띄워 보기도하고 급회전, 급하강 등의 온갖 재주를 부리기도 하며 내 연줄을 상대방 연줄에 올려놓고 비비거나 감았다가 풀어주기를 반복하면서 상대방의 연줄을 끊어트린다. 끊어진 연이 하늘 높이 하염없이 날아올라가면 우는 아이가 생기고 그 옆에 웃는 아이도 있었다.

나무로 날을 만들어 신발에 덧대면 홈메이드 스케이트가 된다. 그것을 신고서 꽁꽁 언 논이나 호수 위를 쓱싹쓱싹 소리를 내며 신나게 달리기도 하고, 나무로 얼기설기 만든 썰매를 타고 얼음 위를 쌩쌩 지치다가 물웅덩이에 빠지기도 했다. 그러면 우리들은 모닥불을 피워 언 몸을 녹이며 젖은 양말이나 옷을 말리면서 추운 줄도 모르고 깔깔댄다. 모든 것이 혼을 빼놓을 만큼 재미있고, 서로의 얼굴만 바라봐도 미친듯이 웃음이 나오는 순수한 때였다.

숲 속이나 험한 산골짝에서
지저귀는 저 새소리들과
고요하게 흐르는 시냇물은
주님의 솜씨 노래하도다.

찬송가 79장 “주 하나님 지으신 모든 세계” 중에서

02

격동의 시기, 삶의 기억

Stormy times, life's memories

잊지 못할 6.25 전쟁 *Unforgettable Korean War*

불쌍한 사람, 사람들 *Poor, poor people*

아이를 찾습니다 *Missing children*

뒤집힌 세상 *An upside-down world*

서울 Dream *The Seoul Dream*

나의 누님 *My sister*

깊은 고민 *Deep in thought*

잊지 못할 6.25 전쟁

Unforgettable Korean War

내가 4살부터 7살이었을 때 까지가 6.25 전쟁이었다. 하도 어릴 적이어서 자세한 기억은 없지만, 아버지 등에 업혀서 할머니의 고향인 두메산골로 피난 갔던 일, 그리고 그곳에서 세상 물정 모른 채 물고기와 가제를 잡고 놀던 기억만 있다. 동네에 인민군들이 쳐들어왔다고 하여 꼼짝 않고 골방에 숨죽여 있던 일, 독특한 모자와 복장을 한 따발총을 든 인민군들이 사람들을 죄수처럼 끌고 가던 모습 등이 어렴풋이 기억나기도 한다. 그 후로 한동안은 인민군이라는 말만 들어도 머리 끝이 쭈뼛이 서는 공포감을 느꼈다.

아버지의 공무원이라는 신분 때문에 우리 가족들은 더욱 행동거지를 조심하였고 집 뒤에 파놓은 굴 속에 숨어 지냈다. 얼마 후, 동네에 인민군들이 들이닥쳐서 아버지와 동네의 지주, 유지 등 부자들을 싹 다 잡아 강경 경찰서로 연행해 갔다. 어머님이 강경 경찰서로 면회를 갔지만 아버지를 만나지도 못하고 울면서 돌아오셨다. 많은 사람들이 잡혀 가서 좁은 경찰서 지하실이나 연병장에 갇혀서 강압적으로 공산주의 사상교육을 받는다는 소문이 들려왔다.

평화롭고 사이가 좋던 동네 사람들도 사상에 따라 좌파와 우파로 갈라졌다. 막노동을 하거나 남의 집에서 머슴살이를 하던 사람들이 갑자기 팔에 완장(armband, 소속이나 역할을 나타내는 권력의 상징)을 차고 반장 행세를 하며 우리들을 감시하기 시작했다. 그들은 그동안 인정받고 살지 못했던 설움이 폭발했는지 완장 하나로 순식간에 다른 사람이 되었고, 갑자기 김일성 숭배자가 되었으며, 착했던 성품이 온데간데 사라지고 매서운 사람이 되었다. 저녁만 되면 반상회라는 이름으로 동네사람들을 한데 모아놓고 공산주의 세뇌교육을 시키고 김일성을 예찬하는 노래를 부르게 하고 인민 재판도 하게 했다. 사람들이 잘 모이도록, 일단 동네 연극단이 연극 한 편으로 분위기를 띄워 놓고나서 바로 공산주의 사상교육이 시작됐다. 사람들은 농사일로 피곤했지만 조금이라도 눈 밖에 날 까봐 두려워하며 참석하지 않을 수 없었다.

얼마 지나지 않아, 맥아더 장군의 인천 상륙작전이 성공하여 인민군들의 보급망이 끊어지고 국군과 경찰들이 우세하게 되니 인민군들은 지리산으로 도망갔다. 그래서 낮에는 국군이 동네를 장악하고, 밤에는 산에서 내려온 인민군이 활동했다. 급기야는 수세에 몰린 인민군들이 강경 경찰서에 있던 양민들을 총과 수류탄으로 모두 죽이는 사건이 발생했다. 그 곳에 있던 우리 아버지는, 예전에 아버지의 은혜를 입은 어떤 사람의 도움으로 사건 직전에 경찰서 밖으로 겨우 탈출해 나오셨다. 정말로 하늘이 도왔고 기적적으로 살아오셨다! 남편이나 자식의 시체라도 찾아보겠다고 경찰서로 간 아주머니들은 산더미처럼 쌓여 있는 수많은 시체를 보고 정신을 잃었다.

전쟁에 나간 수많은 젊은이들이 전사하거나 부상을 입고 돌아왔다. 그리고 자유민주주의냐, 공산주의냐의 사상문제로 경찰서에 끌려가 끔찍한 고문을 받고 장애인이 된 사람들도 많았다. 가족을 잃고서 환멸을 느낀 사람들이 다른 도시로 이사를 가기도 했다. 공산주의 사상이 좋아서 자기 발로 북으로 간 사람도 있었고, 잡혀서 억지로 끌려간 사람도 있었다. 그런데 마을에 국군이 들어오면서 부터는 전에 좌익 편에 서서 완장을 차고 다니던 권세를 가진 사람들이 나무에 묶여 대나무 창에 찔려 죽고 개처럼 끌려다니기도 했다. 모든 것이 혼란스럽고 어지러웠으며 절대적인 기준이란 게 없었다.

6.25 사변 때, 우리 마을에 인민군들이 주둔한 기간은 몇 개월 안되었지만 공산주의냐, 자유민주주의냐의 사상문제는 전쟁이 끝난 뒤에도 끈질기게 계속되었고, 저녁이 되면 마을 사람들은 사랑방에 모여 공산주의냐, 자유민주주의냐의 사상문제로 열띤 토론을 벌였다. 세상에서 가장 무서운 것이 전쟁인 줄 알았는데, 사실은 사람들 안에 남아서 좁혀지지 않는 생각의 차이가 더 무섭고 악랄한 것이었다.

불쌍한 사람, 사람들

Poor, poor people

6.25 전쟁으로 생겨난, 상이(전쟁으로 부상을 입은) 군인들과 고아들 그리고 미망인(남편을 잃은 아내)의 수는 어마어마했고 그들의 생활은 처참했다. 그들은 살 집이 없어 다리 밑이나 동굴, 채석장과 같이 최소한 비바람이라도 피할 수 있는 곳에 자리를 잡았다. 그런 아주머니들이 꾀죄죄한 모습으로 깡통을 들고서 아이를 등에 업거나 데리고 다니면서 동냥이나 구걸을 하는 모습을 쉽게 볼 수 있었다. 하루 종일 "한푼 줍쇼~"를 외치고 다니는 사람들, 물건이 든 광주리를 머리에 이고서 팔러 오는 아주머니와 할머니들, 시주(승려에게 물질을 주는 일)를 얻으러 오는 스님들로 집 앞은 분주했다. 그들이 찾아오면 어머니는 남은 밥과 반찬을 잘 챙겨 그들의 손에 쥐어 주셨다.

시장에 가면 "10원만~", "50원만~"하면서 동전을 구걸하는 어린아이들도 많았는데 가게 주인들은 장사하는데 방해가 된다며 그들을 멀리 쫓아내면서도 불쌍히 여기는 마음으로 음식이라도 챙겨주었다. 사람들이 많이 다니는 역전이나 버스 정류장에는 구두통을 메고 "구두~ 구두~"를 외치고 다니는 구두닦이 아이들이 많았고, 어깨에 아이스케끼 통을 메고서 "아이시스케끼~ 아이시스케끼~"를 외치고 다니는 아이스크림 장수 아이들도, 껌과 과자를 팔러 다니는 아이들도 부지기수였다.

시골에서는 잔치가 열리면 약 4~5일 전부터 준비를 하기 때문에 잔치가 열리는 곳이면 거지들이 귀신같이 알고서 찾아왔다. 그들을 서운하게 대하면 잔치집에 행패를 부려서 분위기를 망치는 일도 많았기에 회갑 잔치나 결혼잔치, 초상집에서는 음식을 풍성하게 차려서 그들까지 잘 대접하려고 노력했다. 그러면 주인의 인심에 보답이라도 하듯 거지떼들은 각설이 타령 등의 노래를 부르며 잔치집에 흥을 돋우어 주었다.

'흥'이라면 또 빠질 수 없는 사람이 바로 시골 장터의 약장수였다. 읍내에 5일 장이 서면, 약장수들은 세상에 못 고치는 병이 없다는 이른바 '만병통치 약'을 들고서 북을 치며 곡조를 흥얼거리며 각종 마술이나 차력, 만담으로 볼만한 구경거리를 만들어냈다. 병이 있지만 병원에 갈 수 없는 사람들, 열악한 환경과 영양 탓으로 각종 알 수 없는 병을 앓고 있는 사람들, 잘 낫지 않는 피부병 등으로 고통받고 있는 사람들이 혹시나 하는 기대로 그 엉터리 약을 사갔다.

그 시절에는 우리 모두가 서로 이해해주고 따뜻하게 대해주려는 마음이 뿌리 깊이 자리잡고 있었던 것 같다. 시골에는 대문이나 싸리문이 있어도 낮에는 열어놓고 다녔다. 행상으로 오는 사람들도 냉대하지 않고 식사도 대접하고 사랑방에서 재워 주기도 하면서 그들의 한 많은 사연도 들어주었다. 비슷한 불행을 겪어보았기에 서로를 불쌍한 마음으로 대했던 것 같다. 시대의 불행이 모두를 친구로 만들었다.

아이를 찾습니다

Missing children

전쟁은 모두에게 씻을 수 없는 상처를 남겼다. 집안의 아버지와 어머니는 먹고 살기 위해 불철주야 일을 했고 어린 동생들은 형이나 누나가 돌봐야 했다. 동생들에게는 형이나 누나가 제2의 부모였다. 집안에 어려움이 생기면 가족 모두가 나서서 희생을 자처하며 해결하려고 했고, 형제들이 어려우면 서로 도와주는 것이 당연했다. 부모님이 돌아가시면 마루 끝에나 대청에 지청(작은 제사상)을 만들어 오고 가며 인사를 올리거나 부모님의 묘 옆에 움막을 치고 밤낮으로 섬김으로써 효도를 다했다. 죽어서나 살아서나 떨레야 뗄 수 없는 운명 공동체가 가족이었다.

논산이나 강경의 장날, 역전, 버스정류소 그리고 시장에는 사람들이 몰려 인산인해였다. 나는 어머니를 따라 시장 구경 가는 것을 세상에서 제일 좋아했다. 그런데 나와 같은 어린 아이들이 전쟁 고아가 되거나, 어머니의 손을 놓친 뒤 길을 잃어버려 고아가

되는 경우가 허다했다. 사람들이 많이 다니는 전봇대에는 잃어버린 아이를 찾는 포스터가 많이 붙어있었고, 정신없이 울며불며 아이를 찾으러 다니는 부모들도 곧잘 눈에 띄었다. 부모를 잃은 아이는 잠시 경찰서에 머물다가 고아원으로 보내지는데, 다행히 부모를 찾는 경우도 있었고 여기저기 전국의 고아원을 떠돌다가 결국에 부모를 찾지 못하는 경우도 많았다.

많은 고아들이 고아원에 머물러 있다가 캐나다, 미국, 프랑스, 스웨덴 등으로 입양되어 나갔다. 그 중에는 양부모를 잘 만나 사랑을 받고 바르게 자라는 경우도 있지만, 애정결핍과 문화차이로 잘못 크는 경우도 많았다. 그렇게 해외로 입양간 아이들이 성인이 된 후에 한국을 방문하여 애타게 부모를 찾을 때, 나는 어린시절 내 또래의 일 같아서 함께 눈물을 흘린다. 인간의 뿌리를 찾고자 하는 열망, 고향으로 회귀하려는 본능 앞에서 숙연한 마음이 들기도 한다.

뒤집힌 세상

An upside-down world

시골에서 땅이 많다는 것을 자랑할 때, "거기에 가면 내 땅을 밟지 않고서는 걸어 다닐 수가 없다."라는 우스갯소리를 하곤 한다. 하지만 실제 시골에서는 이 말이 농담이 아니라 사실일 정도로 땅을 많이 가진 대지주들이 꽤 있었다. 대개 면마다 하나씩 있던 양조장(주로 술을 만드는 공장) 주인이나 부모로부터 상속을 많이 받은 지주들은 가을이 되면 꿩이나 노루를 사냥하러 사냥총을 들고 말을 타고 다녔다. 그 때의 보통 사람들은 상상도 할 수 없는 수준의 고급 취미를 즐겼던 것이다.

반면에, 태어나서 땅이라고는 한 뼘도 가져본 적 없이 평생 남의 땅만 빌려 농사를 짓고 사는 소작농도 많았다. 그런 소작농들은 농사일 뿐만 아니라 지주들의 가정일이나 개인적인 일까지 해줘야 했다. 그들은 아무리 열심히 일을 해도, 지주에게 땅을 빌려준 대가를 지불하고 나면 한 해 먹을 양식조차 모자를 정도로 남는 것이 없었다. 하지만 먹고 살 다른 방법이 없어 다음 해에도, 그 다음 해에도 지주를 위해 농사를 지었다. 하지만 그런 가난한 이들도 양식이 있을 때면 이웃을 불러다가 잔치를 열고 함께 즐겼다. 아주머니들은 음식을 만들고, 남편들은 10리, 20 리의 길을 걸어서 지게에다가 장을 봐오고 돼지를 잡아 동네잔치를 벌였다. 잔치집에는 사람들이 모여서 먹고 마시고 떠들며 풍물놀이나 노래, 춤으로 신명나게 놀았다. 그렇게 자기 신세의 고단함을 이웃들과 즐겁게 먹고 마시며 노는 것으로 풀고 또 채워 나갔다.

그런데 6.25 전쟁은 많은 것을 변화시켰다. 인민군들이 들어와서는 인민의 최대의 적이 지주와 부자들 그리고 지식인들이라고 했다. 그들 중 일부는 북으로 끌려갔고, 상당수는 처참하게 처형되었다. 지주가 하늘인 줄 알고 섬기며 살았던 소작농들은 하루아침에 하늘이 무너진 격이었다. 어제의 존경받던 주인님이 오늘 갑자기 죄인이 되었고, 어제의 상전이 밤 사이에 천민이 되었다.

급격한 변화는 모든 부분에서 일어났다. 원래 시골에 사는 농부들은 글을 모르고 간단한 더하기와 빼기 정도만 알아도 큰 불편없이 살 수 있었다. 교통수단이 없어도 웬만한 거리는 두 발로 걸어 다니면 해결이 됐고, 여인숙이나 여관이 아니어도 여느 집 사랑방에 쉽게 머물다 갈 수 있었고, 마을에 초상이나 결혼식 등의 뉴스가 생기면 젊은 청년들이 메신저가 되어 근처 마을에 부고장이나 청첩장을 전해주고 다녔다. 그렇게 두 발이 곧 통신 수단이고, 소문이 곧 소식이었던 시대였다. 화폐가 있었지만 하루 품삯은 쌀 몇 되, 소 한 마리 가격은 쌀 몇 가마니… 이런 식으로 쌀을 기준하여 계산하는 것이 더 일반적이었다. 그 시절 논 한 마지기는 쌀 10가마, 밭 한 마지기는 쌀 3가마, 일년 동안 머슴의 새경(급여)은 쌀 10가마였다.

그렇게 큰 배움이 없어도 상부상조하며 먹고 사는데 큰 불편이 없었는데 변화가 여기저기서 일어났다. 하다못해 버스 정류장에 가도, 갑자기 행선지가 많이 늘어나 있고 버스 수도 많아져서 일일이 사람을 붙잡고 물어볼 수도 없는 노릇이 되었다. 이전엔 쌀이나 보리로 계산하면 웬만한 것들을 다 살 수 있었는데 물건들의 종류가 엄청나게 많아져서 이제는 돈으로, 복잡한 산수를 동원하여 값을 치러야 했다. 생활이 복잡해지고 불편해지니 교육에 대한 관심이 높아졌고, 자식들만이라도 무조건 교육을 잘 시키고 보자는 열망이 강해지고 커져만 갔다.

서울 Dream

The Seoul Dream

우리에게는 "고향"이라는 가슴 뜨거운 단어가 평생을 따라다녔다. 고향을 떠나면 죽는 줄 알았고, 타향살이는 얼마나 어렵고 서러운지를 알기에 쉽게 엄두도 내지 않았다. 부득이하게 타향에 살더라도 고향을 그리워했고, 낯선 환경에 잘 스며들지도, 타지 사람들에게 속마음을 열지도 못했다.

그러나 전쟁 후에는 인구 이동이 심해졌다. 특히 마을의 청년들이 전쟁 중에 서울, 부산, 대구 등 큰 도시들을 경험하고 돌아와서는, 고향 사람들에게 자신들이 겪은 이야기를 무용담 전하듯 전했다. 우물 안 개구리로 살던 시골 사람들에게 우물 밖의 세상은 큰 관심사가 되었고 먹고 사는 데에 서울만한 도시가 없다더라, 라는 소문이 무성해지면서 너나할 것 없이 서울행 붐이 일어났다. 시외버스 정류장이나 역전에 가보면 보따리 하나 달랑 들고서 서울행 꿈의 버스와 열차를 기다리는 사람들이 가득했다. 그러니 상행

선 열차 안은 사람들로 붐볐고 가끔 머리 위 선반에 올라가 잠을 자는 사람들도 보일만큼 기이한 풍경이 생겨났다. 들리는 말로는, 농사철에만 일자리가 있는 시골과는 달리 서울에는 사시사철 일자리가 그득하고 도로나 아파트 신축 공사 등의 건설 현장도 많아서 최소한 막노동이라도 보장된다고 했다. 그렇다. 정부가 국토를 개발하기 위하여 외국에서 한창 돈을 빌려올 때였으니 건설 현장도 많았고, 외국으로부터 돈과 함께 문화도 들어왔다. 외국의 자유분방한 문화가 들어오니 춤바람이 나는 아주머니, 아저씨가 많아지고 따라서 부부싸움도 늘어나고 가정의 붕괴도 많아졌다.

보석이나 시계, 전자제품들이 밀수로 들어와 은밀하게 거래됐다. 도시에서 남부럽지 않게 번듯하게 살려면 아는 척, 있는 척도 해야 하므로 좋은 옷, 좋은 시계, 좋은 전자제품에 대한 욕망이 높아진 까닭이었다. 휴대용 전축이나 녹음기들이 시골에까지 들어왔고 자연스럽게 서양 음악, 서양 춤도 같이 전파되었다.

서울역에는 시골에서 올라오는 사람들의 짐을 날라 주는 지게꾼이나 리어카꾼들이 가득했다. 그렇게 전국에서 사람들이 몰려드니 자연적으로 서울에는 무허가 판자촌이 생겨났고 청계천이나 중랑천 같은 하천 주변이나 산동네에는 판자집들이 우후죽순으로 생겨났다. 판자촌 동네에서는 아침마다 밥 지을 물을 받기 위하여 공용 수돗가 앞에 물통을 들고 서있는 사람들의 행렬을 볼 수 있었다. 큰 길거리에는 노점상들뿐 아니라 인감 도장 등을 새겨주는 도장포와 서류를 대필해주는 대서소들이 많아서 위조 서류를 만들어 악용하는 사람들도 있었다. 물가나 경치 좋은 곳에는 사람들이 놀고 간 뒷처리를 하지 않아 쓰레기가 넘쳐났고, 무분별한 산림의 훼손으로 산들은 민둥산이 되어갔다. 사회가 빛의 속도로 급속히 발전할수록 어두운 도시의 그림자도 짙어졌고, 가장 문제인 시민의식은 아예 제자리에 머물러 있는 것처럼 보였다.

빈손으로 서울에 올라갔던 사람들이 어찌어찌 성공하여 개선장군처럼 고향에 내려올 때면 마을 사람들은 신기하고 부러워서 웅성웅성거리며 어쩔 줄을 몰라했다. 누구나 서울의 꿈 하나쯤은 가슴 속에 품고 사는 때였다.

나의 누님

My sister

한국의 뿌리 깊은 남아선호(Son preference) 사상은 많이들 알 것이다. 물론 이것도 옛 말이다. 요즘은 남녀평등은 물론이고 여자들이 더 대접받는 세상이 되었지만, 옛날에는 딸이 태어나면 집안의 실망이고 아들이 태어나면 가문의 축제였다. 아들을 낳을 때까지 자녀를 멈추지 않고 낳는 집도 많아서 1남 3녀, 1남 6녀 등 비로소 아들을 낳고서야 출산을 멈추는 집념의 딸 부자 가정들도 많았다.

딸들은 공부를 잘 할 필요도 없이 집안 살림만 잘 하면 되고, 어차피 시집을 가면 남의 집 식구가 된다고 생각해서 아예 학교를 보내지 않는 집도 많았다. 하지만 우리 부모님은 "사람은, 즉 여자든 남자든 똑같이 배워야 한다."고 생각하셨기에 아들과 딸을 동일하게 교육시키셨다. 그래서 누님은 학교를 잘 다녔고 졸업한 뒤에는 한글을 모르는 마을 사람들에게 편지를 읽어주고 답장을 써주면서 주로 아주머니들에게 한글을 가르치는 일로 소일을 했다. 직장을 구해보려고도 했으나 다 큰 여자가 직장을 다니기 보다는 살림이나 잘 배워서 시집이나 잘 가는 편이 낫겠다는 집안 어르신들의 판단으로, 조신하게 어머님의 부엌일을 돕거나 동생들을 돌보는 일을 했다.

그러던 어느 날, 내가 대구에서 군대생활을 막 시작했을 때 아버지로부터 편지 한 통이 도착했다. 누님이 갑자기 몸이 아파서 논산 병원에 열흘 정도 입원했다가 많이 회복되어져 집에 왔는데 다시 상태가 안 좋아졌다는 것이었다. 이제 시집 갈 나이가 되어 여기 저기 맞선도 보고 다녀야 하는데 갑자기 건강에 문제가 생겨 날벼락 같은 일이라고 하셨다.

누님의 병은 뇌의 기능 이상 정도로만 진단되었지 정확한 원인도, 병명도, 치료법도 모르는 병이었다. 여러 시골 병원을 다녔지만 차도가 없어서 누님은 지인의 권유로 유명한 기도원에 들어갔다. 그런데 열흘 후쯤 어머님이 기도원에 가서 누님의 몸을 보시고는 엉엉 우셨다고 한다. 알고보니 그 기도원은 알아들을 수 없는 기도를 외치면서 '때려서' 치료를 하는 곳이었고, 누님은 여기저기 맞아서 온 몸에 멍 자국이 선명했다고 한다. 어머니는 지푸라기라도 잡는 심정으로, 무속을 싫어하는 아버지가 출장 가시는 날을 택하여, 무당을 불러 밤새도록 굿판을 벌이기도 했다. 하지만 누님의 병세는 조금도 나아지지 않았고 대전에 있는 큰 병원의 한달 입원비는 부모님이 쌀을 팔아가지고서는 댈 수 없는 정도의 거액이 나왔다. 아버지가 평생 공무원을 하며 받은 퇴직금과 모아 놓은 쌀값을 쏟아부어도 밑 빠진 독에 물 붓기였다. 그래도 부모님은 누님을 포기할 수 없었다. 누님의 병은 우리 가족 모두가 안고 가야 하는 짐이었다. 형님도 유학길에 오르려다가 포기하고 공군 장교 시절에 배웠던 조종 기술로 대한항공에 취직을 했다. 나는 아픈 누님도 안쓰러웠지만, 원자력 공학과를 우수한 성적으로 졸업하고 유학의 수순을 밟던 형의 꿈이 깨지는 것을 보니 마음 한 켠이 아팠다. 우리는 한 나무의 서로 맞닿은 가지처럼 모진 바람에도 함께 맞서야했다.

깊은 고민

Deep in thought

내가 군에 입대할 때는 복무 기간이 30개월이었는데, 1968년 북한에서 무장공비 일당이 내려오는 바람에 36개월로 늘어났다. 12월에 제대하면 3개월 후에 복학할 수 있었는데, 6개월 연장이 되는 바람에 복학까지 다시 1년을 기다려야 하는 상황이 됐다. 집안이 재정적으로 기울어지니 등록금과 자취 비용 걱정이 이만저만이 아니었다.

누님을 서울의 큰 병원에 보내고 싶어서 알아보니 병원비가 그 당시 대학교 한 학기 등록금과 맞먹었다. 아무리 생각해봐도 나에게는 불가능한 금액이었지만, 일단 한달 만이라도 입원을 시켜 진찰을 받아보자고 부모님을 설득했다.

당시 시골에는 병원 한번 못 가보고 죽는 사람이 많았다. 무슨 병으로 죽는지도 몰랐고, 죽더라도 병원 문턱이나 한번 밟아보고 싶다는 사람도 많았다. 반면에 전 재산을 병원비로 다 쓰고 죽는 사람들도 보았다. 이런 게 다 남의 이야기인 줄 알았지 우리집 이야기가 될 줄은 몰랐다. 부모님은 앞으로 동생들을 공부시키려면 논을 한자리 팔아야 한다고 탄식하듯 말씀하셨다. 아버지도 정년퇴직을 하셔서 일정한 수입 없이 농사만 지으며 사시던 때라, 큰 도시에 나가 공부하고 있는 자식들의 뒷바라지와 학비로 허리 펼 날이 없었다. 그러니 내 생각엔 누님만큼은 내가 책임져야 할 것만 같았다.

세브란스 병원에 가서 사촌형님을 만나 이 문제를 상의하는 중에, 형님이 신문에 나온 서독 광부 모집 광고를 보여주었다. 눈이 번쩍 뜨였다. 그래, 서독에 가서 일을 하고 돈을 벌자! 그 돈으로 누님의 병원비를 보내주자! 하늘이 무너져도 솟아날 구멍이 있다더니 갑자기 하늘에서 내게 구원의 손길을 건네는 기분이 들었다. 하지만 내 주위에는 독일에 가 본 사람도 없고, 나는 광부 경험은 커녕 광산의 광자도 모른다. 이런 내가 광부가 된다고? 상상을 하니까 가슴 깊은 곳으로부터 두려움과 묘한 열등감이 밀려 올라왔다. 남은 대학 공부도 빨리 마치고 싶긴 했지만 지금이라도 당장 고생하여 누님과 부모님의 돈 걱정을 덜어드릴 수만 있다면, 나는 독일 아니라 지구 끝까지도 갈 수 있는 들끓는 마음이었다. 그리고 말로만 듣던 선진국 독일을 직접 체험해보는 것이 내 인생에 크게 도움이 될 거라는 식의, 독일에 가야하는 나름의 합당한 이유들을 계속해서 머리 속으로 생성해냈다. 동생들이 다들 한창 공부할 나이였기 때문에, 집안과 형제들을 위해 나 하나 희생하는 것은 보람된 일이라고, 눈 딱 감고1 년 정도만 고생하고 오리라고 결심을 거듭했다. 그렇지만 웬걸… 계약기간이 자그마치 3 년이라고 했다. 30년처럼 느껴지는 3년이라는 숫자 앞에서 나는 맥이 빠졌다.

생각하건대 현재의 고난은
장차 우리에게 나타날 영광과 비교할 수 없도다.

I consider that our present sufferings are not worth
comparing with the glory that will be revealed in us.

로마서 Romans 8장 18절

03

어디든지 이끄시면

If you lead me anywhere

나를 움직이는 힘

The power that makes me move

잠 못 드는 밤이 계속되었다. 서독 광부 모집 광고를 오려서 뚫어지게 쳐다만 보다가, 일단 마음이라도 고정시켜야 겠다 싶어서 무작정 해외개발공사로 향했다. 그곳에서 지원서를 받아오고나니 들떴던 마음이 안정되고 떠돌던 생각들이 먼지처럼 표면으로 가라앉았다. 고생할 각오를 하고 또 했지만 사실 어느 정도의 고생이 될른지 아무도 모른다. 끊임없는 도돌이표로 계속되는 복잡한 생각을 멈추고, 오로지 부모님의 은혜만 생각하기로 했다. 어머니가 고생하여 낳아 주시고, 특별한 어려움 없이 잘 길러주시고, 허리띠를 졸라매며 공부까지 시켜 주셨으니 나는 지금까지 충분히 받았고, 이제는 조금이나마 그 은혜에 보답하고 돌려드릴 때가 되었다고 생각했다.

나는 어린 시절에 몸이 약한 데다가 편식도 심하여 영양실조에 시달리는 등 부모님께 걱정을 많이 끼쳐드렸다. 그러니 부모님은 내게 밥맛을 돋우는 각종 약초와 한약 등으로 보약과 보양식을 많이 해 먹이셨다. 내가 아플 때면 할머니는 나를 데리고 동이 트는 새벽에 산에 올라 큰 산소 앞에서 재주를 세 번 넘고 조상신에게 간절히 기도도 하셨다. 왕진(house call) 의사가 대통만한 주사기로 혈관에 약을 넣으면 목에서는 단맛이 물씬 올라왔고, 동네 침쟁이 할아버지가 이불 꿰매는 큰 바늘 같은 침으로 몸의 앞 뒤를 찌르고 나면 나는 일주일 동안 몸살을 앓기도 했다. 나중 이야기지만, 나는 그 힘들다는 군대에 가서도 밥을 다 먹지 못하고 언제나 동료에게 덜어주어 몸이 대쪽같이 말랐었다. 부모님 입장에서는 누님 다음으로, 가장 신경이 쓰이고 마음이 가는 '아픈 손가락'이 나였을 것이다.

부모님은 논을 팔려고 하셨다. 그 논은 그냥 논이 아니라 두 분의 인생을 갈아 넣은 것임을 아는 나로서는 그냥 손 놓고 바라볼 수가 없었다. 아무도 모르게 해외개발공사에 지원서를 제출했다. 이제, 부모님을 설득시켜야 하는 가장 큰 산을 넘어야 한다.

불안한 준비

Shaky start

세브란스 병원에 가서 기본적인 신체 검사를 해보았다. 폐와 척추의 X-Ray 사진 등 일반적인 검사를 마친 결과, 다른 것은 다 괜찮은데 체중이 문제였다. 당시의 나는 해외개발공사에서 정해 놓은 한계 체중 60kg이 안되었다.

서독 광부 지원자들이 서울에 있는 학교 운동장에 모두 모였다. 200명 정도 모집했는데 운동장에 지원자들이 가득했던 걸로 보아 대략 2~3000명은 되는 것 같았다. 남의 나라에 생고생하러 가는 일인데 이렇게 많이 모일 일인가 싶어 놀라웠다. 오기 전 까지만 해도 광부에 대한 확신이 서질 않아 미온적인 태도였는데, 이제는 200명 안에 못 들어갈까봐 초조함과 열망이 생겼다.

몸무게가 57kg였던 나는 공식 신체검사를 하면서 검사관한테 60kg으로 해달라고 농담을 던져보았다. 마음씨 좋아 보이는 검사관이 62kg으로 해주었다. 이어지는 면접시험은 비교적 쉽게 보았다. 마침내 해외개발공사에서 '합격 통지서'와 앞으로 준비해야 할 사항들에 대한 안내서가 왔다.

서독 광부 모집에 합격한 사람들은 해외개발공사에서 실시하는 교육을 받아야 했다. 교육생들은 작업복을 한 벌씩 사서 입었다. 광산이라는 새로운 분야에 대한 교육을 받으니 흥미롭기도 하고, 외국여행은 꿈도 못 꾸던 시절이라 선진국 독일에 간다는 사실에 잠시 설레기도 했다. 독일어 교육도 하루에 한 두 시간씩 받았고, 독일의 생활과 문화, 독일 사람들의 근면하고 부지런한 국민성에 대해서도 배웠다. 계약기간 3년 동안 독일인의 검소하고 근면한 정신만이라도 잘 배워온다면 우리들에게 매우 유익할 것이라는 일종의 정신 교육도 받았다. 알고 보니 그 강사는 박정희 대통령 치하에 독일과의 외교와 차관, 광부와 간호사 파송의 물꼬를 튼 유명한 고 백영훈 경제학 교수였다.

대부분의 사람들이 광산에 대한 경험이 전무한 사람들이었으므로 강원도 도계에 가서 며칠간 광산 체험을 하고 와야했다. 말로만 듣던 광산에 직접 들어가보니 머나먼 나라에 가서 내 젊음을 바쳐 일할 곳이 이렇게 험난한 노동판인가, 하는 실망감과 자괴감이 밀려와서 자존감이 바닥을 쳤다. 하지만 나는 사사로운 감정 따위를 이겨내고 냉철한 이성으로 현실을 직시해야 했다.

모든 교육을 마치고 외무부에서 여권을 받기 위하여 준비를 시작했고 아직 출국 날짜가 2개월 정도 남아있어서 시간은 충분한

듯 보였다. 여권을 받기 위해서는 일반적으로 면사무소에서 만드는 서류, 경찰서에서 만드는 서류 그리고 병무청에서 만드는 서류가 필요했다. 그리고 외국에 나가는 사람은 누구나 중앙정보부에서 일정의 소양 교육을 받아야 했다. 그 당시 독일은 동, 서독으로 나뉘어져 있었고 남한과 북한의 대사관이 공존하고 있었으며 때마침 동 베를린 사건(1967년 7월 유럽에 사는 다수의 교민과 유학생이 동 베를린의 북한대사관에서 간첩교육을 받았다고 중앙정보부가 발표) 이 있은 직후라 반공교육을 더욱 철저히 시행하던 때였다. 이런 모든 과정을 거쳐서 결격 사유가 없이 완벽해야 외무부 여권과에서 비로소 여권을 받을 수가 있었다. 내 마음만큼이나 국내외 정세도 뒤숭숭하고 불안정한 시기였다.

떠나고 싶은 나라

The country I want to leave

마지막으로 내겐 아버지를 설득시키는 일이 남아있었다. 자식이 공부도 그만두고 광산 노동자로 간다는 것을 아버지는 결코 받아들일 수 없으실 것이다. 그래서 가장 마지막에 말씀드리기로 결심했다. 면사무소에서 호적 등본과 초본을 떼어 번역소에서 영어로 번역을 했다. 그리고 신원조회는 지서에 있는 순경이 집에 와서 조사를 한다고 했다. 끝으로 병무청에서 병적 확인만 하면 모든 중요한 준비가 끝나는 것이다.

해외개발공사에서 서류를 대행해 준다고 하여 안심하고 기다리고 있었는데 뜻밖의 문제가 생겼다. 시골에 있는 면사무소에서 서울로 현주소지를 옮겼는데 서울의 현주소지에서는 내 주민등록을 찾을 수가 없다고 했다. 뿐만 아니라 군에서 제대한지 몇 개월이 안되었는데, 병무청에서는 내 기록카드가 아예 없다고 했다. 신원조회 불명과 병적확인 불가라고 연락이 와서 이게 무슨 일인가 싶어 대전과 서울을 오가며 확인을 했다. 출국할 날이 얼마 안 남았는데 대전 병무청으로, 후암동 서울 병무청으로 그리고 시민회관 앞에 있는 경찰청으로 왔다갔다를 반복했다. 그런데 이상한 점은, 파출소로 연락하면 경찰이 나보고 다방으로 오라는 것이었다. 눈치를 보니 은밀하게 뒷돈이라도 받고 싶은 요량이었다. 오고 갈 차비도 부족하여 밥도 굶고 다니는 내 처지에 그럴 여유도 없었고 그러고 싶은 마음은 더더욱 없었다. 심지어 동생이 방첩대 본부에서 일하고 있었지만 신세 안 지고 내 힘으로 처리하고 싶어서 알리지도 않고 혼자 처리하는 나였다.

출국 날짜는 얼마 안 남았는데 파출소에서 신원조회를 해주지 않아 여권 구비서류를 만들 수가 없는 상황이 되었다. 할 수 없이 광화문 시민회관 건너편의 서울 경찰청에 의뢰를 하니 한 시간 만에 신원조회를 해주었다. 이제는 서울 병무청으로부터 병적확인만 받으면 만사 오케이 였다. 이제 다 해결되었다는 가벼운 마음으로 서울 병무청에 갔는데 글쎄, 나보고 무작정 기다리라는 것이었다. 독일로 출발하는 날짜가 5일밖에 안 남아서 가뜩이나 초조한 불 같은 마음에 부채질을 하는 격이었다. 그 때, 옆에 앉아 있던 어떤 사람이 나의 처지를 관심있게 듣더니 자기에게 담배 두 보루만 사주면 이 일을 도와줄 수 있다고 하는 것이 아닌가. 반신반의하는 마음으로 그에게 신탄진 담배 두 보루를 건네 주자마자, 마치 기다리고 있었다는 듯이 즉시 병적 확인이 이루어졌다. 믿을 수가 없었다! 그동안 병적확인과 신원조회를 받느라 지서, 경찰서, 파출소, 경찰청, 대전병무청, 서울병무청을 2달 동안 이리 뛰고 저리 뛰었는데, 세상에 담배 두 보루만 주면 이렇게 몇 십분 안에 해결될 일이었다니… 하도 어처구니가 없어서 화도 나지 않았다. 대신 깊은 슬픔과 억울함이 차올랐다. 이런 나라라면 더 이상 살고 싶지도, 돌아오고 싶지도 않다. 이제는 뒤도 돌아보지 않고 미련 없이 떠날 수 있을 것만 같았다.

외무부 여권과에 마지막 서류를 제출하니 다음날에 여권이 나왔고 독일 대사관으로부터 비자를 받았다. 출국일이 토요일인데 바로 전 날인 금요일 오후가 되어서야 아슬아슬하게 여권과 비자를 손에 쥘 수 있었다.

시골에 가서 부모님과 할머님께 마지막 인사를 해야 하는데 마땅한 교통편이 없었다. 서울에서 버스를 타고 비포장 도로 자갈길을 6 시간 달려야 시골집에 도착하는데, 다음날 오전 9시 김포공항 운동장에서 열리는 출정식에 시간 맞춰 올 수 있을 것 같지 않았다. 지금 아니면, 90세가 넘으신 할머님을 살아 생전 다시는 못 볼 것 같다는 생각에 눈물이 왈칵 쏟아졌고 할머님과 부모님께 인사도 못 드리고 한국을 떠나야 하는 내 가여운 처지에 가슴 깊은 곳으로부터 뜨거운 것이 북받쳐 올라왔다. 슬퍼하고 실망하실 아버님의 표정을 상상하자니 발걸음이 떨어지질 않았다. 고국에서의 마지막 날이 이렇게 아리고 서러울 줄이야…

할머니, 나의 할머니

My dear grandmother

우리 할머니는 1885년에 태어났다. 할아버지가 일찍 돌아가셨기 때문에 할머니는 30대 초반에 과부가 되어 혼자서 큰아버지와 우리 아버지 그리고 이모를 키우면서 남편의 몫까지 다해내며 어렵게 사셨다. 할머니는 시골에서 태어났지만 청일전쟁, 동학운동(1894년 전라도의 동학교도와 농민들이 함께 일으킨 농민운동), 러일전쟁, 한일합방(1910년 한국이 일본에 강제 병합된 조약) 그리고 일제 식민지 시대 등 나라의 격동기를 온몸으로 겪으며 많은 고초를 당하셨다. 뿐만 아니라 제1차 세계대전과 제2차 세계대전의 소용돌이 속에서도 고통을 감내하셔야 했다. 그렇게 시대를 잘못 타고 나신 할머니는 결국 민족 상잔의 6.25 전쟁까지 맞닥뜨리게 되었다.

내가 어렸을 때 아무 뜻도 모르고 흥얼거리던 "새야, 새야, 파랑새야, 녹두 밭에 앉지 마라 녹두 꽃이 떨어지면 청포장수 울고 간다"라는 노래는 할머니에게서 배운 것이고 나중에서야 동학혁명

때 민중들이 부르던 노래라는 것을 알게 되었다.

어릴 적 내가 울음을 그치지 않으면 할머니께서는 "너 계속해서 울면 호랑이가 어흥~하고 잡아간다"라고 엄포를 놓으셨고 그래도 안 그치면 "아이구 무서워라, 저어기 일본순사가 너를 잡으러 온다"라며 겁을 주셨다. 아마 일본 식민지 시대를 살아오신 할머니께는 일본 순사가 호랑이보다 더 무서웠던가 보다.

할머니가 어렸을 때는 시골에 학교가 없었고 여자라는 이유로 교육을 받지도 못했을 때인데, 할머님은 용케 한문도 아시고 한글도 잘 읽으셨다. 집에 신문이 오면 신문도 보셨다. 저녁이 되면 손주들을 불러놓고 별자리에 대한 전설이나 옛날 이야기를 많이 들려주셨다. 우리가 할머니에게 이야기를 해달라고 조르면 곧바로 호랑이며, 여우며, 늑대며, 사냥꾼이 등장했고 초가 삼간에 사는 농부와 새, 해와 달, 산신령 등 다양한 이야기의 주제들이 별처럼 쏟아졌다. 장님 아버지의 눈을 뜨게 하기 위해 인당수에 몸을 던진 심청전 이야기는, 할머니가 우리 누나와 누이들에게 가족을 위하여 희생해야 한다는 메시지를 암암리에 전하고 싶으셨던 것으로 생각된다. 그리고 홍길동, 임꺽정, 흥부와 놀부의 이야기를 통해서는 사람이 착하고 용감하게 살아야 결국 복을 받는다는 교훈을 알게하려고 하셨던 것 같다. 이도령과 춘향이의 이야기 속에는 달콤한 러브 스토리와 살벌한 권선징악의 교훈이 동시에 숨어 있었다.

한여름 밤에 모기불을 피워놓고 평상에 둘러앉아 참외나 수박을 먹으면서 할머니의 이야기를 듣던 그 시절이 내게는 한 편의 동화 같이 가장 비현실적으로 행복한 순간이었다.

처음 독일에 광부로 간다고 말씀을 드렸을 때, 할머니는 깜짝 놀라셨다. 할머니는 일제 시대에 일본과 사할린으로 끌려간 많은 광부들이 전쟁이 끝나도 끝내 고국으로 돌아오지 못했다는 사실을 예로 들으시면서 적극 말리셨다. 무엇이 부족해서 다른 나라까지 광부로 가려고 하느냐, 이해가 안 된다며 울며불며 아버지한테 나를 말리라고 호소하셨다.

내가 아프면 장독에 물 한 사발 올려 놓고 삼신 할머니(한국의 무속신앙에서 아이의 출산, 수명, 질병 등을 관장하는 신)한테 빌고 또 비시던 우리 할머니, 내가 밥맛이 없으면 들에서 역모초를 캐서 즙을 짜 주시던 할머니, 몸이 약한 나를 가장 각별히 챙기시고 꼭 껴안으며 자장 자장으로 재워 주시던 할머니… 할머니의 사랑은 그렇게 내 안에 스폰지 마냥 흡수되어 어려운 순간마다 꾹 짜내어 강팍해진 마음을 촉촉하게 만들 수 있었다. 그런 할머니께 마지막 작별 인사도 드리지 못하고 떠나다니… 나보다 더 울고계실 할머니가 걱정되었다.

사랑하는 할머니

출국, 날아올라

Departure, up and away!

출국 준비를 하는 지난 2개월동안 나는 각종 신원조회와 병적확인 문제로 관공서들과 씨름을 하고 도처에 산재한 부정부패를 경험하고 나니 몸과 마음이 지쳐 있었다. 이제는 이틀 후면 김포공항을 빠져나가 외국으로 날아간다는 사실이 깊은 위안이 될 정도였다.

해외개발공사로부터 형님네로 편지 한 통이 와있었다. 내일 아침 9시에 김포공항 연병장에서 출정식을 하는데 교육받을 때 입었던 작업복을 입고 오라는 것이었다. 옷도 내 마음대로 입지 못하고 정부에서 정해준대로 입어야 한다니 기가 막히고 코가 막혔다. 생전 처음으로 국제선을 타고 외국에 나가는데, 패잔병이나 포로처럼 - 백번 양보하여 국제 노동판에 막노동꾼으로 나가는 것은 맞다 하더라도 - 일률적으로 작업복을 입고 나가야 한다는 사실이, 그것도 국제 신사들만 다니는 김포 국제공항을 출발하여 일본 나리타, 미국 알래스카, 독일 뒤셀도르프 공항까지 이 작업복을 입고 다녀야 하다니 해도해도 너무하다는 생각이 들었다. 막상 독일에서는 쓸데도 없고 입지도 않을 이 작업복을 굳이 왜…

나는 김포공항에서 출정식이 끝나자마자 화장실에 들어가 작업복을 쓰레기통에 벗어 던지고, 아버지가 군 제대 기념으로 맞춰 주셨던 신사복으로 갈아 입고 김포 공항을 유유히 빠져나왔다. 앞으로 어떤 어려움이나 고생이 있을지 모르겠지만 한번 해보자는 마음이 불타올랐다.

잠시만이라도 잊고싶은 조국이여, 안녕… 하지만 사랑하는 나의 가족들을 생각하면 천근만근 마음이 무거워졌고 가까스로 눈물을 붙잡고 있는 눈꺼풀도 무거워졌다.

영혼의 확장

Extension of the soul

꿈만 같았던 여행 아닌 여행이 시작되었다. 첫번째 경유지인 일본 나리타 공항에 내렸다. 김포공항에 비하여 크기도 컸고 사람들도 굉장히 많아서 복잡했다. 그동안 배운 영어를 한번 써먹어보고 싶어서 일본 승무원에게 에어 프랑스 터미널이 어디냐고 말을 걸어 보았지만 통하지 않았다. 나리타에서 출발하여 알래스카 공항에 내리니 바깥은 온통 흰 눈으로 덮여 있었고 기온도 몹시 추웠다. 일행은 모두 여름 홑작업복을 입고 있었으니 보기에도 초라하기 짝이 없었고 다들 추워서 오돌오돌 떠는 모습이 안쓰러워 보였다.

비행기는 다시 알래스카 공항을 이륙하여 소련 시베리아 상공을 지나갔다. 학교 교과서에서나 배웠던 그 시베리아 지역이었다. 하얗게 솟은 거대한 산맥들 위를 지나가는 비행기 안에서 내내 가족들 생각이 났다. 평생 사무실에서 펜대만 잡고 지내시던 아버지가 정년퇴직 후 농사를 해보겠다고 고군분투하신다. 아침부터 저녁 늦게까지 일하시는 어머니는 밤마다 여기 저기가 아프시다며 움직일 때마다 곡소리를 내신다. 제발 가지 말라고 나의 손을 꼭 잡으시던, 다시는 못 뵐 수도 있는 할머니의 주름진 눈가와 손, 그리고 도시에 나가 열심히 공부하고 있는 기특한 동생들도 있다. 눈을 감으면 손에 잡힐듯한 우리집, 마당, 동네, 착한 이웃들… 눈물이 한번 터지고나니 그칠 줄 몰랐다. 다시 정신을 가다듬고서, 월급을 받자마자 아픈 누님을 큰 병원에 입원시켜서 치료를 받게 하고 결혼도 시켜 드려야지, 그리고 부모님이 평생 피땀으로 모은 재산을 지켜드려야지 하는 계획을 혼자 중얼거리며 되뇌이고 또 되새겼다. 나는 군대생활 3년 동안에도 집을 자주 들를 수 있었기 때문에 가족들과 이토록 오랫동안 떨어져 본 적이 없었다. 이제는 3년 동안 독일에서 꼼짝없이 홀로 지내야 한다는 생각만으로 벌써 뼈저리게 외로움이 느껴졌다. 외로움이란 영혼이 넓어지는 공간이라고 누가 말했던가.

1971. 11. 1

뒤셀도르프 공항에 도착하여 입국 심사를 마치고 공항을 빠져나왔다. 공항 직원들이 친절하고 반갑게 맞이해줘서 그런지 부담감이나 공포감이 눈 녹듯이 사라졌다. 모든 것에 질서가 있어 보이고 깨끗했다. 지나가는 사람들도 얼굴을 찡그리는 사람이 없고 모두 웃는 얼굴이었다. 거리에는 오래된 건물들이 많았으나 물건이 지저분하게 밖에 나와있지도 않고 자전거들도 한 켠에 잘 정돈되어 있었다. 무슨 일이 벌어질까 공포심에 잔뜩 긴장했는데 주위 환경이 마음을 편안하게 해주었고, 못하는 독일말이라도 한번 용기내어 건네보고 싶을 정도로 모든 것이 친근해 보였다.

공항 밖으로 나오니 버스가 우리를 기다리고 있었다. 나는 우리가 가야 할 곳이 강원도의 도계 광산과 같이 깊은 산중일 거라 상상했는데 아무리 둘러보아도 산은 보이질 않았다. 다만 가랑비가 내려 도시의 분위기는 차분했고 도로에는 비에 젖은 낙엽들이 땅에 카페트 마냥 붙어있었다. 버스는 들판을 가로질러 한시간 여를 달려갔다. 농장 가운데 있는 벽돌집들이 아주 튼튼하고 평화로워 보였다. 줄로 선을 그어 놓은 듯한 반듯반듯한 농지도 인상적이었다. 갑자기 초가 지붕에 흙벽돌로 된 우리 동네 풍경이 생각났다. 모습은 많이 달라도, 사람 사는 데는 다 똑같겠지, 스스로 위로를 건네며 차창 밖의 낯선 풍경들에 하나하나 인사를 했다.

운전사는 곧 기숙사에 도착할 거라고 말해주었다. 도시가 제법 크고 건물들도 커 보였다. 이런 크고 깨끗한 도시 어디에도 광산은 없을 것 같아 어안이 벙벙했다. 얼마 지나지 않아 버스가 도시 가운데 아담한 벽돌로 된 깨끗한 집에 도착했다. 100 명 정도가 거주할 수 있는 기숙사였다. 기숙사 사감과 기숙사에서 일하시는 아주머니들이 집 밖으로 나와 우리를 환영해 주었다. 그러나 우리는 모두 얼어붙어 있었다. 앞날에 대한 두려움과 낯선 곳에서의 긴장 그리고 서서히 찾아 드는 안도감이 한데 섞여 몸도 마음도 반응하기를 잊은 듯했다. 얼떨떨한 기분으로 방을 배정받았다.

짐을 풀며 벽에 걸린 달력을 보았다. 1971년 11월 1일. 살아온 날들과 전혀 다른 이상하고 신비스러운 오늘. 볼펜으로 동그라미를 쳐보았다.

네 시작은 미약하였으나
네 나중은 심히 창대하리라.

Your beginnings will seem humble,
so prosperous will your future be.

욥기 Job 8장 7절

04

빈들에 마른 풀 같이

Like dried grass in an empty field

다른 세상 *A different world*

기숙사 생활 *Dormitory life*

뜻 밖의 결과 *A never-before-seen life*

로렐라이 언덕 *Lorelei*

막장이어서 막장 *Dead end*

마음 속 검댕이 *Charcoal in my heart*

첫 월급의 달콤씁쓸함 *My first salary*

더 나은 곳으로 *To a better place*

용기의 결과 *The fruit of courage*

광산의 이모저모 *The various sides*

다른 세상

A different world

Don bosko Heim의 Vinn Strasse 16 번지. 이것이 나의 새 주소지이다. 기숙사가 자리한 이 곳은 캄프린트포르트(Kamp-lintfort) 라는 한국의 읍 정도의 작은 도시였다. 건물들도 예쁘고 도로에는 큰 가로수들이 즐비하였다. 비가 내려 우중충하고 어두웠지만 또 그리 무겁지만은 않은 느낌이었다. 그때는 몰랐지만 어둡고 축축한 이 날씨가 독일의 전형적인 가을 날씨였다.

기숙사의 아주머니들은 긴장을 많이 한 우리들을 위해 무엇이든지 도와주려고 애쓰셨다. 우리의 신분은 낮고 천한 막노동꾼인데 진심으로 대우를 해주고 친절하게 대해 주어서 감동을 받았다. 내 방은 마치 호텔방처럼 깨끗한 침대에 필요한 것들이 잘 정돈되어 있었다. 한국에서 사용해보지 못했던 침대, 그 위에는 눕기에도 조심스러운 하얀 시트가 덮여 있었다. 이국에서 온 광부들의 숙소가 아니라 초청받은 귀빈들의 호텔 같았다.

식당에 내려가서 첫 끼니를 먹었다. 한국의 고급 레스토랑처럼 식탁 위에 나이프와 스푼, 포크, 티스푼이 가지런히 놓여 있었고 테이블 하나에 4개의 의자가 있는 것이 마치 연회석처럼 보였다. 납작한 접시를 들고 정해진 곳으로 가서 각자 자기가 먹고 싶은 음식을 덜어가지고 오는 뷔페식이었다. 우리와는 너무 다른 식사 문화였다. 밥그릇, 국그릇, 반찬 그릇만 알았지 밥 먹는데 널찍한 접시를 쓰는 것도 생소했고 숟가락과 젓가락이 있으면 좋으련만 외국 영화 속 사람들처럼 우아하게 포크와 나이프를 써야 했다. 무엇을 왼손으로 잡아야할지 오른손으로 잡아야할지 계속 허둥댔다. 생전 보지도, 냄새를 맡아보지도 못했던 음식들 - 빵과 햄, 소세지, 치즈, 스프 등 - 도 당황스러웠다. 특히 치즈는 식감도 물컹하고 특유의 꼬릿한 향이 곤욕이었으며 딱딱하고 건조한 보리빵과 호밀빵은 목에서 넘어가지를 않았다(당시 한국에는 식빵도 없을 때였다.). 그 중 옥수수와 완두콩 깍지가 버무려진 음식이 있었는데 일행 한쪽에서는 이거 소여물이잖아, 하며 웃음 섞인 불평이 들려왔다. 식후에는 오렌지 또는 사과 주스가 제공되었는데, 우리는 숭늉이나 차라리 맹물 한 사발이길 바랬다. 모두가 거의 음식을 먹지 못했고 남은 음식들을 쓰레기통에 버렸다. 기숙사로서는 그들이 맞이하는 첫 한국인들에게 나름대로 최선을 다한 것이었는데, 아무리 독일의 좋은 재료를 가지고 독일식 산해진미를 차린들, 우리가 먹던 고봉밥에 김치를 어찌 이길 수 있겠는가. 마치 이

솝 우화에 나오는 여우와 두루미의 식사 장면처럼 우리는 웃고 있어도 웃는 것이 아니었고 먹고 있어도 먹는 것이 아니었다.

우리가 식당 아주머니들한테 항상 지적 받는 두 가지가 있었다. 첫째는, 식사가 끝나면 뒤도 돌아보지 않고 바로 일어서서 나가는 것이었다. 일반적인 서양의 식사 예의는 식사를 마친 후, 자기가 앉았던 의자를 식탁 안으로 밀어 넣고 자리를 뜨는 것이다. 그래야 다음 사람이 와서 기분 좋게 앉아 식사할 수가 있는데, 우리는 의자를 밖으로 놓아둔 채 아무 생각없이 급히 자리를 떴다. 둘째는, 먹을 때 소리를 내는 버릇이었다. 후루룩 짭짭, 소리야 나든 말든 맛있게만 먹으면 된다고 생각했는데, 독일 사람들은 크게 거슬려 했다. 나중에 광산에서 일할 때도, 독일 친구들이 새색시 마냥 샌드위치를 어찌나 조용하고 조신하게 먹던지 한참을 신기하게 바라본 적도 있다. 이렇듯 우리는 하루 아침에 완전히 다른 나라 생소한 문화권에 뚝 떨어져 눈치를 보며 맞춰 살아야 했고, 다른 삶의 양식에 적응하기가 정말로 쉽지 않았다. 나는 독일에 올 때 형수님이 싸 주신 밑반찬 - 장조림, 멸치볶음, 고추장 - 을 조금 가지고 왔는데, 한식을 너무나 먹고 싶어하는 동기들에게 나눠주었다.

독일에서는 잘 먹어도 늘 배고프고 허기진 느낌이 있었다. 지금 생각해보면, 어머니의 음식과 고향과 그 분위기가 고팠던 것 같다.

기숙사 생활

Dormitory life

기숙사 측은 우리가 과분하게 느낄 만큼 잘 대우해주었다. 그 중에서도 제일 좋은 것은 너무나도 깨끗한 샤워시설과 화장실이었다. 이곳에서 일하는 아주머니들은 영어를 아는지 모르는지 - 독일은 2차대전 때 영국과 미국에 패배했으니 영어에 대한 반감이 강했다 - 독일어만 사용했다. 아주머니들은 2차 대전 때 남편을 잃고서 혼자 사는 미망인들이 많았다. 내가 기억하는 한국의 전쟁 과부들은 대체로 아이를 등에 업고 행상을 다니거나 길거리에서 물건을 팔거나 동냥을 다니는 모습이었는데 이 곳의 아주머니들은 똑같이 전쟁을 겪었으나 당당하고 편안해 보였다. 전쟁의 상처와 슬픔을 독일 사람들은 신앙심으로, 한국 사람들은 한으로 이겨내고 있는데서 오는 차이가 아닐까 생각해보았다. 어디를 가나 독일 문화의 배경은 성경에 있었고, 종교가 삶을 긍정적으로 지배하는 느낌을 주었기 때문이다.

기숙사의 식당은 하루 24시간 오픈, 광산은 3교대여서 근무를 마치고 오면 언제나 식사를 할 수 있었다. 아주머니들은 할 일이 없으면 빗자루를 들고 바닥을 쓸거나 걸레로 책상이나 창틀을 닦았고 근무시간에는 사람들과 농담이나 잡담도 하지 않았다. 내 방이 있는 3층을 담당하는 아주머니의 이름은 보이얀스키 여사였다. 그녀는 폴란드 태생으로 전쟁 중에 남편과 큰 아들을 잃었으나 독일 남부에 살고 있는 다른 아들들이 일년에 한 두번씩 오는 것을 기다리며 자랑하셨다. 손주들 재롱도 보면서 가족들과 재미있게 살아갈 연세인데, 외롭게 혼자 일하며 사시는 모습이 내 눈에는 짠하게 보이기도 했다.

우리는 남성 중심의 문화 속에서 대접받고 사는 것에 익숙하다가 갑자기 스스로 알아서 직접 무엇을 해야 하니 많이 서툴렀다. 게다가 침대 생활이 처음이고, 기숙사 생활도 처음이고, 낯선 독일 문화에 눈치껏 적응하려니 자신감도 떨어졌다. 아주머니들의 지적을 받고 혼날 때는 기분이 상하지만, 그분들의 수고로 먼지 하나 없이 깨끗하게 정돈된 방에 들어서면 기분이 풀리고 설움도 잊을 수 있었다.

함께 온 동기들 중에는 고학력자에서부터 영어로 자기 이름을 쓸 줄 모르는 사람들까지 다양했다. 위장 간첩 문세광을 출국시켜 준 김포 출입국 사무실 직원도 있었고, 문세광을 체포한 사이공 주재 헌병대원도 있었다. 주먹 세계에서 이름 꽤나 날리는 형님으로 활동하다가 온 사람도 있었고, 전직 교사와 공무원 같은 엘리트도 있었다. 그들 모두는 나처럼 경제적인 이유로 이곳에 왔다. 그 중에는 한국에 아내와 자식들을 두고 온 기혼자들이 반 이상이었으니, 주말이면 가족들에 대한 그리움 때문에 맥주로 마음을 달래는 사람들도 많았다. 다들 비슷비슷한 처지였기에 서로에 대한 연민과 다독임이 있었다. 탄광이라는 칠흑 같은 어둠 속에서도 우리를 견디게 만드는 한 줄기의 빛, 그것은 독일에서 눈 질끈 감고 빡 세게 고생하면 나중에 한국에 돌아가서 어느 정도의 기반을 마련할 수 있을 거라는 꿈이었다.

나의 룸메이트 한 명은 수원에서 온 기혼 남자로 청계천의 철물점에서 일했다고 했다. 또 한 명은 해외개발공사에서 교육받을 때부터 친하게 지내온 전라남도 함평에서 온 동갑내기 친구, 이름은 "기항도". 대학공부를 하다가 집안 형편이 기울어져 이곳에 왔지만 자신이 귀한 7대 독자임을 기억해달라고 했다. 유쾌하고 스스럼없는 그의 성격이 맘에 들어 우리는 금세 베스트 프렌드가 되었다.

뜻 밖의 결과

A never-before-seen life

한달 동안 광산에서 안전교육을 받아야만 현장 지하에서 일을 할 수 있었다. 그 곳에는 세 명의 교육관이 있었다. 한 명은 광산 구조에 대해서 가르쳤고, 다른 한 명은 광산에서 쓰는 용어를 가르쳤으며, 나머지 한 명은 광산에서 쓰는 연장이나 기계들에 대해서 가르쳤다. 한국 같으면 일주일이면 끝냈을 교육을 독일에서는 천천히 실물을 만져가며 철저하게 한 달 동안을 교육한다. 그리고 모든 교육의 핵심은 말할 것도 없이 "안전"이었다. 안전교육을 받으면서 우리가 하루 종일 일하는 곳이 매우 위험한 공간임을 더욱 각인하게 되었다. 장비 교육도 우리 손에 익었던 수동식이 아니라 처음 만지는 기계식 장비라 더 어렵게 느껴졌다. 하지만 교육을 받는 시간도 일하는 시간으로 쳐서 월급을 주는 것이 마음에 들었다. 한 달 간의 교육이 끝나면 시험을 본다고 했다. 세상에, 독일까지 와서 이런 막일을 하는데 무슨 시험까지 봐야 하나, 삐딱한 생각이 들었지만 어쩔 수 없었다. 시험이라고 해도 종이 몇 장 주고 대충 쓰라는 시험일 줄 알았는데 시험장에 들어가니 교관 세 명이 광부 한 사람을 앉혀 놓고 질의 응답을 하는 형식이었다. 내심 이런 것이 독일식 교육이구나, 하고 감탄했다. 시험을 치르고 나서는 어느 부서에 배정이 될까 긴장이 됐지만 일단 시험을 잘 봤으니 편한 부서로 가게 되겠지 하며 절로 안심이 되었다.

다음 날, 내가 일할 장소가 발표되었는데… 내 예상과 기대와는 달리 광부 작업의 최전선인 "막장"으로 배정이 된 것이었다. 세상에 왜 하필 막…장… 나의 좌절감은 이루 말할 수 없었다. 막장은 탄광 안 갱도의 최말단이며 광물을 캐는 가장 첫 작업 단계이기도 하다. 석탄층과 초밀접, 초밀도의 작업 강도가 있는 곳이다. "막장 드라마"라는 말이 있듯이 막장은 극한의 어려움이나 부정적인 요소의 대명사가 될 만큼 험지 중에 험지인 것이다.

내가 일할 곳은 제2항도(갱도)의 막장이었다. 지하 600m 아래, 갱도 높이가 고작 90㎝, 하루 종일 기어서 다녀야 하는 곳이며, 숨 막히는 암흑 속에서 머리에 램프 하나만을 달고 일을 해야한다. 누구는 그곳을 지옥 같다고 했다.

천국 같은 독일에 와서 지옥을 경험해야 하다니 이런 말도 안 되는 상황이 또 있을까. 나는 지옥에서 3년을 버티고 살아나올 수 있을까. 모든 고난에는 이유가 있고 보람이 있다고 하는데 그 말이 정말 사실일까.

로렐라이 언덕

Lorelei

그 당시 독일은 우리나라와 마찬가지로 서독과 동독으로 나뉘어진 분단 국가였다. 서쪽으로는 네덜란드, 프랑스, 벨기에와 국경을 마주하고 있고 동쪽으로는 폴란드, 체코 등과 국경을 접하고 있다. 독일에 살다 보면 세계의 역사를 좌지우지하며 리드했던 독일만의 특별한 저력과 내공 같은 것이 느껴질 때가 종종 있었다.

독일 산업의 중심지, 뒤셀도르프의 100㎞ 반경 안에는 많은 광산들이 분포되어 있다. 뒤셀도르프를 중심으로 북으로는 수도 베를린과 함부르크가 있고, 남쪽으로는 본과 쾰른 그리고 경제의 중심지 프랑크푸르트가 있다. 그 아래에 1972년도 올림픽 개최지였던 뮌헨이 자리하고 있다. 한국 사람들이 많이 근무했던 광산으로는 카스트로프가 있고, 1964년 박정희 대통령이 "내가 여러분들을 바로 이 곳으로 오게 한 죄인입니다. 우리 땅엔 먹고 살 것이 없어서 여러분들이 머나 먼 타향에 와서 달러를 벌고 있습니다."라고 울면서 연설했다는 함부른 탄광이 있다.

그 외에 독일 맥주로 유명한 도르트문트, 오버하우젠, 공업의 중심지인 에센, 라인강을 끼고 있는 딘스라켄, 네덜란드와 국경을 맞대고 있는 아헨, 그리고 최신 설비를 갖춘 캄프린트포르트 등이 한국인 광부들이 많이 일하고 있는 지역이었다.

내가 근무한 프리드리히 하인리히(Fridrich Heinrich) 광산은 캄프린트포르트에 위치해 있으며 기숙사에서 걸어서 10분 거리에 있었다. 광산에는 독일인뿐만 아니라 유고슬라비아, 터키, 이란 사람들을 포함하여 대략 8,000명의 직원이 있었다. 1950년대에는 일본 사람들도 근무했다고 하는데 우리 때는 없었다.

내가 일하던 바로 그 지역이 독일 철강 산업의 중심지가 되었고 1950년대 경제성장을 꽃피운 라인강의 기적이 일어난 곳으로 회자된다. 라인강은 스위스 알프스에서 시작하여 독일 남부 및 중부의 공업도시들 - 뒤셀도르프, 쾰른, 프랑크푸르트, 로렐라이 등 - 을 거쳐 네덜란드로 빠져나가 대서양으로 흘러간다. 유럽에서 산업혁명이 일어나고 철강산업이 발달하면서 석탄이 많이 필요했는데, 라인강 주변 지하에 석탄이 많이 매장되어 있어 위와 같이 공업도시가 군단을 이루게 되었다.

'로렐라이'라고 불리는 라인강의 한 언덕은 저명한 문학, 음악, 사상, 철학의 핵심적인 모티브가 되어준 유서 깊은 장소이다. 언덕의 형세가 빼어나게 아름다운 것은 아니지만 언덕에 올라가 아래를 내려다보면 푸른 하늘을 배경으로 뾰족한 종탑과 십자가 지붕의 교회, 전설이 살아 숨쉬는듯한 고성(古城)들, 햇살을 가득 품은 와인 농장의 풍경, 강물 위의 유람선들의 조화가 환상적인 한 폭의 그림 같다.

로렐라이 언덕에는 아름다운 물의 요정이 언덕 위에서 노래를 부르면 지나가던 배의 선원들이 그 아름다운 모습과 음성에 홀려 결국 난파된다는 처연하게 슬프고도 아름다운 전설이 깃들어 있다. 특별한 매력과 아름다움이 있는 곳이기에 특별한 전설마저 있는 그 곳, 하나님이 만들어 놓은 '자연'이라는 뼈대 위에 사람들이 아름다운 문학으로, 음악으로, 사상으로 살을 붙여 더욱 풍부하고 신비롭게 완성된 로렐라이 언덕에는 나와 아내의 아련한 추억들도 새겨져 있다.

막장이어서 막장

Dead end

막장으로 출근한 첫 날의 일이었다. 도착하니 마이스터(Meister, 이 분야의 명인이자 리더)가 나를 기다리고 있었다. 얼른 작업복으로 갈아입고 무릎 보호대, 팔 보호대를 차고 머리에는 헬멧을 쓰고 전등을 붙이고 허리에는 전등 밧데리 팩을 두르고 안전화를 신고 서둘러 나갔다. 가죽장갑을 끼고, 샌드위치와 사과, 오렌지가 든 런치박스를 들고 큰 물통을 챙기는 것도 잊지 않았다.

나름 첫 출근이라 엄청 긴장하고 겁을 먹고 있었다. 다행히 독일인 마이스터는 인상도 좋고 무척이나 친절했다. 엘리베이터를 타고 지하 600m를 내려가니 마치 지하철 역사에 들어온 것처럼 많은 전차들이 기다리고 있었다. 얼마 있다 보니 이 곳이 얼마나 깊은 지하인지 잘 느껴지지 않을 만큼 몸이 금방 적응되었다. 광부들은 각자 일하는 장소가 다르므로 전차의 목적지를 잘 확인한 뒤 타야했다. 전차를 타고 가다가 내려서 마이스터를 따라 10분

정도 걸어가니 높이가 90㎝이고 갱도 길이가 150m 정도 되는 작업 장소가 나타났다. 동료 광부들 20명과 함께 한 치 앞도 보이지 않는 어두운 갱도를 헬멧에 달린 전등 하나만 의지한 채 무릎으로 기어들어간 뒤 마이스터로부터 작업 위치와 분량, 기계 작동법의 설명을 듣고서 본격적으로 일을 하기 시작했다. 오로지 움직이는 나와 정지 되어있는 어둠밖에 존재하지 않는 지독하게 고독한 싸움, 그 시간이 영원처럼 길게 느껴졌다.

석탄은 시루떡 콩고물처럼 돌 사이사이에 층층이 깔려 있었다. 이 곳에 오기 전에 강원도 도계 광산을 견학한 적이 있었는데 석탄의 맥을 찾아가면서 곡괭이나 삽을 이용하는 것은 보았어도 100~150m의 갱도를 관통하는 고압의 모터를 작동시켜서 석탄을 나무 대패질하듯 기계로 깎아내리는 것은 입이 떡 벌어지게 놀라운 광경이었다. 나는 생전 처음으로 하이드로릭 시스템(유압식) 기계를 써보면서 막강한 파워에 엄청 놀랐다. 천장에서 집채만 한 거대한 돌이 떨어져도 가볍게 들어올릴 수 있을 정도였다. 독일의 과학과 공학이 발달했다고 익히 들었지만, 이 정도의 수준일 줄은 몰랐다. 육중한 모터와 석탄을 나르는 콘베어 벨트 시스템도 모두 고압 모터로 움직였다. 갱도 안은 모터가 석탄을 깎으면서 돌아가는 소리, 동발(붕괴를 막는 지지대)과 콘베어 벨트를 움직이는 유압 시스템의 굉음으로 엄청나게 시끄러웠다. 이런 상황에서 집중력마저 놓친다면 팔 다리가 잘려 나갈 수도 있겠다는 끔찍한 공포감이 찾아왔다. 나는 몸을 다치지 않게 경각심을 잃지 않고 조심하고 또 주의하면서 일했다. 부모님께 물려 받은 소중한 몸인데 순간의 실수로 참혹한 불효를 저지를 순 없다고 계속 되뇌었다.

그렇게 나는 하루 종일 어두컴컴한 좁은 굴속에서 귀가 떨어져 나가도록 시끄러운 기계음을 들으며 여기저기를 기어 다니면서 지치도록 일을 했다. 이렇게 과연 3년을 버틸 수 있을까? 조금씩 익숙해지면 조금씩 나아질까. 이 또한 지나가겠지.

마음 속 검댕이

Charcoal in my heart

지하에서 막일을 한다는 사실이 나를 항상 긴장하고 절망하게 만들었다. 내가 근무하는 광산은 최신식 시설이어서 그나마 안전하다고들 말했지만 보통 광산에서는 가스 폭발 사고가 많이 일어난다. 작업을 하는 도중 자동차만한 바위가 떨어지고 거대한 흙먼지 폭풍이 이는 일은 비일비재했다. 붕괴 사고라도 나면 꼼짝없이 갇히게 될 것이라는 공포가 언제나 뒷 목덜미를 서늘하게 했다.

우리는 하루에 정확히 8시간씩 근무했다. 아침 7시에 출근하면 오후 3시에 퇴근한다. 다음 팀은 오후 3시에서 밤 11시까지, 그리고 마지막 팀은 밤 11시에서 오전 7시까지 이렇게 쉴 새 없이 돌아가는 3교대였다. 하루 8시간 중에 왕복 및 장비 준비 시간과 점심시간 한 시간, 사이에 쉬는 시간을 빼면 실제 일하는 시간은 4시간 반 정도였다. 그리 길지 않은 시간일 수도 있겠지만 열악한 작업 환경과 노동집약의 강도를 생각한다면 4시간 반이라도 결코 짧다고 할 수 없다. 퇴근할 때 땀에 흥건히 젖은 작업복은 천근만근이 된다. 작업복은 안전을 위해 일반 광목 천 네, 다섯 겹을 포개어 두껍게 만들다 보니 더욱 덥고 무거울 수밖에 없다.

일을 마치고 파김치가 된 몸, 숯덩이가 된 얼굴로 거울에 서서 억지웃음을 지어 보이면 눈동자 주위와 이빨만 하얗게 드러난다. 내가 이런 곳에서 이런 모습으로 이렇게 힘들게 일하는 줄 누가 알까? 한국에 계신 부모님이나 형제들에게는 더더욱 말을 할 수가 없어서 편지에는 좋은 환경에서 편하게 일한다는 거짓말을 써서 보냈다. 원래도 말랐던 내 몸은 더욱 야위어져서 사진은 아예 보낼 엄두도 내지 못했다.

첫 월급의 달콤씁쓸함

My first salary

12월이 되어 드디어 첫 월급을 받았다. 그동안 내가 봐온 월급이란, 아버지가 어머니께 건네는 노란 봉투, 그 안에 두둑히 들어있던 연한 색깔들의 현금이었다. 그런데 나의 첫 월급은 독일 은행에 자동입금이 잘 되었다는 간단한 쪽지 한 장이었다. 종이 쪽지 한 장이라 허전한 기분이 들었지만, 그 안에 박혀 있는 큰 숫자는 들여다볼수록 미소가 지어졌다.

내 의식주는 대부분 회사에서 제공해주니 크게 돈 쓸 일이 없었고 월급의 대부분을 한국으로 송금할 수 있었다. 독일 은행에 나의 계좌를 만들고 융자를 받을 수 있는지도 알아보았다. 한국에서는 나같은 일반인들이 은행에 저축은 할 수 있어도 융자를 받는 것은 꿈도 꿀 수 없는 불가능한 일이어서 혹시나 하는 마음에 그냥 문의해본 거였는데, 독일 은행에서는 내게 가능하다는 답을 주었다. 독일에 온 지 이제 겨우 한 달이 지났는데, 이렇게 쉽게 돈을 빌려 준다니 꿈인지 생시인지 볼을 꼬집어보고 싶을 정도였다. 무슨 말인지도 모르는 독일어 계약서에 일단 서명을 하고 2,000마르크를 빌려서 한국으로 보냈다. 2,000마르크면 당시 한국 돈으로는 40만원이 넘는 금액으로, 이는 대학교 한 학기 등록금과 맞먹는 수준이었다. 그 당시 쌀 60가마에 해당하는 돈이었고(한 가마에 7,000원), 그 돈이면 우리 동네에서는 논 여섯 마지기를 살 수 있었다. 큰 돈을 보내는 마음은 받는 마음보다 훨씬 더 기뻤다!

부모님은 그 돈으로 누님을 세브란스 병원에 입원시키셨다. 그러나 누님은 일 주일 만에 병원생활이 답답하다면서 몰래 시골집으로 도망와 버렸다. 다른 병원에 입원을 시켜도 다시 집으로 돌아오기를 반복한다고 했다. 누님의 소식을 들을 때마다 나는 온몸의 기운이 빠져나가는 것 같았다. 외롭고 고된 일상 속에서도 어려운 집안에 도움이 된다는 보람 하나로 버티고 살아가는데, 나의 노력이 헛되다고 생각하니 모든 게 덧없이 느껴지고 일을 포기하고 싶은 마음도 들었다. 하지만 마치 '송금'이 내가 살아있다는 증표라도 되듯, 나는 계속해서 집으로 돈을 부쳤다. 막장에서 버는 소중하고 귀한 돈인만큼 헛되지 않게 나의 소원을 이루는데 쓰고 싶었기 때문이다. 나의 소원이 좋은 차였다면 그 돈으로 좋은 차를 샀을 것이다. 나의 소원이 좋은 집이었다면 그 돈으로 좋은 집을 샀을 것이다. 하지만 나의 소원은 오로지 누님과 가족의 행복이었다. 내가 보내는 돈은 내가 표현하는 방식의 사랑이었다.

더 나은 곳으로

To a better place

지하 막장에서 2개월을 근무하고나니 광산생활에 어느 정도 익숙해졌다. 독일 사람들과 지내는 것도 어느정도 편해졌다. 하지만 하루 종일 90㎝ 높이의 캄캄한 굴 속에서 두더지처럼 네 발로 기어 다니며 일하는 것이 체력적으로 너무 고되었다. 나는 어려서부터 피곤하면 코피를 자주 흘렸는데 막장에서 일을 한 후부터는 날마다 코피를 흘렸다.

나는 원래 전기에 대해서 관심이 많은 편이었다. 광부 일에 도전할 때부터 혹시나 나의 전기에 대한 지식이 도움이 되지 않을까 하여 대학교 전기과 재학증명서를 떼어서 지참하고 있었다. 하지만 광산 안에 전기 관련 부서가 있는지 알아볼 용기가 나질 않았고, 아직 신입 초짜인 내가 높은 지위의 사람에게 면담을 요청하여 희망 부서를 얘기한다는 것도 건방져 보일 것 같아서 차일피일 미루고 있었다. 한국에서 상관(上官)한테나 관공서 등에 문의를 하면 불친절하게 대하고 나를 주눅들게 만들었던 기억이 떠올라 쉽게 용기가 나지 않았다. 하지만 독일이라면 다를 수도 있겠다는 생각이 들었다. 왜냐하면 보잘 것 없는 사람을 한국은 무시하는 경향이 있는 반면에 독일은 도와주려는 분위기가 강했기 때문이다. 마침 지하에서 전기공들이 작업하는 것을 보니까 내가 한국에서 익히 만져보고 배웠던 전기 장치들, 컨트롤 박스, 변압기와 모터들이어서 나도 하면 곧 잘 할 수 있을 것 같다는 자신감이 생겼다.

용기를 쥐어짜내어 전기과 사무실에 면담 요청을 했다. 아무 정보도 없이 일단 만나서 담당 사무원에게 한국에서 가져온 대학교 전기과 재학증명서를 영어로 번역한 것을 보여주었다. 내 서류에는 큰 관심이 없어 보였고 그 보다는 나의 말을 신뢰하고 귀 기울여 주는 듯한 분위기여서 좋았다. 내게 전문적인 지식을 묻지는 않았고 독일 생활이나 광산 근무를 하면서 느낀 점, 그리고 한국에서 지냈던 일 등을 물어왔고 나는 횡설수설 서툰 독일말로 대답을 하긴 했는데 어떻게 말했는지도 잘 기억이 나질 않는다. 한 달쯤 지나면 연락을 주려나… 하며 기대도 했지만 그냥 용기를 내어 실행에 옮겼다는 자체로 만족하기로 했다. 만약에 내가 이 면담을 시도하지 않았더라면, 훗날 나는 하지 않은 것 때문에 후회할 것이다. 하지만 면담을 했는데 되지 않았다면, 나는 결과에 대해 후회가 없을 것이다. 그저 도전한 나 자신을 칭찬했고 작은 성취감이라도 만족스러웠다.

용기의 결과

The fruit of courage

바로 다음날, 아침 7시에 출근을 했는데 내 출근카드가 없어졌다. 당황하여 사무실에 갔더니, 보직이 바뀌었으니 담당자가 올 때까지 기다리라는 것이었다. 갑자기 심장이 쿵쾅거렸다. 아무리 기다려도 아무도 나타나질 않아서 더욱 불안해하고 있는데 모든 동료들이 엘리베이터를 타고 떠난 뒤, 새로운 얼굴의 마이스터가 내게 와서 자기 소개를 했다. 세상에 이렇게나 빨리 부서가 바뀐다고? 바로 어제 면담을 했는데?

그를 따라 내려간 전기 부서의 문이 열리자 나는 번쩍 하고 눈이 뜨이는 기분이었다. 지하에 이렇게 크고 완전히 다른 분위기의 공장이 있으리라곤 상상도 하지 못했던 것이다. 막장에서는 막장만 보였는데, 이렇게 다른 세계가 공존해 있었다니 역시 사람은 자기의 과거 경험치 안에서만 한시적으로 보고 판단하기 쉽다는 걸 깨달았다. 전기 부서 안에는 각종 부품들이 실려있는 트레일러들이 있었다. 마이스터가 전기과 사람들에게 나를 인사시키고 새 연장과 계기가 들어있는 연장 가방을 건네주었다. 속전속결인 모든 상황이 어리둥절했다. 그러면서 나에게 오늘과 내일 이틀 간은 사무실에서 근무하라고 했다.

하루 종일 낮은 갱도 속에서 기어 다니며 석탄 먼지를 마시면서 일을 하다가 하루 아침에 전기과에서 내가 아는 부품들과 지식을 가지고 전문적으로 일을 하게 되니 꿈만 같았다. 막장에서는 기계의 위험과 체력적 한계에 부딪혔는데 갑자기 해방된 느낌이 들어 날아갈 것 같았다. 나는 시설 설치반 오전팀에 배정되었다. 매일 아침마다 전차에 부품을 싣고 새로 만들어진 갱도에 전기를 설치하는 일이었다. 광산에서 쓰는 제품들은 돌에 맞아도 깨지지 않고 지하의 높은 습도에도 견디도록 내구성을 갖춘 튼튼한 쇳덩어리 제품들이었다. 전선줄 하나도 사람의 팔뚝만한 굵기여서 절단하려면 쇠톱을 사용해야 했다. 동경하던 "Made in West Germany"의 제품들을 직접 다루는 희열도 있었다.

나와 함께 일하는 동료들은 모두 직업학교를 졸업한 사람들이었고 그들 중 리더는 스테이거(Steiger 작업 감독 또는 반장)라고 불렸다. 아침 점심 저녁 팀 모두를 한 명의 스테이거가 관리하고, 그 밑에 여러 명의 마이스터가 조장이 되어 5~6명의 조원들을 데리고 다니며 작업을 하는 시스템이었다. 스테이거는 전기 이론에 해박한 지식을, 마이스터는 실무에 능한 전문인이다. 그 아래의 사람들은 광부(Kumpel) 라고 불렸는데 일반 사원에 해당됐다.

나와 같이 일했던 마이스터 중에서 '에곤'이라는 독일인 친구는 지역 당구 대회의 챔피언이기도 했다. 어린 시절, 동네의 당구장에 모여있던 껄렁한 형들을 보면서 당구라는 스포츠에 부정적인 선입견을 갖고 있었던 나는 에곤을 통해서 당구도 스포츠의 하나로 좋은 인상을 갖게 되었다. 또 다른 마이스터인 '스미스'는 독일 국가대표 정구(soft tennis) 선수 출신이라고 했다. 이들은 직업이 고된 노동인데도 불구하고, 열심히 운동도 하고 부지런히 취미생활도 갖는다는 점이 놀라웠다. 강인한 체력도 체력이지만, 일찌감치 워라밸(Work-Life Balance, 일과 생활의 균형)을 실현했던 그들의 마인드가 참 멋있어 보이고 배울 점이 많게 느껴졌다.

"직업에는 귀천이 없다."는 말을 하면서도 실상은 명백히 존재하는 한국사회를 경험한 나로서는, 진짜로 귀천 없이 평등하게 살아가는 독일 사회가 모범답안처럼 여겨졌다. 사랑하는 자신의 가정을 위해 땀 흘리며 돈을 버는 일은 그것이 어떠한 종류의 일이든 간에 고귀한 가치로 인정받아야 한다. 그리고 여가 시간을 가족과 함께 보내는 그들의 가족적인 문화도 올바르고 근사해 보였다. 나도 미래에 나의 가족을 이루게 되면 어떻게 살 것인가를 여러 청사진으로 그려보게 되었고, 인생의 소중한 가치와 목적에 대해서도 자문자답하는 시간으로 뜻깊게 보낼 수 있었다.

광산의 이모저모

The various sides

메탄 가스가 감지됐다는 신고를 받고, 나와 반장이 급히 지하 250m 아래에 있는 갱도로 내려간 적이 있다. 예상 보다 훨씬 더 열악한 환경에 부식된 곳도 많아 천장에서 물이 떨어지고 물이 발목까지 차오르는 음산한 곳이었는데, 그곳이 50년대에 주로 일본 광부들이 근무한 곳이라고 했다. 지난 번에는 지하 450m를 내려간 적이 있었는데, 그곳은 60년대에 유고슬라비아, 터키 사람들이 일했던 곳이라고 했다. 한 번도 그들의 얼굴을 본 적은 없지만, 이 곳을 거쳐간 선배들이라고 생각하니 그들도 나와 같이 고생했겠구나 싶어 연민의 마음이 들었다. 이 곳을 떠난 이들이 지난 고생을 보상받으며 건강하고 행복하게 잘 살고 있기를…

광산에는 여러 나라에서 온 여러 사람들이 있지만, 그 중에서도 한국 사람들의 평판이 좋은 편이었다. 나와 함께 일하는 한국인 동료들은 500명 정도였는데 대부분 성실한 데다가 기계를 다루는

솜씨나 이해도도 좋고, 독일말이 어눌해도 눈치가 빨라서 좋다는 평을 많이 받았다. 사람 인체에 가느다란 모세혈관이 구석구석 분포되어 피가 순환하는 것처럼 일꾼들이 적재적소에 분포되어 자기의 몫을 충실히 다할 때에 광산도 활기차고 안전하게 돌아가는 것이었다.

광산에는 새로운 공기가 유입되고 오래된 공기가 빠져나가는 시스템이 잘 되어 있어서 어디를 가든지 시원한 바람이 불어왔다. 쉬는 시간에 그 서늘한 기운이 이마를 식혀주는 느낌이 들 때 가장 기분이 좋았다.

광산 지하의 주요 갱도는 석탄을 실어 나르는 탄차와 사람을 실어 나르는 탄차, 이렇게 두 종류가 바쁘게 돌아다닌다. 이러한 주 갱도는 무지개 모양의 반원형을 이루고 있으며 주 갱도에서 뻗어 나온 작은 길들 즉, 지선으로는 광부들이 걸어 다니면서 작업을 하고 장비들을 운송하는 케이블 카(Zeilbahn)가 다닌다. 운송수단들은 신호음을 사용하여 전진, 후진, 정지를 알렸고 광산의 컨트롤 센터에서는 이러한 지하의 모든 전차들의 움직임을 작은 불빛으로 표시하여 철저하게 관리, 감독했다.

막장만큼이나 힘든 일이 갱도를 만드는 굴진반의 일인데, 굴진반은 전방 갱도의 돌에 수십 개의 구멍을 내어 그 안에 화약을 넣고서 폭파하면서 길을 만들어 나간다. 한번은 굴진 장비가 얼마나 무거운지 테스트해보려는 호기심에 굴진반에서 쓰는 동발을 내

어깨에 올려 보았다가 어깨가 으스러지는 줄 알았다. 그래서 모두가 입을 모아 가장 힘들다고 인정하는 막장과 굴진반이 가장 많은 월급을 받았다.

몸이 힘든 것은 그래도 견딜만한데, 사람과의 관계에서의 어려움은 세상 가장 힘든 일이다. 세상 어디에나 나쁜 성격의 인간과 인종차별을 하는 인간이 있다. 독일인 동료 중에도 우리를 무시하거나 모욕감을 주는 사람들이 있었다. 우리가 독일 말을 못한다고 자기네들끼리 키득대며 흉을 보거나 우리 앞에서 마늘 냄새가 풍긴다며 과장된 몸짓으로 코를 부여잡기도 하고, 작은 실수에도 필요 이상으로 크게 면박을 주는 동료들이 있었다. 그 안에서 물리적인 폭력은 절대 허용되지 않았지만, 보이지 않게 심적으로 다칠 때가 많았다. 모든 것을 참고 묵묵히 나의 길을 가야 한다고 생각했다. 마음에 담지 말고 씻어내야 한다고, 나는 내가 생각하는 것보다 훨씬 더 강하다고 자기암시를 많이 했던 때였다.

광산에서 일하다 보면 어떤 신비로운 모먼트(순간)가 있다. 돌을 받치고 있는 동발을 작동시키면 큰 돌들이 요란한 소리를 내면서 떨어지는데 그 때마다 고사리 잎사귀 라든가 각종 나뭇잎 화석들이 우수수 같이 떨어진다. 고사리 잎은 내 키 만하고 다른 잎사귀들은 내 손바닥만 하다. 수 억 아니 수 십억 년 전에 화산이 터져서 그 때 존재했던 자연들이 화산재로 덮여 있다가 석탄으로 변하고, 다시 거대한 지구의 지각 변동으로 변화를 거듭하여 조용히 묻혀 있다가 지금 내 머리 위에 떨어진다고 생각하면 기분이 묘하게 신비스럽다. 지구를 전혀 못 느끼며 살다가 지구라는 존재와 대면하는 순간이다. 그래, 나는 지구의 시간을 캐는 사람이다. 막노동이지만 가장 힘든 일을 자청하며 어느 누구에게도 폐를 끼치지 않고, 지구가 사람에게 주는 이로움을 전달하는 순수한 직업인이다, 라고!

05

기쁠 때나 슬플 때나

When I'm happy or sad

소소한 행복

Small happiness

매주 토요일 아침, 기숙사에서 10분 정도 떨어진 넓은 광장에서는 벼룩 시장 또는 파머스 마켓(Farmers' market)이라고 불리는 임시 마켓이 열렸다. 나는 어릴 적 엄마의 손을 잡고 놀러가던 읍내의 5 일장이 생각나서 그 날 그 시간만 되면 그 곳에 가고 싶은 마음에 발을 움찔거렸다. 마켓에는 다채로운 유기농 식재료와 과일, 맛있어 보이는 홈메이드 음식, 특이한 생활 용품, 직접 만든 수제품, 골동품, 중고품들이 한데 어우러져 볼거리, 먹을거리, 놀거리가 가득했다. 유럽의 엔틱 소품이나 골동품 중에는 그 옛날에 어떻게 저런 생각과 디자인을 생각해냈을까 싶은 아이디어가 번뜩이는 물건들이 많았고 소소하면서도 생활에 꼭 필요한 편리함을 주는 기구들도 많아서 신기하고 재미있었다.

마켓에서 우리에게 가장 인기가 있는 것은 과일이었다. 사과, 배, 밤, 대추는 한국에서도 많이 먹어본 과일이지만 생전 처음 보는 파인애플이나 오렌지 등의 열대과일은 눈이 번쩍 뜨이는 흥미롭고도 새로운 맛이었다. 그리고 과일만큼이나 고기도 종류가 많았다. 우리 한국 사람들은 소꼬리, 소 족, 뼈, 내장, 돼지 족발, 닭똥집 등 모든 부위를 선호하여 먹는 반면 독일 사람들은 살코기만 취하고 나머지는 죄다 버리는 부위로 여겼다. 그래서 우리는 뼈와 내장 등 많은 고기의 부속물들을 헐값에 사와서 배불리 먹을 수 있었다.

가장 신선했던 문화충격은 한국 시장과 달리 물건마다 가격표가 붙어 있다는 점이었다. 한국에는 부자들만 이용하는 백화점에만 정찰제가 있었고, 일반 서민들이 다니는 5일 장이나 재래시장에서는 당연히 가격표가 없어, 부르는 게 값이었다. 그러니 손님과 주인은 물건 값으로 흥정하느라 다투기도 하고, 사는 사람은 물건을 보기도 전에 무조건 값부터 깎는 일이 의례적이었다. 그리고 상점마다 외상 장부책이라는 것이 있어서 물건이나 음식을 미리 먹고서 나중에 값을 지불하는 경우도 많았다. 따라서 관공서나 회사 주위의 음식점들은, 매 월 말일 회사원들의 월급날이 되면 그동안 밀렸던 외상값들이 한꺼번에 들어왔고 외상값을 받으러 직접 손님들의 회사를 찾아다니는 일도 있었다. 그러나 독일에서는 재래시장도 정찰제를 시행하여 평화롭고 신사적인 분위기가 넘쳤다. 작은 시장에서조차 서로를 인격적으로 대하고 질서가 있던 것이 나에게는 무척이나 인상적이었다.

여유라는 쉼표

Peace of mind

한국 사람과 독일 사람의 공통점이랄까. 음식을 버리는 것에 죄의식을 갖는 것이었다. 우리들은 식당에서 먹은 후, 남는 음식이 있으면 꼭 싸가지고 집으로 왔다. 그런데 독일 사람들은 우리보다 음식에 대해 더 엄격했다. 우리는 사과를 먹어도 과육을 대충 먹은 후 씨가 있는 언저리 부분은 버렸는데, 독일 사람들은 딱 씨만 제외하고 남김없이 다 먹는 것을 자주 보았다. 이는 식생활에 한정되지 않고 모든 생활 전반에 걸쳐 근면, 절약, 절제의 정신이 기본적으로 깔려 있는 것으로 보였다. 뿐만 아니라 약자와 다수의 이익을 위해서는 자기의 불편함을 감수할 줄 알고 옳은 일을 위해서라면 과정 속의 어려움을 감내한다. 이런 모든 점들이 외국 노동자인 나의 눈에는 신기했고 성숙한 시민의 면모로 보였다.

광산에서 일하는 사람들은 나이나 직책에 관계없이 모두 친구처럼 지냈다. 수직적인 관계가 아니라 수평적인 관계로, 직분의

'높고 낮음'이 아니라, 일하는 분야가 '서로 다른 것'으로 인식되었다. 그래서 지위가 높은 사람에게나 아버지 뻘이 되는 연로한 동료한테도 존대말을 쓰지 않고 친구처럼 스스럼없이 대했다. 물론 독일어에 아예 존대말이 없어서 이기도 하겠지만, 그들이 서로를 얼마나 친구처럼 편하고 자연스럽게 생각하는지는 태도와 분위기만 봐도 알 수 있었다. 그리고 자기의 맡은 일만 잘하면 아무 뒤탈이 없고 뒷말도 없었다. 똑같이 일하고 똑같이 대접받는 내가 꿈꾸던 세상이었다.

하지만 광산에서 모두가 힘을 모아 무거운 장비를 옮겨야 할 때, 곧잘 의견 충돌이 생겼다. 서로 자기의 주장을 펼치며 언성을 높이며 싸우다가도 리더가 최종 결정을 내려 하달하면 모두 군소리 없이 복종하고 합심하여 일을 마쳤다. 그리고 첫째도 안전, 둘째도 안전, 셋째도 안전! 모든 것에 "안전"이 일순위였다. 언제까지 일을 끝내야 한다는 마감일에 대한 부담도 적었다. 솔직히 나는 한국에서 빨리빨리, 신속 정확하게! 를 외치며 성과 위주로만 일하다가 이 곳에 와서 안전 제일, 사람 위주의 풍토를 알고서부터는 마음에 어떤 빈 공간이 생기고 그 곳에 "쉼표" 혹은 "여유"라고 할 수 있는 느낌을 갖게 됐다. 하루하루 위험천만한 지하에서 석탄 먼지를 뒤집어쓰며 막노동을 하면서도 행복할 수 있었던 이유, 어쩌면 그런 데서 나오는 것이었는지 모른다.

삶의 저글링

The juggling of life

1973년에 세계 석유파동이 일어났다. 1차 세계대전 이후 전세계적으로 급속한 산업화가 진행되면서 많은 양의 석탄과 석유가 소비되는 때에 산유국들의 이해관계가 얽히고설켜 유가가 폭등했다. 이에 따라 독일에서도 석유 소비 감축을 위해 자동차를 2부제로 운행했다. 자동차 번호반의 끝번호가 홀수냐 짝수냐에 따라 운행일을 구분하는 제도였다. 이 제도를 시행함에 따라 어떠한 사회적인 저항도 없이, 말하자면 군말 없이 정부의 시책을 고분고분 따르는 독일 사람들이 내 눈에는 신기하게 보였다. 사람들은 시행령을 지켜 해당일에만 운전을 하거나 대중교통을 이용했고, 심지어 도로에서 마차를 타는 사람도 있었다. 독일의 아우토반(Autobahn) 도로는 속도의 제한이 없어 스피드 광들이 무한 속도를 즐기며 운전하는 것으로 유명한데 그 아우토반에서 조차도, 모두가 90㎞로 달렸다. 이는 자동차가 그 속도로 달릴 때 가장 연료 절감이 된다는 당시의 언론 보도 때문이었다. 그 당시 한국의 분위기는 정부의 지침을 잘 따르면 바보가 되고, 따르지 않고서 편법이나 불법으로 이익을 취하면 그것이 자랑이 되는 요지경 시절이었다. 그래서인지 융통성 없이 규칙을 너무 잘 지키고 말을 잘 듣는 독일 사람들이 나는 착하고 순진해 빠진 모범생 같이 느껴졌다.

독일 생활에 차츰 적응하고 안정을 찾아가면서, 나와 동료들은 기숙사를 벗어나 점차 밖으로 나와 거리를 활보하고 구경하는 일에 시간을 쓰게 되었다. 우리는 주말이나 국경일을 제외하고 일주일에 5일, 하루에 8시간씩, 주 당 총 40시간을 일하면 나머지는 자유 시간이었다. 맥주집에 가서 시원한 생맥주를 들이켜며 독일 사람들을 관찰하는 일이 흥미로웠다. 부부끼리, 가족끼리, 친구들끼리 수다를 떨며 맥주잔을 부딪히는 모습도 즐거워 보였고 맥주집 한 켠에 있는 피아노에 누군가가 앉아서 즉흥 연주를 시작하면 곧 이어 어디에선가 바이올린으로 화답하는 연주자가 나오고, 이어서 음악을 들으며 앉아있던 손님들이 삼삼오오 식당 가운데로 나와서 춤을 추는 낭만적인 장면도 자주 볼 수 있었다. 레스토랑이나 가게, 길거리에서도 악기를 쉽게 볼 수 있었고 여기 저기서 흥겨운 음악이 넘쳐흘렀다. 나도 모르게 발로 장단을 맞추며 박수를 치면서 별세상에 와있는 기분에 흠씬 취했고, 이 곳 사람들이 얼마나 인생을 재미있게 즐기면서 사는가에 대해 감탄하고 부러워

했다. 술집에 술을 마시러 온 게 아니라 사람들을 만나고 즐기러 왔음을 한눈에 알 수 있었다. 술을 취하도록 마시거나 술 때문에 고성방가로 싸우는 사람은 보지 못했다.

또 다른 진풍경은 밤 10시가 되면 볼 수 있었다. 이 시간만 되면 세상 모르고 신나게 놀던 사람들이 갑자기 마술이 풀린 동화 속 인물들처럼 서로 급히 인사를 나누고 뿔뿔이 흩어져 각자의 집으로 귀가하는 모습이었다. 우리의 고정관념으로는 지칠 때까지 놀고 밤새도록 부어라 마셔야 해야 "잘 노는 것"인데, 독일 사람들은 "놀다"라는 개념이 우리와 다른 것 같았다. 모두가 즐거운 선까지 딱 알맞게 노는 것이 잘 노는 것이었다. 안과 밖, 가정과 직장, 가정생활과 사회생활, 이 두 개의 공(ball) 중에서 하나도 놓치지 않고 요리조리 마치 저글링(juggling)을 하듯 잘 운영하는 것이 행복의 비결인 듯 보였다. 참다운 삶은 어느 한 쪽에 치우침 없이 균형감을 갖고 적정선을 지키는 것임을 알게 되었다.

맥주 한잔에 담긴

The meaning in a glass of beer

독일에서 맥주는 술이라기 보다는 온 국민이 사랑하고 즐기는 음료수에 가깝다. 우리는 한국에서 주로 막걸리나 소주를 마셨고 맥주는 고급술이라 가까이하지도 못했는데 이 곳에 와서 저렴한 가격에 어디서나 맥주를 마음껏 마실 수가 있어서 너무나 좋았다. 특히 우리가 있던 뒤셀도르프 지역은 공업의 발달로 노동자들이 많았고 그들을 타겟 소비자로 한 맥주 산업과 문화가 발달했다. 고된 노동으로 범벅된 하루의 끝에서 따는 맥주병의 소리, 주말 저녁에 한 주간을 무사히 마친 안도감으로 따르는 맥주 한 잔은 내가 나에게 주는 선물이자 축배였다. 기숙사로 돌아오는 길에 맥주를 사서 친구들과 마시며 고향 얘기를 나누는 시간은 "마음의 약"이 되었다. 요즘에도 그 때 즐겨 마시던 네덜란드의 하이네켄, 덴마크의 칼스버그, 체코의 필스너 등을 보게 되면 그 때 그 시절 그 기숙사 방으로 추억의 여행을 떠나게 된다.

해마다 가을, 10월이 되면 독일 곳곳에서는 옥토버페스트(Oktoberfest)라고 불리는 맥주축제가 열린다. 독일의 대표적인 축제로서 맥주 양조장들이 큰 광장에 약 5,000명을 수용할 수 있는 비어 가든 또는 천막을 설치하고 세계 각국에서 온 수백만 명의 사람들을 맞이한다. 마차를 타고 시가 행진을 하는 등의 각종 화려한 퍼레이드가 펼쳐지고 구경꾼들에게 캔디를 던져 주기도 한다. 저녁이 되면 독일 전통 옷을 입고 춤을 추며 전통 음식과 맥주를 마시며 이웃들과 흥겹게 즐긴다. 도대체 맥주를 얼마나 사랑하는 민족이기에 이 정도까지 하나, 바라보며 혼자 웃음 짓기도 했다.

독일에는 우리뿐만 아니라 터키, 유고슬라비아, 이란에서 온 노동자들도 많았다. 대부분의 독일인들은 외국인들을 차별하지 않고 똑같이 대우해주었다. 독일의 정복의 역사, 이스라엘을 멸절하려 했던 과거사만 보고서 게르만 민족이 상당히 잔인한 줄로만 알았는데, 막상 함께 살아보니 정도 많고 배려도 많은 모습 속에서 기독교의 영향력, 모든 것의 우위에 있는 사랑과 포용의 힘이 느껴졌다.

혁명과 정복보다도 힘이 센 것은 사랑의 감정이다. 사랑과 행복은 거창하지도 않고, 멀리 있지도 않고, 그저 친구와 나누는 맥주 한 잔, 따뜻한 말 한마디, 함께 부르는 노래 한 소절에 있음이었다.

'허투루'는 가라

Don't waste your time

독일의 거리에 있는 주택들은 일, 이백 년 전에 지어진 오래된 건물들이지만 벽돌로 튼튼하게 지어져 여전히 깨끗하고 정돈된 느낌이고, 집 앞의 화단들은 형형색색 예쁜 꽃들로 정성껏 가꾸어져 있다. 토요일 아침이 되면 아주머니들은 모두 약속이나 한 듯 집 앞까지 나와 청소를 하고 유리창을 닦는다. 청소를 하면서 이웃들과 대화도 나누며 서로의 근황을 전한다. 매주 일요일 아침이면 도시는 조용했고 자동차도 별로 다니지 않았다. 교회에서는 종소리가 울렸고, 옷을 말끔하게 차려 입은 아이들이 부모님과 함께 교회를 향해 집을 나서는 화목한 모습이 보인다. 내 눈에 비친 독일인들의 삶의 모습은 도덕 교과서에 실린 모범적인 사진마냥, 균형있고 평화로워 보였다.

기숙사 식당에는 언제나 먹을 수 있는 샌드위치와 차, 커피, 주스 등이 준비되어 있고 우리는 출근하면서 샌드위치, 음료수 등을 집어서 가방에 넣었다. 그런데 문제는, 대체로 우리 입맛에 서양 음식이 그렇듯, 샌드위치 같은 빵을 몇 입 베어 먹고 나면 금방 질린다는 점이었다. 어떤 친구들은 남은 샌드위치를 쓰레기통에 던져 넣기 일쑤였는데 그 때마다 이를 지켜보던 독일 동료가 다가와 음식을 함부로 버린다며 야단을 치고 소리까지 지르는 경우도 있었다. 아직도 아프리카에는 물만으로 배를 채우는 굶주린 어린이들이 많고 너희 나라만해도 양식이 풍부하게 없어서 네가 여기 타국에 와서 고생하며 일하고 있는 거 아니냐며 호통을 쳤다. 생각해보면 무어라 반박할 여지가 없이 맞는 말이었다. 독일인 동료들은 먹다 남은 음식도 소중하게 싸갔다. 샌드위치를 담았던 갈색 종이 봉투조차도 곱게 접어서 재활용하는 것을 여러 번 보았다. 뿐만 아니라, 오래된 물건에 대한 애착도 남달라, 한 독일 친구는 자신의 너덜너덜한 가죽 런치 가방이 아버지가 쓰시고 물려주신 거라며 바느질로 기워 가며 쓰는 것을 우리에게 자랑하기도 했다.

또 한 가지 기억에 남는 것은 "새치기(순서를 어기고 남의 자리에 끼어드는 것)"에 관한 것이다. 그 때의 우리는 새치기를 자연스럽게 하는 버릇이 있었다. 줄을 서는 문화가 익숙하지 않아서 더 그랬던 것 같다. 가게나 관공서에 사람들이 줄을 서 있으면 우리는 아는 사람들 무리에 자연스럽게 합류하는 경향이 있었는데, 이를 본 독일인 동료들은 질색팔색을 하며 경고를 줬다. 나중에서야 그들이 얼마나 줄을 잘 서고, 순서를 목숨처럼(?) 지키며, 심지어 줄을 똑바르게 맞추는 철저함까지 있는가를 알고 난 뒤부터는 각별히 조심하여 지키게 되었다.

길을 가다가 모르는 길을 물어보면 대충 알려주는 것이 아니라 목적지 앞에까지 동행해주는 친절함도 많이 받았다. 기차나 버스를 타면 멍 때리는 사람들 보다는 책을 읽거나 뜨개질을 하는 사람들이 더 많았다. 우리 방을 청소해주는 보이얀스키 아줌마뿐만 아니라 다른 아주머니들도 틈틈이 뜨개질을 하며 자투리 시간도 허투루 쓰지 않았다. 그러한 생활태도를 보고 배운 영향 때문인지, 나도 지금까지 시간을 허투루 쓴 적은 별로 없는 것 같다. 어디를 갈 때도 시간이 남거나 생길 것을 대비해 항상 읽을 것과 적을 것을 갖고 다닌다. 뭔가를 - 시간에 대해서는 더욱 - 허투루 썼다고 생각하면 속이 상하는 성격이 되었다.

생각이 있나 없나

My thoughts, my opinions

기숙사에서 자동차로 30분 정도를 달리면 산책하기에 좋은 공원과 숲이 나타난다. 나는 한국에서 산책이라는 단어를 말로만 들었지 실제로 해 본 적은 없었다. 독일에서 산책을 즐기게 된 이후로는 "머리는 발과 함께 움직인다."는 말을 믿게 되었다. 나의 몸이 산책을 하는 시간에 머리도, 마음도 함께 산책을 하게 된다. 조용히 걷다 보면 잊었던 것이 생각날 때가 있고, 할 일이나 좋은 아이디어가 떠오를 때도 있다. 그렇게 생각을 하며 걷다 보면 숲 안쪽의 아담하고 깨끗한 식당들 앞에 이르게 된다. 도시에서 꽤 떨어진 숲 속 식당에 누가 와서 식사를 할까 의문이 들었지만 주말이면 그 곳들은 항상 만원이었다. 저렇게 많은 사람들이 산책과 하이킹을 즐기며 자연을 누리고 있구나, 새삼 놀라며 역사 속 위대한 사상가들도 산책을 가장 즐거운 일상 중 하나로 꼽았다는 사실에도 주목하게 되었다. 독일은 세계적으로 유명한 사상가와 철학자들을 많이 배출한 인문학의 나라이다. 인간이 어떻게 살아야 가치 있고 의미가 있으며 재미있는 삶이 되겠는가에 대한 연구가 많았기 때문일 것이다.

광산에서 같이 일하는 독일인 동료들과 대화를 나누다가 그들의 사상이나 철학, 인문학에 대한 지식과 견해가 풍부해서 깜짝 놀란 경우가 한 두 번이 아니다. 나와 함께 전기과에서 근무하던 동료 중에 균터(Gunte)라는 20세 청년이 있었다. 그는 직업학교에서 전기를 전공하고 광산에 들어온 지 얼마 안 되었는데 일찍 결혼을 해서 아이도 있었다. 애아빠가 되기에는 아직 어린 나이인데 항상 자신감에 찬 모습이 무척이나 당차게 보였다. 그는 타인의 생각이나 시선에는 별 관심이 없어 보였고 철학이나 사상에 박식했으며 자신만의 생각과 관점, 중심을 갖고 있는 사람이었다. 균터와 이야기를 하다보면 한국의 주입식 교육을 받아서는 저런 청년이 나오기 어려울 거란 생각이 들었다. 예를 들자면, 한국인 동료들은 나라 이름과 수도 이름를 잘 꿰고 있어서 퀴즈를 내면 곧잘 맞추었다. 반면에 독일 동료들은 어느 나라가 어디에 붙어있는지 전혀 기본적인 지식도 없는 듯해서 한심하게 느껴질 정도였다. 한국이 어디에 있는지도 모르는데, 한국의 수도 이름을 어찌 알겠는가? 그러나 일단 화제가 사상이나 철학으로 바뀌게 되면 분위기는 완전 달라진다. 우리는 꿀 먹은 벙어리가 되고, 독일인 동료들은 폭풍 수다꾼이 되어 여기저기서 해박한 설명과 견해가 흘러

나왔다. 한 번은 칼 막스(Karl Heinrich Marx)에 대해서 얘기할 기회가 있었다. 우리 때는 칼 막스에 대한 책은 읽지 말아야 할 불온문서로 지정되어 볼 수도 없었거니와, 그의 사상에 대해 관심을 가져서도 안 되는 줄 알았기 때문에 관련 지식이 전무했다. 그런데 균터는 칼 막스라는 이름이 나오자마자 반시간 정도를 혼자 떠들어댔다. 나의 학창시절은 시험을 잘 보기 위해 단편적인 것들을 기계적으로 외운 것이었다면, 균터는 자기의 생각을 갖고 잘 정리하여 조리있게 말하는 교육을 받은 것 같았다. 칼 막스 외에 다른 철학자들에 대해서도 풍부한 지식으로 거침없이 설명할 줄 알았다. 그리고 사소한 주제를 가지고도 토론하기를 좋아했다.

나이가 들어가면, 자신의 생각을 갖고 사는 것이 얼마나 큰 자산인지를 알게 된다. 타인과 사회가 나에게 주입한 남의 생각 말고 치열한 고민 끝에 얻어낸 '나의 생각' - 나만의 기준과 가치관은 인생의 해답을 찾는데 중요한 푯대가 되어준다. 그리고 온전한 "나"로 살 수 있도록 도와준다.

하인스의 감성

My friend, Heinz

어느 금요일 저녁, 친구들과 함께 펍(Pub)구석에 앉아서 맥주를 마시고 있는데 한 독일 사람이 다가와 말을 걸었다. 우리가 처량해 보였던지 아니면 동양 문화에 관심이 있었던 건지 친근하게 대화를 시작한 그는, 우리가 이 도시에 처음 온 한국사람들이며 지역 신문에서 우리의 소식을 접했다고 했다. 당시에 영국 월드컵 경기에서 북한 축구팀이 이탈리아를 이기는 바람에 '코리아'라는 나라 이름이 막 알려지기 시작했고, 독일 사람들은 축구를 좋아하니 관심이 더 특별했던 것 같았다. 그의 이름은 하인스(Heinz). 자신과 가족들에 대해 간단히 소개하며 우리에게 스스럼없이 다가왔다. 그러기를 몇 번, 약속을 안 해도 주말이면 자연스럽게 펍에서 만나 이야기를 나누는 사이가 되었다. 그는 전자제품 회사에서 일했으며 원래 한국이라는 나라와 문화에 호기심이 많았다고 했다. 나 역시 독일의 문화와 언어에 관심이 많다 보니 우리 둘은 잘 통했고 쉽게 가까워졌다. 그는 100년도 넘은 낡은 빨간 벽돌집에서 강아지 4마리와 고양이 2마리, 그리고 1살짜리 아기 포함 무려 4명의 자녀들과 함께 살고 있었다.

그의 생활 중에서 나에게 가장 신기한 점은 개와 고양이가 집 안에서 사람들과 같이 산다는 사실이었다. 개와 고양이와 사람이 한 침대에서 같이 잔다고 해서 처음에는 기절초풍하는 줄 알았다. 한국의 우리집에서도 개를 키웠지만 개들은 우리가 먹다 남은 음식을 먹었고, 집 밖 마루 아래에 있는 개 집에서 살았고, 항상 목줄과 끈에 묶여 있었다.

그러던 어느 날 하인스가 기숙사로 나를 찾아왔다. 키우던 개가 죽었다며 내 앞에서 닭똥 같은 눈물을 뚝뚝 흘리는 것이 아닌가. 일주일 전부터 하인스네 개가 아프다는 말은 들었지만 큰 관심이 없었는데 이렇게 다 큰 어른이 눈물을 흘릴 정도의 대단한 일인가 싶어 솔직히 공감하기가 어려웠다. 나도 어렸을 때 우리 집에서 키우던 정든 똥개가 개장수한테 팔려갈 때 울고불고했던 기억은 있지만 사람은 사람, 개는 개라고 생각했지 개를 사람처럼 생각한 적은 없었다.

그런데 세월이 흘러 내게도 이 친구의 감정을 완전히 이해할 수 있는 날이 올 줄이야! 그로부터 약 20년이 흐른 뒤 나에게는 사랑하는 반려견 '메디'가 생겼고, 다시 17년이 흘러 가족이었던 메디가 무지개 다리를 건넜을 때, 나는 하인스 만큼이나 깊은 슬픔과 상실감으로 한동안을 힘들게 보냈다. 그 때의 내가 지금 아는 것을 알았더라면 하인스를 조금 더 따뜻하게 토닥여줄 수 있었을텐데… 아쉽고 미안한 생각이 든다.

여름이 되자 하인스는 가족들과 함께 2주간 오스트리아로 휴가를 간다고 했다. 독일 사람들은 휴가 동안 유럽이나 아프리카, 케냐, 탄자니아 등의 나라들로 여행을 갔다. 아프리카는 독일의 옛 식민지이기도 했지만 저렴한 경비와 이국적인 문화를 접할 수 있다는 이점으로 각광받는 여행지였다. 나도 휴가나 여행에 대한 호기심은 있었지만 내 형편에는 꿈같은 이야기였다. 한번은 기숙사 앞의 작은 담배가게에 붙은 "2주간 휴가로 쉽니다"라는 안내문에 충격을 받은 적이 있다. 이렇게 작은 가게를 하는 사람도 휴가를 2주씩이나 쓰면서 여행을 간다는 사실이 놀라웠고 그 여유와 배포가 부러웠다. 독일 사람들은 돈이 없으면 은행에서 돈을 빌려서라도 휴가를 간다는 말을 듣고서 내 상식으로는 이해가 안 됐는데 그것은 아마도 나의 유년시절의 기억 때문일 것이다. 우리 아버님은 평생 공무원 생활을 하셨지만 한 번도 휴가를 받아본 적이 없었다. 고작 학교에서 근교로 소풍을 간 것이 내가 경험한 유일한 나들이였고, 방학이 되면 버스를 타고 50리길 되는 외갓집에 가서 2~3일 지내다 오는 것이 휴가라면 휴가였다. 외할머니가 손수 만들어 주셨던 떡, 과자, 조청은 영원히 잊을 수 없는 시골 외할머니표 원조 손맛이었고 우리를 보내기 서운하셔서 신발을 감춰두

셨던 외할머니의 귀여운 애정표현은 아직도 나에게 미소를 던져 주는 추억이다. 아무튼 나에게는 일상만 있었지, 휴가라는 호사는 한 번도 누려보지 못했다.

가족들과 휴가를 떠난 하인스는 휴가지에서 자주 나에게 엽서를 보내주곤 했다. 나 같은 이방인을 잊지 않고 여행의 즐거움을 전해주니 무척이나 고맙고 반가웠다. 당시에는 주로 엽서 - 현지의 사진이나 그림이 있는 - 로 소식을 전하는 때였다.

편지도, 송금도 전자메일(e-mail)을 쓰는 요즘 시대에 나는 가끔 낯선 곳에서 날아드는 엽서 한 장이 그리울 때가 있다. 엽서에는 발이 달려있다. 엽서가 많은 곳을 여행하고 돌고 돌아 내 손안에 무사히 도착하는 그 기분, 엽서에 코를 대면 마치 여행지의 향기가 나는 것 같은 촌스럽고 순수한 감성을 다시한번 느껴보고 싶다. 하인스와 나는 그 후로도 자주 편지와 엽서로 마음을 전하며 좋은 순간을 함께했다.

노블리스 오블리제

Noblesse oblige

기숙사 사감으로부터 연락이 왔다. 그 지역의 저명인사와 유지(부와 영향력을 가진 사람) 스무 여 명이 각 가정당 한 명의 외국인 노동자를 자신들의 집으로 초청하여 이야기를 나누고 독려하며 독일 문화를 알리는 행사를 연다고 했다. 한국인 중에서는 내가 선정이 되었다며 마치 대단한 행운의 소식이라도 되듯 흥분하며 내게 전해주었다. 어차피 나는 계약기간 3년이 끝나면 한국으로 돌아가야 하고 그들과 언어도 통하지 않는데 만나서 무엇을 얼마만큼이나 나누겠는가, 별로 기대가 되질 않았다. 이 도시에서 입김이 꽤 센 유지들이라면 상당히 안정된 삶에 지위도 높을 텐데, 무엇하러 우리를 초청하여 번거로운 일을 만드는 건지 솔직히 고마움보다는 불편한 마음이 더 컸다. 약속 날짜가 다가올수록 숙제를 앞두고 바늘방석에 앉아있는 것 같이 부담스러웠다. 딱히 회피할 수 있는 마땅한 변명거리도 없어서 딱 한 번만 나가 호응해

주고 그만둬야지 라고 마음을 먹었다.

금요일 오후에 근무를 마치고 기숙사 앞에서 긴장하며 기다리고 서있는데, 풍채가 좋고 깔끔한 어느 신사가 아내와 함께 멋진 자동차에서 내려 자신을 소개하고 나를 자기의 차로 안내했다. 한참을 달려 도착한 그 신사의 집은 거대한 통창이 돋보이는 현대식 스타일의 대저택으로 마치 영화 세트와 같은 규모였다. 넓고 잘 꾸며진 정원에는 온갖 꽃들이 만발했고, 햇살 가득한 집안에는 피아노를 비롯하여 여러 금빛 악기들이 빛나고 있었다. 태어나서 이렇게 좋은 집을 직접 보는 것은 처음이었다. 한 눈에 봐도 이 사람은 이 지역의 주요 인사 아니면 성공한 사업가 아니면 명망 있는 지식인임에 틀림없었다.

나는 그가 하는 말을 완벽하게 알아들을 수 없었고 그도 내 말을 눈치코치로 대충 이해하는 것 같았다. 하지만 긴장하고 있는 나를 편하게 해주려고 노력하는 그의 따뜻한 진심만큼은 잘 느낄 수 있었다. 그는 라인베르크에 있는 독일광산연합회의 부회장을 맡고 있는 듯했다. 자신의 지위를 자랑하지도, 권위적이지도 않았기에 나는 짐작만 할 뿐이었다. 가끔 주위에 지역신문 기자들이 따라붙는 것을 보고서 느낌적으로 그가 높은 지위의 사람이라는 것만은 틀림없다고 생각했다. 그의 이름은 칼 균스터(Karl Gunster), 그는 내게 자신을 편한 친구로 대해달라고 부탁했다.

그 이후로 나는 그의 집에 자주 초대를 받았다. 자기 집에 행사가 있으면 나를 꼭 초대해서 항상 상석을 권하고, 손님 중에서도 가장 관심을 가지고 친절히 대해주었으며, 다른 사람들에게 나를 좋게 소개해주느라 열심이었다. 그의 열세 살짜리 아들 모세는 나에게 피아노 연주를 들려주기도 하고 독일어를 가르쳐주기도 했으며, 살림꾼인 그의 아내는 특별히 나를 위해 쌀밥도 지어주면서 항상 홈메이드 디저트를 선물해주었다. 나를 가족 이상으로 대해주는 균스터 부인의 성품을 보면서, 나도 결혼을 하게 되면 저런 따뜻하고 넉넉한 성품의 여자를 만나고 싶다는 생각을 하게 되었다.

균스터 가족을 따라 '숲 속의 미녀', '백조의 호수', '호두까기 인형'과 같은 발레 공연을 함께 즐길 수 있는 기회가 많았다. 나는 생전 처음 보는 '오페라 하우스'라는 거대하고 고풍스러운 건물에 눈이 휘둥그레 해졌고, 서양의 클래식 음악과 발레를 감상한 뒤에는 문화 충격으로 자리에서 바로 일어설 수가 없었다. 세상에 이런 공연이 다 있구나… 이토록 다양한 형태로 전해지는 예술과 다채로운 감동과 오래도록 가슴에 머무는 여운이 존재하다니…

균스터 가족으로 인해 나는 독일의 언어, 문화, 사회 등의 다양한 경험을 쌓으면서 점차 동화될 수 있었다. 내게 다른 세상을 알려준 참으로 감사한 인연이었고, 모든 것이 붙잡고 싶은 추억일만큼 축복의 시간이었다. 나의 체류기간이 끝난 후, 그는 나에게 독일에 머물 것을 강력하게 권했으나 나는 고심 끝에 새로운 도전을 위해 떠나겠다고 어렵게 말했다. 2년 반 이상을 한가족처럼 지내다가 헤어지려니 발걸음도, 마음도 쉽게 떨어지질 않았다. 그들의 눈물 어린 축복의 인사를 뒤로한 채 나는 결국 떠나왔다.

나는 지금까지 살아오면서 균스터 가족을 한 번도 잊어본 적이 없다. 아름다운 삶의 가치를 알게 해준 그들은 내 인생의 중요한 시기에 찾아와 척박했던 마음을 비옥하게 만들어 주었다. 내가 2015년도에 독일에 가서 그를 찾았을 때, 그는 2011년도에 하늘나라로 떠나고 없었다. 만약 천국에 있는 균스터에게 보잘 것 없던 나를 왜 그렇게 잘해 주었는가 물어본다면, 아마도 그는 특유의 표정으로 아무렇지 않은 듯 대답할 것이다. "그냥 그렇게 사는 거야… 인생에서 정말로 좋은 것은 누군가의 인생이 나로 인해 바뀌고 좋아지는 것을 보는 거야"라고…

균스터, 나는 자네를 만나 인생을 보는 눈과 태도가 바뀌었으니 나야말로 자네의 잘 살아온 인생의 살아있는 증인일세. 다시 만날 때까지 잘 계시게.

재미있는 독일어

Learning the German language

독일 생활에 어느 정도 익숙해지다 보니 보다 크고 긴 시야에서의 삶의 목표가 필요했다. 아무 생각 없이 하루하루 검은색 장비가방을 들고 광산을 왔다갔다하며 돈 버는 것에만 만족하며 살 수 없었다. 계약기간 3년이 끝나면 독일에 남을 수 있을지, 귀국을 해야 할지 나 자신도 알 수 없었다. 기술을 배울까? 공부를 할까? 무엇을 하면 좋을까? 미래는 불확실 했지만 무언가를 해야만 한다는 사실만큼은 확실했다. 한국에서는 부모님 그늘에서 곱게 자라서 별 걱정이나 생각 없이도 잘 살았다. 그러나 독일에 와서는 모든 상황이 180도 달라졌다. 무엇이든지 나 혼자서 해결해야 하니 두렵기도 했지만, 한편 어떤 구속이나 간섭도 없으니 그 자유가 마냥 좋기도 했다. 그 당시 내가 꿈꾸는 자유는, 우선 광산 근무를 탈피하여 출근한 옷 그대로 입고 퇴근을 하는 것이었다. 다음 직업은 작업복으로 갈아입지 않는 일을 하고 싶었다.

시내에 있는 노동청의 직업소개소에 가서 면담 요청을 했다. 그 곳은 나에게 새로운 직장의 인터뷰를 할 수 있는 많은 기회들이 있다며 여러 방향들을 제시해주었고 독일 사회 구조를 잘 모르는 나에게 필요한 도움을 주었다. 그런데 무엇을 하려고 해도 능숙하지 못한 독일어가 걸림돌이 되었다. 우선 독일어 학교에 가서 언어부터 공부하라는 조언을 듣고 베를리츠 외국어학교(Berlitz Schule)를 가게 되었다. 학교는 버스로 한 시간 정도 떨어진 도시에 있었고 월요일부터 금요일까지 아침 9시부터 12시까지 수업이 진행됐다. 1년 동안 독일어 공부를 마스터하기로 나름 계획을 세우고 극열이 형과 충기 형과 함께 학원에 등록했다. 근무 시간도 오후 3시부터 밤 11시까지로 바꾸었다. 매일 형들과 함께 한 시간 동안 버스를 타고 학원에 도착, 3시간 수업을 듣고 다시 바쁘게 광산으로 출근과 퇴근을 하니 밥 먹을 시간도 없이 하루가 빡빡하게 돌아갔다. 나중에는 고물 중고차를 구입해서 같이 타고 다니니 그나마 조금 편해지긴 했다.

학원의 독일어 선생은 미세스 세초아(Frau Czeczor)라는 50대 후반의 여성이었는데, 성격이 워낙 원리 원칙적이고 목소리도 카랑카랑하여서 우리는 독일병정이라는 별명을 붙여주었다. 학생들은 한 반에 10명 정도였는데 동양 사람들은 우리뿐이었다. 우리는 직업학교를 겨냥하여 실기 위주의 훈련을 받은 뒤 특정 분야의 기술자가 되는 것을 목표로 하였다. 뒤셀도르프 공항에는 독일의 대표적인 항공사 루프트한자의 항공정비 학교가 있었고, 쾰른에는 유명한 컴퓨터 학원이 있었는데 둘 다 거리도 멀고 학비도 비싸서 엄두를 내지 못하였다. 주위 사람들은 내게 독일의 앞선 자동차 정비나 염색 기술을 배우면 한국에 돌아가서 인기가 많을 거라고 추천했지만 결정하기가 쉽지 않았다. 일단 독일어 공부에만 충실하기로 했고, 그렇게 열심히 하다보니 독일말을 못하는 한국 사람들에게 통역 도우미를 해주게 되었다. 언어가 통하지 않아 답답하고 불편한 사람들의 마음을 대변하는 일은 무척이나 보람된 일이었다. 작은 배움도 남을 위해 쓴다는 것은 기쁜 일이고, 그것은 결국 나를 위한 길이기도 했다.

어학원 친구들과 함께

부끄러운 민낯

Shameful things

독일어로 의사소통이 안되는 한국인 광부들에게 긴급한 일이 생기면 내가 통역을 맡게 되었다. 광산에서 사고를 당해 병원으로 후송되는 안타까운 경우도 있었다. 술에 취해 연장을 들고 싸우다가 병원에 가는 사람도 있었다. 술안주로 날고기를 먹고 탈이 나거나 독한 술을 대량으로 마시다가 혼수 상태로 병원에 실려 가는 사람도 있었다. 이 모든 일의 근본적인 원인은 타지 생활의 외로움이었다. 그 당시 병원에는 한국에서 온 간호사들이 많았는데 그들은 별의 별 사람들을 다 본다는 듯 한심하다는 투로, 한국 사람 망신은 한국 광부들이 다 시킨다고 투덜댔다.

독일에서는 대체로 아프면 약을 처방해주지 않고 무조건 집에 가서 쉬라고 했다. 휴식하면서 자연 치유를 유도하는 것이 독일식 치료 방법이다. 그런데 이 점을 악용하는 소수의 광부들도 있었다. 보통은 의사를 찾아가면 제일 먼저 간호원이 체온을 재는데 체온계 아래의 수은 부분을 손톱 끝으로 톡톡 치면 수은이 올라가 39도가 된다는 설이 돌았다. 사과씨를 먹으면 엑스레이 촬영에서 위궤양으로 나온다는 소문도 있었다. 이런 식으로 꾀병을 만들어 병가를 받는 방법이 광부들 사이에서 암암리에 퍼져 있었다. 지금 생각해보면 부끄럽고 민망하지만, 얼마나 쉬고 싶으면 그랬을까 하는 측은한 마음도 든다.

한국에서 온 광부들은 광산 경험자이기 보다는 광산 경험이 없는 고학력자가 더 많았다. 그 점이 여기 현장에서 문제가 되어 한국 해외개발공사에서는 인력 송출 문제를 재검토한 뒤, 광산 유경험자들을 우선으로 하여 독일로 파송했다. 그 뒤로 광부들의 사건 사고 비율이 조금 더 높아진 것은 사실이다. 한국 사람들이 광산에서 사고를 당하는 것보다 고속도로에서 교통사고로 다치는 경우가 더 많다는 우스갯소리가 있을 정도였으니까. 그 때 까지만 해도 안전운전에 대한 개념이 희박했고, 폐차장에서 조립한 값싼 자동차를 구입하여 타기도 했으며, 한국 군대 제대증을 가짜 한국 운전 면허증으로 만들어서 그것으로 독일의 운전면허증을 교환 발급받는 등 불법을 자행하기도 했다.

백화점에 가면 알다시피 많은 상품들이 고급스럽게 진열되어 있다. 백화점에서 물건을 슬쩍 집어가지고 나오다가 들키는 사람도 적지 않았다. 한번은 어떤 광부가 백화점에서 물건을 훔쳐 달아났는데 경찰관들이 그의 기숙사를 수색하여 대량의 훔친 물건들을 추가로 발견하는 일이 생겼다. 이를 한국인의 수치라고 여긴 화가 난 동료들이 그를 줄로 묶고 이불에 둘둘 말아 라인강에 던졌다는 일화도 전해진다.

비록 외국의 광산에서 막노동을 하는 우리들이었지만 누구보다도 조국의 명예를 걸고 생활한다는 자부심과 책임감이 있었던 것 같다. 자랑스러운 해외의 역꾼이라는 수식어 뒤에는 간혹 부끄러운 민낯이 드러나는 일도 있었지만, 대다수는 태극기를 가슴에 단 국가대표처럼 작은 일에도 나라의 격(格)과 명예를 생각하며 일했다. 그렇다. 외국에 나오면 모두가 애국자가 되고 외교관이 된다.

별의 별 일

Incidents and accidents

신입 광부들은 실전에 투입되기 전 한달 동안 지상에서 사전교육을 받는데 가장 중요한 부분은 역시나 안전에 관한 것이었다. 광산 지하에서는 절대로 싸움을 하거나 담배를 피우면 안 되므로 성냥이나 라이터를 지참해서는 안 된다. 지하에는 항상 지상의 신선한 공기를 주입해 주기 때문에 특히 냄새에 민감해질 수밖에 없다. 담배 냄새는 물론 독일 광부들은 우리들의 마늘, 김치 냄새에도 민감하게 반응했다.

전차가 캄캄한 주 갱도를 달리는데 누군가 담배를 피우고 나서 꽁초를 밖에 버리는 것이 보였다. 전차는 즉시 멈추어 섰고 반장들이 수색에 나섰다. 사건인 즉슨, 한국인 동료가 담배를 피우고 꽁초를 밖에 버린 것이었다. 그는 월남전에 파병되어 밤에 매복과 보초를 설 때도 담배를 피웠는데 여기서는 왜 못하겠나, 하며 우쭐대는 마음으로 저지른 일이었다. 그런 그는 경찰서에 인계되었고 결국 독일에서 추방당했다.

한번은 기숙사의 동기생이 지하에서 독일 사람을 폭행한 사건이 일어났다. 독일인 광부 중에는 우리가 독일 말을 못 한다고 무시하고, 한국인 특유의 냄새가 난다며 경멸하는 눈빛을 보내는 나쁜 인간도 있었는데 아마 나의 동기가 이를 참다 참다 못해 주먹을 쓴 모양이었다. 그는 폭행죄로 경찰서에 연행되었고 광산에서는 해고되었으며 독일에서도 추방될 위기에 처했다. 싸움 제공은 상대편이 했는데 억울해도 어찌할 도리가 없었다. 우리는 흥분을 참지 못하면 주먹이 나갔지만 독일 사람들은 주로 말로 싸웠고 얄미울 정도로 자기 컨트롤을 잘 하면서 약을 올렸다. 주먹을 날린 친구를 복귀시키기 위해 우리 동료들이 백방으로 노력해보았지만 쉽지 않았다. 사실대로, 법대로, 곧이곧대로, 융통성이 없는 독일인들에게 한국 식의 인정(人情)은 없었다. 우리 입장에서는 답답하고 원망스러웠지만 어떤 면에서는 그들이 그들의 사회를 튼튼하게 보호하는 부러운 벽이기도 했다.

어느 날, 서독 주재 한국 대사관에서 근무하는 외교관과 그의 가족이 우리 기숙사를 방문한 적이 있었다. 그는 국가 공무원 3급 서기관으로 대사관의 노무관(노동부직원)이었다. 나는 기숙사 식당에서 10살쯤으로 보이는 그의 아들과 네덜란드에 대한 대화를 나누고 있었는데 아이는 내 이야기를 듣더니 그 나라에 가고 싶다고 말했다. 내가 "국경을 통과하려면 여권이 필요한데 여권이 있니?"

라고 물었더니, "국경에서 돈을 주면 여권 없이도 통과되지 않을까요?"라고 대답을 해서 적잖이 놀랐던 기억이 난다. 어떻게 어린 아이의 입에서 그런 소리가 쉽게 나올 수 있는 걸까, 누구한테서 그런 못된 것을 배운 것일까, 한국인으로서 그리고 어른으로서 참담한 기분이 들었다.

내가 아는 한 독일에서는 의사, 경찰, 성직자, 교수들이 사회적인 영향력이 크고 존경을 받는 직업군이었다. 내가 있던 곳에서 1시간 정도 떨어진 곳에 한 신부님이 살고 계셨는데 1960년대에 경상북도 왜관에서 복무하고 돌아온 분이셨다. 그분의 집에 초대받아 지하를 구경하는데, 한국의 문화재(정식 문화재는 아니었겠지만)나 골동품으로 보이는 물건들이 많아서 깜짝 놀랐다. 수집품이라며 자랑하셨지만 그것을 구경하는 기분이 썩 좋지만은 않았다. 이 찜찜한 기분은 왜일까… 이유를 곰곰이 생각해보니 아마도 우리 것인데 남이 가져간 기분이 들어서였던 것 같다. 나는 독일에 살면서 독일인으로 동화되기 원했지만, 언제나 본능적으로 한국인으로서의 의식이 불쑥 먼저 튀어나왔다.

성탄절이 되면, 나는 한국에 있는 부모님과 동생들한테 선물을 보냈다. 동생들한테는 주로 독일제 학용품을, 어머니께는 한국에서 인기 있는 프랑스제 코티분(화장품 파우더의 일종)을, 아버지께는 독일제 몽블랑 만년필을 등기 소포로 보냈다. 그러나 나중에 어머니께 확인해보니 아무것도 없이 오직 학용품만 도착했다고 하셨다. 독일 우체국에 알아본 결과 독일에서 분실되는 경우는 거의 없다고 하니, 아마도 한국에 도착한 이후에 누구의 손을 탔던 것 같다. 나는 너무도 화가 나서 말이 안 나왔다. 지금은 소포나 배달이 문 앞에 놓여있어도 아무도 안 가져가지만, 그 때는 소포도 뜯어서 내용물을 훔쳐갈 만큼 대담한 비양심의 시대였다.

06

공중나는 새를 보라

Look at the flying bird

유럽여행 I

Travel in Europe I

독일에서 첫 크리스마스를 맞이했을 때의 일이다. 한국에서 우리가 경험했던 크리스마스는 친구들과 밤 늦게까지 술을 마시며 노는 것이었으므로 이 곳 기숙사 안에서도 한국식 그대로 보내는 동료들이 있었다. 하지만 시내를 나가보면 자동차도, 사람도 다니지 않고 그 어느 때보다도 조용하고 차분한 때가 크리스마스였다. 기숙사에서 근무하는 아주머니들은 다른 도시에서 사는 자식들이 놀러 온다며 서둘러 자신들의 집으로 돌아갔다. 그 때 나는 크리스마스란 집 밖에서 친구들과 흥청망청 어울리는 것이 아니라, 집 안에서 가족들과 함께 소소한 행복을 즐기는 시간이라는 걸 알게 되었다.

기숙사 게시판에 12월 26일부터 1월 2일까지 일주일 동안 오스트리아에서 지내는 관광상품 광고가 걸렸다. 가족이 없는 나는 크리스마스 연휴 때면 더 외로웠던 탓에 일단 신청부터 해 놓았는데, 막상 준비하려고 하니 입고 갈 마땅한 옷도 없었다. 친구들이 독일 닭들이 맨발로 다니니까 항상 여름인 줄 아느냐며 여름 옷 단벌신사인 나를 놀렸다. 아무튼 제대로 준비도 못한 채 엉성하게 여행을 떠나게 되었다.

흰 눈으로 덮인 새하얀 벌판에 알록달록 반짝반짝 크리스마스 장식을 꾸민 시골집들의 풍경은 그대로 성탄절 카드 같았다. 버스 안에는 한국 사람이 15명, 독일 사람이 30명 정도였다. 아우토반을 달리기 시작하니 독일 사람들이 갑자기 떼창으로 독일민요를 목청껏 부르기 시작했다. 생전 처음 가는 외국에서의 또다른 외국 여행이라 나도 얼마나 신이 나던지 어느덧 그들의 노래를 크게 따라 부르고 있었다.

오스트리아 검문소를 거쳐 목적지인 알프스 산 속에 있는 푸슐암제(Fuschl am see)라는 곳에 도착했다. 사방이 알프스 산으로 둘러싸여 있고 넓은 호수를 끼고 있는 아름다운 곳이었다. 처음 경험해보는 호텔 서비스와 시설은 우리가 지금껏 누려보지 못한 호사 중에 호사였다. 그 당시 스키나 스케이트는 만져보지도 못한 촌닭인 우리로서는 유럽 사람들이 가족과 함께 겨울 스포츠를 즐기는 모습이 여간 신기한 게 아니었다. 우리는 여기저기를 구경하며 사진 찍는 게 다였는데 하루가 지나니 더 할 것이 없어졌다. 세계적으로 유명한 휴양지에 왔지만 휴양을 제대로 즐길 줄 몰랐다. 술을 좋아하는 동료들은 저녁내내 호텔 안에서 술판을 벌였다.

같이 온 독일 여행객들은 가족들과 같이 산책을 하거나 얼음판에서 스케이트를 타거나 스키장에서 보냈다. 자기네 동네에서도 충분히 할 수 있는 놀이를 왜 여기까지 와서 하는 것일까, 솔직히 이해가 안 되기도 했다. 그 때만해도 나는 새로운 환경에서 가족과 함께 보내는 시간은 더 색다르고 특별한 추억이 될 수 있다는 걸 잘 모를 때였다. 세상 사람들의 다양하게 사는 모습을 보고 유럽의 문화와 놀이를 느껴보는 좋은 시간이었다. 이런 것이 단어의 뜻 그대로 '(생기를 되찾고 되살리는) Refresh'로구나!

유럽여행 II

Travel in Europe II

우리에게 인기 있는 여행지는 영국의 런던, 프랑스의 파리 그리고 이태리의 로마였다. 그 외에 작은 나라들은 지나가면서 들리는 정도로 간략하게 소화했다.

파리에 갔을 때였다. 호텔에서 밖을 보니 사람들이 임금 인상과 처우 개선을 주장하며 비폭력 데모(시위) 행진을 하고 있었다. 나는 한국에서 최루탄과 화염병이 날아다니는 폭력적인 시위만 보다가 이렇게 신사적인 시위는 처음 봐서 신선하게 느껴졌다. 하지만 저렇게 우아하게 시위를 하면 그들의 요구를 들어주기나할까 의심스럽기도 했다. 한국에서는 4.19가 터지고 5.16이 일어난 후라 데모가 극렬하게 번질 때였다. 멀리서 살아도 조국에 대한 관심과 걱정이 늘 있었기에 시위를 바라보는 심정이 남의 일 같지 않았다.

영국에서는 캔터베리 대성당과 런던에서 보았던 영국 여왕 궁전의 근위병 근무 교대식, 국회의사당, 웨스트민스터 사원 그리고 그리니치 천문대가 인상적이었다. 천문대 안에는 하나의 선이 있는데 거기로부터 지구의 동쪽과 서쪽이 나뉘어진다고 했다. 지구에 기준선을 긋고 세계의 시간을 정한 곳, 그 의미 있는 선 위에 한 낱 점으로 서 있는 듯한 장엄하고도 겸허한 기분이 동시에 드는 순간이었다.

각 나라마다 그 나라를 대표하는 관광지가 있다. 독일을 대표하는 풍경은 산 중턱에 지어진 한 폭의 그림 같은 고성이다. 영국은 민주주의의 중심지인 국회의사당이자 큰 시계가 걸려있는 빅벤(Big Ben)이며, 프랑스는 당시의 기술로는 불가능에 도전했던 에펠탑이 상징적인 경관이라고 할 수 있겠다. 이탈리아는 2000년 전 놀라운 고대 로마인들의 건축공학을 보여주는 콜로세움이며 네덜란드는 광대한 튤립 꽃 전시장, 덴마크는 바위 위에 다소곳한 청동으로 앉아있는 인어 동상이다. 벨기에는 귀여운 오줌싸개 소년 동상이고, 스위스는 뭐니뭐니 해도 알프스 산맥이며 스페인은 투우사와 뿔난 소의 숨 멎는듯한 투우 경기 등등… 어떤 나라를 떠올리면 바로 이어서 떠오르는 특징적이고도 대표적인 이미지들이 있다.

우리는 운이 좋게도 독일에 있으면서 이런 세계적인 관광지들을 다 둘러볼 수 있었다. 한국은 어디를 가든 목조 건물들이 많이 보였는데 유럽은 어디를 가든 대리석으로 웅장하게 지어진 건물들이 많았다. 그 옛날에 이렇게 크고 웅장한 석조 건물을 오직 수공예 기술만으로 만들었다는 사실이 내겐 불가사의였고 경외감을 불러일으키기에 충분했다.

여행은 관광도 관광이지만, 청춘의 남녀가 자연스럽게 만날 수 있는 좋은 기회도 되었다. 우리는 '남녀 7세 부동석(7세 이후의 남녀는 같이 앉지 않는다)'이라는 경직된 유교적인 환경에서 자랐고 아버지가 앞에 걸어 가시면 어머니는 10발짝 뒤에서 따라오는 남녀차별의 시대를 살았다. 그런데 독일 아니 유럽의 남녀들은 어디에서든 애정표현도 자연스럽고 대담한 것이 보기에 나쁘지 않았다.

여행은 세계의 역사를 만나고, 나라마다 다른 특색에 매료되며, 이성 간의 만남을 기대할 수 있는 마음이 열리는 시간이다. 나는 어디에선가 들은 이 말을 좋아한다. "여행은 우리에게 적어도 세 가지의 유익함을 준다. 첫째는 타향에 대한 지식이고, 둘째는 고향에 대한 애착이며, 셋째는 자신에 대한 발견이다."

광부와 간호사

Miners and nurses

서서히 독일식 식생활에도 익숙해져 갔다. 딱딱하고 깔끄러운 보리빵에서는 어느덧 씹을수록 고소한 맛이 났고 꼬릿했던 치즈와 특유의 향미가 거슬렸던 소시지도 맛있게 잘 먹게 되었다. 비슷하게 우리의 광산 일도 익숙해져 갔다. 익숙해질수록, 일을 잘한다는 칭찬을 들었고 한국 사람들의 근면 성실함이 독일 사람들로부터 인정을 받았다. 남들이 하기 싫어하는 주말 작업도 기꺼이 도맡아서 하는 한국 사람들이었다. 그래서인지 내가 광산에 처음 들어왔을 때 150명이던 한국인들이 나중에는 500명으로 늘어났다.

서독에는 한국에서 온 간호사들도 많았다. 예전에 독일의 병원들은 대부분 수녀들을 중심으로 가톨릭 재단에서 운영했는데 간호원 부족현상이 생기면서 필리핀, 아프리카, 한국 등 외국에서 간호사들을 영입하기 시작했다. 한국에서 간호학교를 졸업하고 온 간호사들도 있었고 간호보조원 양성소를 수료한 간호조무사들도 있었다. 한국 출신의 간호사들은 영리하고 부지런했으며 헌신적이었다. 그 당시 한국에서는 간호사가 여성의 직업 중 수입이 확실하고 전문적인 직업이라 인기가 있었고 머리가 좋은 여성들이 많이 지원하는 분야이기도 했다.

광부와 마찬가지로 간호사들도 가족을 위하여 자신을 희생할 각오로 독일에 온 사람들이 많았다. 반면에 독일이라는 외국생활에 단순한 호기심과 도전으로 온 간호사들도 있었다. 기혼자들도 있었지만 대부분이 미혼의 아가씨들이었다. 내가 일하던 지역의 세인트 버나드 병원에도 9명이 있었다. 지역사회에서는 이 전에 본 일이 없는 백의의 천사들이 왔다고 칭찬이 자자했다. 한국 간호사들이 칭찬을 받으니 우리도 덩달아 어깨가 으쓱해지고 함께 애국하는 기분이 들었다.

젊은 남녀가 모이면 영락없이 사랑의 싹이 움트는 법! 우리가 일하던 곳을 포함하여 독일의 여러 도시에는 젊은 광부들과 간호원들이 한 지역에 거주하면서 핑크빛 기운이 감돌았다. 우리 젊은 광부들의 입장에서는 최고의 신부감이 우리들 바로 가까이에 있는 셈이니 여간 행운이 아닐 수 없었다. 나는 입원한 동료들을 면회하거나 통역하기 위해서 병원을 자주 방문했고 자연히 한국 간호사들과 안면이 생기고 개인적인 관심도 생겨났다. 하지만 고지식했던 나는 고국에 돌아가 안정된 직업을 가진 후, 부모님 앞에서 결혼하는 것이 도리라고 생각했기 때문에 애써 관심을 두지 않으려 노력했다.

주위에 광부와 간호사가 결혼하는 경우도 많았다. 그들 대부분은 결혼 전에 벌었던 돈을 이미 고국의 가족들에게 모두 송금했기에, 무일푼 빈손으로 시작하는 경우가 많았다. 창고 같은 곳에서 신혼방을 만들어 시작하지만 둘이 열심히 일해서 몇 년 후에는 좋은 집을 사고 토끼 같은 아이들과 안정된 생활을 하는 모습이 부러웠다. 하지만 밤이고 낮이고 정신없이 부부가 서로 일을 교대해 가면서 육아와 집안일, 회사일로 바쁜 생활을 하는 것을 보면 너무 힘들고 버거워 보여서 딱할 정도였다. 그들이 존경스러웠지만 나라면 못할 것 같아서, 일부러 간호사 보기를 돌같이 하였다.

당찬 여자, 싱거운 남자

Man meets woman

우리 지역에서는 일년에 한 두 번씩 외국인들이 각 나라의 전통 문화와 음식을 소개하는 행사를 열었다. 각 나라의 문화를 감상하고 다른 나라 친구도 사귈 수 있는 좋은 기회였다. 우리 한국 남자들은 태권도 시범을 보이고 여자 간호사들은 부채춤 등 한국의 전통 고전무용을 선보였다. 한국은 문화행사 때마다 색색깔의 한복과 전통 춤, 그리고 맛있는 한식으로 최고의 관심과 인기를 끌었다. 나는 여러 나라 중에서도 터키와 우크라이나의 힘있고 신나는 노래와 춤을 좋아했다. 독일에 와서 이렇게 세계 각국의 사람들을 만나고 그들의 문화를 접하는 것이 다채로운 행복 중의 하나였다.

그 곳에서, 우리 지역 병원에서 근무하는 아홉 명의 간호사들을 볼 수 있었다. 8도 강산에서 대표 미인이 선출되어온 듯 출신지역이 제각기 달랐고, 그들은 내가 알던 내숭을 보이는 여성들과 달리 호방하고 적극적인 성격이어서 더 쉽게 친해질 수 있었다.

그 중에 내 눈에 들어오는 한 간호사가 있었다. 미스 정이라고 불리는 예쁘고 귀엽고 참한 여성이었다. 나는 수줍음이 많은 편이었는데, 그녀에게선 작은 체구에서 뿜어져 나오는 당찬 용기와 대범함이 느껴졌다. 우연히 그녀와 마주치거나 모임에서 만나는 일이 잦아졌고 그러다 보니 개인적으로도 만나게 되었다. 그녀는 나만 보면, 키 큰 사람이 싱겁다더니 정말 싱겁다며 발랄한 웃음을 지어 보였다. 그럴수록 그녀가 자꾸 마음 속으로 들어왔고, 온통 그녀 생각으로 정신이 멍하고 몸이 붕 뜨는 상태가 계속되었다. 그녀를 만나면 더욱 허둥지둥되기 일쑤였고 안 그러려고 노력해도 그 앞에서는 더욱 싱거운 남자가 되었다. 그렇게… 내 인생에 소금 같은 여자가 들어왔다.

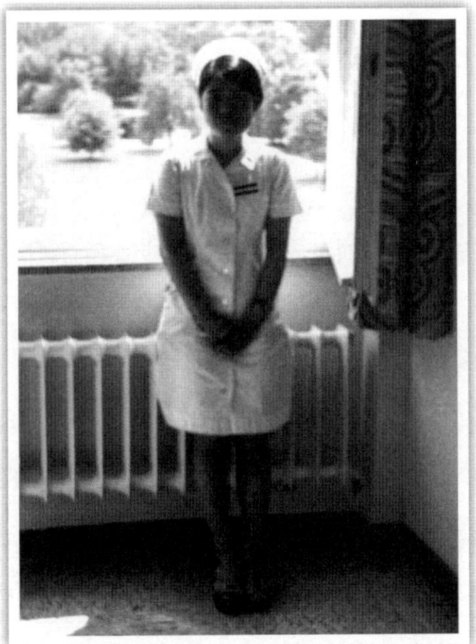

백의의 천사, 아내

세 가지 약속

Three promises

독일에는 산책하고 데이트하기 좋은 곳이 정말 많다. 그런 장소에서 거니노라면 자동적으로 영화 속 애틋한 연인이 되고 로맨스의 주인공이 되는 듯하다.

나는 오래된 포드 자동차를 가지고 있었다. 그 차에 미스 정을 태우고 자주 시외로 나가 데이트를 했다. 숲 속을 산책했고 산책 후에는 식사를 하며 우리의 미래를 함께 이야기했다. 우리는 자주 라인 강가로 나갔다. 라인강에는 문학과 낭만도 있지만 산업의 기적을 이룬 곳이기에 주위에는 연기가 나는 큰 굴뚝을 가진 공장들도 많이 보였다. 강물은 빠르지도, 느리지도 않게 흘러서 한참을 바라보노라면 마음이 편안해졌다. 우리는 라인베르크에 있는 예쁜 커피숍에도 자주 들러 커피만큼이나 따뜻하고 향긋한 시간을 보냈다. 시간이 흐를수록 우리의 사랑도 강물처럼 서로에게 흐르고 흘러 깊어지게 되었다.

미스 정은 아무리 봐도 독일에 올 만큼 가정형편이 어려운 사람이 아니었다. 친구 따라 강남 간다고, 그녀는 한국 병원의 동료들과 함께 폭넓은 해외경험을 쌓고자 독일행 비행기를 탔던 것이다. 그녀는 집안의 막내로 사랑을 듬뿍 받으며 자랐고 지금 독일에서는 동기들과 즐거운 시간을 보내고 있으며, 귀국을 해서도 여유 있게 살 수 있는, 한 마디로 어느 것 하나 빠지지 않는 여성이었다. 반면에, 오로지 한국의 가족만 생각하느라 재정적으로 여유롭지 않았던 나는 이렇게 연애를 하고 결혼을 해서 남의 귀한 집 딸을 데려다가 고생만 시키면 어떡하나 하는 부담감이 있었다.

결혼식에 대해 주저하게 만드는 또 하나의 중요한 요인은 아직 우리의 미래에 대한 계획이 확실히 정리되지 않은 상태라는 것이었다. 독일에서의 근무 계약 기간이 끝나면 부모님과 가족이 있는 한국으로 돌아가야 할지, 아니면 새 인생을 시작한 이곳 독일에 남아서 꿈을 이어갈지, 아니면 아예 다른 나라인 제3국을 향해 인생의 새로운 장을 열어야 할지… 우리의 미래가 라인강의 아침 안개처럼 자욱했기 때문이었다. 하지만 역시 사랑이란, 감정세포가 이성세포를 이기는 것임을 그 누구도 아닌 나 스스로가 증명하게 되었다. 우리의 미래가 어떻게 열리든, 어디로 흘러가든 우리는 두 손을 꼭 잡고 함께하기로 했다.

우리가 좋아하는 커피숍에서 우리만의 조촐한 약혼식을 올리며 서로에게 세 가지 약속을 했다. 첫째, 우리 두사람은 절대로 떨어져 살지 않고 평생을 같이 살 것. 둘째, 피치 못할 사정으로 잠시 떨어져 있어야 한다면 매일 일기를 쓰듯 편지를 나눌 것. 셋째, 독일에서 번 돈은 모두 한국의 부모에게 보내고 빈손으로 다시 시작할 것.

그렇게 우리의 아름다운 동행은 시작되었고 인생의 어려운 문제들을 함께 풀어 가기로 했다. 우리는 조용하지만 열정적으로 사랑했고, 어려운 처지였지만 서로를 넉넉하게 품어주었다. 서로의 눈에 콩깍지가 단단히 씌어 있었다. 감사한 콩깍지.

예술에 대한 추앙

The admiration of art

1975년 3월 중순경이었다. 기숙사에서 나와서 친구들 - 전형, 삼수, 정식, 석순 - 과 집을 얻어 한 집에서 살 때였다. 친구들과 작별하기 전에 이탈리아 여행을 가자고 했다.

아침 일찍 아우토반을 달려 친구들과 함께 떠나는 기분은 말로 표현할 수 없는 해방감을 주었다. 그 즐거움도 잠시, 스위스 국경을 통과할 때 우리가 입국 비자를 준비하지 못한 것이 문제가 되어 스위스 대사관이 있는 본까지 돌아가야 하는 예기치 못한 상황이 되었다. 검문소를 지날 때 마다 '대한민국', 'Korea'라는 나라를 열심히 설명했지만 아무도 알지 못했다. 여러 검문소를 통과한 후 갖은 고생 끝에 스위스 입국이 허가되었다. 그 당시 원래 국경을 맞댄 나라 사이에는 여권 없이 간단한 신분증만으로도 출입이 가능했는데, 우리 같은 외국인에게만 엄격한 기준을 적용하고 있었다. 하필이면 그 때가 이탈리아에서 어떤 이슬람 관객이 미켈란젤로의 피에타 조각상을 망치로 내리친 사건이 있은 직후라 외국인에 대한 출입을 더욱 강화한 때였다. 부랴부랴 스위스 베른에 있는 이탈리아 대사관에 가서 사진을 찍고 비자를 신청하여 급히 단수 비자를 받는 등 웃지 못할 여러 해프닝이 있었다. 그러나 그 일련의 사건들을 통해서 나는 어떤 어려움에 봉착할 때 마다 포기하지 않고 침착하게 하나씩 풀어나가면, 시간이 걸려도 해결해 나갈 수 있다는 것을 배웠다. 여러 번 다시 집으로 되돌아갈까도 생각했지만 중도 포기하지 않고 앞으로 나아가려 했던 도전, 청춘의 정신이 결국 우리의 아름다운 여행을 완성하게 만든 원동력이 되었다.

아름다운 알프스 마을에서 즐거운 시간을 보낸 뒤 이탈리아의 플로렌스(피렌체)로 향했다. 큰 기대 없이 마주한 플로렌스 지역의 아름다움은 과히 압도적이었다. 역사적인 대 부호 메디슨 가문의 후원으로 이탈리아의 르네상스가 꽃피던 시절의 문화유산을 그대로 보존하고 있었으니 도시 전체가 르네상스 정신의 요람이요, 박물관이었다. 아니나다를까, 지금은 유네스코 문화유산으로 지정되었다고 한다. 두오모 성당과 우피치 미술관은 그 건물 그대로가 인간의 한계를 넘어선 신계의 작품이라 생각되었고, 아카데미아 미술관의 다비드 상이 주는 강함과 부드러움의 조화는 생전 처음 느껴보는 감동이었으며, 노을이 아름다운 미켈란젤로 언덕에서 내려다본 빨간 기와집들의 모습은 중세시대로 빨려 들어가는 듯한 느낌을 주었다. 특별히 이탈리아 여행은 나에게 문화와 예술을 사랑하고 여러 관점으로 감상하는 안목과 심미안을 갖게 해주었다.

로마에서는 여행사의 인도를 따라 구석구석 관광을 했는데 그 중 바티칸 박물관이 가장 기억에 남는다. 레오나르도 다빈치, 피카소, 로댕, 고흐 등 천재 작가들의 작품과 금색으로 치장한 천주교 제단 장식 그림들에서도 깊은 감명을 받았다. 신을 주제로한 많은 작품들을 보면서 신이 인간을 사랑하기도 했지만 인간도 신을 엄청나게 사랑하고 동경해왔다는 감정을 생생하게 느낄 수 있었다. 우리가 도착한 날이 마침 부활절 기간이라 바티칸 성당의 부활절 예배에도 참석할 수 있었다. 바티칸 광장에서는 예수님이 십자가를 지고 골고다 언덕을 올랐던 사건을 모티브로 하여 십자가를 지고 계단을 오르는 행사가 한창이었다.

여행은 아름다운 찰나들을 주고 가슴 속에 깊이 저장된다. 그리고 살면서 추억으로 꺼내 볼 수도 있다. 죽음의 순간에도 떠올리며 가져갈 수 있다. 영원히 나의 것이 될 수 있는 것, 세상에 여행만큼 남는 장사(?)가 또 있을까.

사랑하는 형

My beloved brother

독일에 와서 아버지, 형님과는 계속해서 편지를 나누었다. 남자들이어서 무뚝뚝할 것 같지만, 편지를 하고서부터는 아버지와 형님, 나 사이에는 더욱 끈끈하고 다정한 유대감이 생겨났다. 기숙사 사감실에 전화가 있었지만 아버지와 형님은 평상시에는 편지를 이용하시고 급한 경우에만 전보를 보내셨다.

어느 날, 한국에서 형님한테 전보가 왔다. 형님은 대한항공에 다니고 있었는데 며칠 후 형님이 조종하는 대한항공 여객기가 함부르크 공항에 도착하니 나에게 만나자는 기별을 보낸 것이다. 당시에는 항공 여객기가 유럽에 정기적으로 취항하지 않을 때여서 파독 광부와 간호사도 전세기를 띄워야만 올 때였다. 세상에, 무려 3년만이다! 나는 오랜만에 형님을 볼 생각에 뛸 듯이 기뻤다.

이틀의 휴가를 받고 친한 배형과 함께 함부르크 공항으로 향했다. 공업도시 에센, 맥주로 유명한 오버하우젠, 교육의 도시 뮌스터를 지나 함부르크까지 5시간을 달려갔다. 가는 길 도처에 있는 긴 터널도 짧게 느껴졌고, 터널 안에 단 하나도 꺼져있지 않고 반짝거리는 전등은 나를 축하해주는 조명 같았다. 그 와중에 어떻게 꺼진 전구 하나 없이 터널 관리를 이렇게 잘 했나, 하는 생각을 하며 혼자 웃었다.

함부르크 공항에서 설레는 마음을 부여잡고 비행기 도착을 알리는 전광판을 들여다보았지만 어디에도 대한 항공 여객기는 없었다. 나중에 알고보니 대한항공편 함부르크 행이 갑자기 프랑크푸르트로 노선으로 변경되었다고 했다. 형님을 만나지 못한 실망감이 기대만큼이나 크고 무거웠다. 이왕에 왔으니, 관광이라도 하자는 심산으로 함부르크 시내 구경을 하고 올림픽 조정 경기장도 가보았다. 바다 건너는 덴마크였는데, 역시나 항구도시 답게 화려한 요트 등이 정박해 있었지만 큰 감흥은 느껴지지 않았고 바다 바람이 유난히 살을 에이는 듯했다. 함부르크로 출발하기 전에 동료들이 레파반이라는 유명한 사창가가 있으니 한번 가보라고 했다. 차창 밖으로 호화스런 조명 아래 헐벗은 많은 외국 여자들만 구경하고 허망한 마음으로 숙소로 돌아왔다. 나만큼 실망하고 있을 형님을 생각하면서…

6개월 후에 다시 형님에게서 연락이 왔다. 이번에는 프랑크푸르트 공항에 도착한다고 했다. 배형과 함께 프랑크푸르트로 달려갔고 드디어 형님을 만날 수 있었다. 형님은 파독 간호사들을 태우고 왔는데 4시간 후에는 다시 한국으로 돌아가야 한다고 했다. 프랑크푸르트 시내의 조촐한 한국 식당에서 형님과 마주앉아 식사를 하니 꿈만 같고 어린아이가 된 기분이었다.

나의 상황이 외롭고, 가족들이 그립고, 형님이 감사해서 눈물이 났다. 형님을 통해 듣는 한국 가족들의 소식은 나에게 보람과 안심을 주었고 형님도 물가에 내놓은 어린애 같기만 했던 내가 이렇게 잘 살아가는 것을 기특하게 여기셨다. 짧은 시간, 짧은 만남이여서 아쉬웠지만 긴 설명을 보태어 말하지 않아도 서로를 잘 알 수 있는 우린 형제요, 핏줄이란 것을 다시금 느꼈다. 헤어지는 형님과의 악수는 뜨거웠고, 홀로 남겨진 어린아이처럼 내 눈두덩이도 뜨거웠다. 돌아서는 형님의 무겁고 슬픈 어깨가 오랫동안 잔상으로 남았다.

돈 때문에

Because of money

한국에서 동생이 결혼을 한다는 연락과 함께 전세를 얻어야 하니 돈을 부쳐 달라고 했다. 60만원을 보내 달라고 했는데 만약을 대비해 저축해 두었던 3,000마르크(당시 환율로 630,000원 정도)를 보내주었다. 시골에서 논을 8마지기 정도 살 수 있는 제법 큰 돈이었다. 그 때는 집안 식구들 중에 목돈이 필요한 사람이 생기면 서로 돕고 서로 돌려쓸 때여서 충분히 이해를 하고 기꺼이 도왔지만, 마음 한 구석엔 왠지 모를 서운함이 자리잡았다. 하지만 동생들은, 부모님이 누님을 병간호하느라 신경을 못 쓸 때에도 자신의 책임을 다하며 잘 자라주었으니 내겐 그것 만으로도 충분히 고맙고 대견한 일이었기에 흔쾌히 감당할 수 있었다. 나중에 동생들은 나에게 빌린 돈 이상으로 고마움을 표했으니 서운함은 없어졌다.

광부 중에서도 굴진반은 엄청난 무게의 기계 여러 대를 메고 상상 이상으로 힘든 일을 했고, 막장에서 일하는 사람들은 석탄먼지와 돌가루를 마셔가며 기어 다니면서 중노동을 했다. 광부들은 그렇게 고생해서 번 돈을 자신한테는 아까워서 쓰질 못하고 한국의 가족들에게 부쳤다. 그러니 한국의 가족들은 상상하지 못했던 큰 돈을 만질 수가 있었다. 송금된 돈을 매달 받는 아내들이나 가족들은 남편이나 형제가 독일에서 그 돈을 얼마나, 어떤 고생을 하며 번 돈인 줄 잘 몰랐을 수 있다. 그 돈은 외로움을 견디고 인종차별을 당해가며 극도의 열악한 작업 환경 속에서 극한의 육체노동을 이겨내면서 번, 말 그대로 피와 땀과 눈물의 결과라고 할 수 있다. 하지만 그렇게 번 돈을 한국에 있는 아내가 사치로 낭비하거나, 다른 남자와 춤바람이 나서 탕진하거나, 부동산 투자를 잘못해서 날리거나, 믿었던 누군가에게 사기를 당하기도 하여 허망하게 공중으로 날리는… 가슴 아픈 사례들을 나는 많이도 보고 들었다.

내 친구는 홀어머니 밑에서 어렵게 성장했다. 아버지는 6.25전쟁 중에 돌아가셨고 시골에서 가난하게 살다가 독일 광부로 파견을 신청하여 제일 힘들다는 굴진반에서 죽기살기로 일을 했다. 그는 간호사와 결혼도 하였고 10년 동안 광산에서 열심히 일을 한 뒤, 그 동안 일만 하느라 못 나간 한국을 드디어 나갔다. 그런데 그렇게 믿었던 친형이 그동안 친구가 보냈던 모든 돈을 빼돌려 그의 몫은 단 한 푼도 남기지 않았다는 사실을 알고 충격에 빠지게 됐다. 10년 동안 아내와 뼈 빠지게 고생하며 보낸 돈이 형의 배만 불리고 자취도 없이 사라졌으니 가족에게 배신을 당한 그의 마음이 얼마나 고통스럽게 무너졌겠는가. 그래도 그 친구는 어렵게 마음을 추스리고 다시 독일로 돌아와서 더욱 무섭게 일을 하여 마침내 성공했다. 놀라운 정신승리였다.

반면에, 동료 중에는 드물지만 돈을 물쓰듯 쓰는 사람도 있었다. 술을 퍼 마시고, 춤바람이 나고, 카지노 도박에 빠지고, 이리저리 독일 여자들과 교제하며 지내다가 빈털터리로 한국행 비행기를 타는 친구들도 보았다. 우리는 그런 사람들을 '물새'라고 불렀다. 아직도 왜 그렇게 불렀는지 이유는 모르겠으나 물새는 자기 둥지를 떠날 때 배설물만 남기고 떠난다고 해서 그런가 추측할 뿐이다.

우리가 광산에서 힘들게 일할 때 한국은 경제적, 정치적, 사회적으로 격변하는 시기였다. 산업화, 도시화가 급속히 진행되면서 인본주의 보다는 물질만능주의가 우선시되었고 자신의 가족을 챙기는 것도 옛 말, 가족을 뺀 자기만을 위한 이기적인 사고로 급변하고 있었다. 우리는 한국사회가 어떻게 변화하는지 알지도 못한 채 어두운 지하에서 일만 하고 있었다. 하루하루 돈을 벌어 한국으로 보낼 생각만 하는 착한 바보들이었다.

나는 곧 회사와의 계약이 만료되어 귀국을 해야 했지만 한국으로 돌아가고 싶지는 않았다. 독일에 계속 남아있을 수도 있지만 캐나다나 미국으로 이민을 가는 것에 대해서도 가능성을 열어두고 있었다. 그러나 그곳에는 아는 사람이나 가족도 없고 현지 사정도 전혀 모르니 계획조차 짜기 어려웠다. 그동안 나는 착실하게 부모님께 돈을 보내 드렸기에 부모님은 재산을 정리하지 않으셔도 되었다. 그러나 정작 나는 내 것을 챙기지 못해서 가진 것이 하나도 없었다. 그러니 더욱 걱정이 크고 용기가 나질 않았다. 나의 가벼운 지갑이 마음을 무겁게 만들었다.

어디로 가야할까?

Where should I go?

독일로 오기 전, 한국의 해외개발공사에서 교육을 받으면서 엄형과 석형을 만났다. 엄형의 고향은 대구, 석형의 고향은 서울이었다. 각자 고향은 달라도 나이가 같고 서로 가치관이 비슷하여 금세 친해졌다. 엄형은 미군 부대에서 군생활을 해서 미국 사정을 잘 알기도 했지만 영어도 불편함 없이 수준급으로 구사했다. 한국에 있을 때, 설악산으로 함께 놀러가서 암자에서 잠을 자기도 하고 문장대 흔들바위에서 사진을 찍으며 재미있는 시간을 보냈을 만큼 막역한 사이가 되었다. 그 때 엄형은 종종 자기가 독일에 가서 돈을 모으면 그 후에는 미국으로 갈 거라고 말했다. 그는 워낙 목표가 분명하고 원대한 계획이 있는 사람이었다. 석형과 나는 엄형의 이야기를 들으면서 우리도 한 번쯤은 미국에서 살아보고 싶다는 꿈을 가지게 되었다. 아무튼 그들은 나와 같이 교육을 받았지만 1기생으로 나보다 먼저 독일로 출발했고, 나는 3기생으로 그들보다 3~4개월 늦게 출국을 했다.

독일에 먼저 도착한 엄형이 나에게 독일에 올 때 준비해야 할 것들을 편지로 알려주어 큰 도움을 받았다. 내가 독일에 도착했을 때, 엄형과 석형은 나의 일터와는 꽤 거리가 떨어진 다른 광산에서 일을 하고 있어서 왕래가 쉽지 않았다. 독일에 도착한지 4개월쯤 되던 때에 엄형이 나를 찾아왔다. 몹시 반가웠던 우리는 밤 늦게까지 이야기 꽃을 피웠다. 엄형이 나에게 미국으로 같이 가자고 했다. 모든 준비가 어렵지 않았고 나만 결심하면 되는 상황이었다. 이런 좋은 기회가 다시는 오지 않을 것이란 걸 알았지만 독일 회사와의 계약기간을 깨고 싶지 않았고 독일 은행에서 빌린 돈과 누님의 병원비에 대한 책임감 때문에 쉽게 결정할 수가 없었다. 내가 원하면 미국에서 초청장을 보내주고 여행비자도 제공한다고 했으나 나는 고심 끝에 거절하고 독일에 남았다.

얼마 후에 엄형한테서 엽서가 왔다. 엽서에는 "나는 지금 존 F. 케네디가 살던 곳에 와있다."는 간단한 내용이 적혀 있었다. 마치 나를 부르는 지구 저편에서 온 신비로운 메시지 같아서 나는 그 엽서를 오래도록 간직했던 기억이 있다.

독일은 외국 사람들에게 영주권을 잘 주지 않는다. 체류허가를 1년씩만 연장해주기 때문에 언제 돌아가야 할지 모르는 불안정한 상태로 살아가야 한다. 독일인들은 게르만 민족의 우월성과 단일 민족이라는 자존심이 대단했다. 독일 여자와 결혼한 네덜란드 남자도 매년 체류 허가를 갱신하는 경우를 보았다. 그래서 광부들은 계약기간이 끝나면 아예 독일을 떠나 제3국으로 가서 자리를 잡는 경우가 많았다. 한국에 돌아가고 싶어도 그곳에 생활기반이 있는 것이 아니니 쉽지 않을 것 같고, 독일에서 선진국의 생활을 맛봤으니 다른 선진국으로 환승(?)해보는 것도 나쁘지 않겠다는 생각 때문이었던 것 같다. 고국을 떠나온 광부와 간호사들은 남다른 개척정신과 독립적인 성격을 가진 사람들이 대다수여서 더욱 고민이 깊었던 것 같다.

그 당시 광부들이 가장 선호하는 나라는 미국과 캐나다였다. 미국이나 캐나다에 가려면 초청장이 있어야 하므로 일반 사람들은 미국이나 캐나다에 가는 것을 엄두도 내지 못했다. 가끔 호주로 가는 사람들도 있었는데 일단 여행비자로 가서 정착을 시도했다. 캐나다에서 공식적으로 아시아 국가들에게 이민을 개방하기 전부터 일찍이 우리 선배 광부들이 들어가서 자리를 잡았고, 후에 이민의 문이 크게 열렸을 때 본격적으로 그들의 친척들을 초청하였다. 미국과 캐나다의 한인 이민 역사의 출발점이 이러하니, 북미에서 오래도록 자리잡은 한인 이민자 가정의 선조들 중에는 직업이 광부였던 어르신 한 명쯤은 꼭 있을 거라고 장담한다.

그 당시 한국에서는 아르헨티나, 파라과이, 브라질에 농업이민을 보내고 있었고, 광부 출신들은 여행 비자를 얻어 쉽게 미국이나 캐나다 혹은 호주 등의 선진국에 갈 수 있었던 때였다. 특히 태권도 사범 출신들은 유럽에 안 들어간 나라가 없을 정도였고 미국, 캐나다, 남미, 아프리카, 호주 등 전 세계로 파고들어 태권도장을 운영하며 활발하게 한국을 알렸다. 그 중 독일 광부로 근무한 태권도 사범들은 광부로서도 국위를 선양하고, 태권도를 통해서도 한국을 세계에 알리는데 공헌한 일등공신이라고 할 수 있을 것이다.

서독 광부들과 간호사들은 외화를 벌어들여 한국의 산업화를 이루는데 상당한 공을 세웠고 심지어 한국과 수교국이 아닌 나라에 가서도 한국을 알리고 뿌리를 내렸으니 여러 면에서 높이 평가되어야 한다고 생각한다. 나의 이 작은 책도 파독 광부들의 값진 삶을 알리는데 조금이라도 도움이 되길 바라면서…

럭키 가이

Lucky guy

어느 날 독일신문에서 케냐와 남아프리카 공화국에서 해외의 전기 기술자를 모집한다는 광고를 보았다. 그것을 보고 많은 생각을 하게 되었다. 한국에 살 때는 한국 사람은 한국에서만 살아야하는 줄로 알았는데 몇 년의 독일 생활 동안 세상을 보는 눈이 뜨이고 넓어졌다고나 할까. 세상 어디든 마음만 먹으면 갈 수 있을 것 같았고, 사람 사는 곳이 다 거기서 거기, 비슷할 거란 자신감도 생겼다. 하지만 남아프리카 공화국은 대한민국과 수교가 안된 나라여서 한국 주재 대사관이 없고 북한 대사관만 있을 때였다. 케냐는 독일 사람들이 많이 가는 휴양지여서 관심이 갔으나 아무래도 아프리카라는 생소한 땅이 마음 속에 걸림돌이 되었다.

마침 그 때 신문에서 캐나다에서도 사람을 모집한다는 광고를 보게 되었다. 배형과 항도와 함께 정보를 수집하고 약혼녀와도 깊은 이야기를 나눈 끝에 나는 전격적으로 캐나다행을 결심하게 되었다. 그로부터 얼마 후 캐나다의 어느 회사로부터 고용계약서를 받게 되었다. 본에 있는 캐나다 대사관에서 신체검사 통지서를 보내왔고 지정된 병원에 가서 신체 검사를 하니 얼마 지나지 않아 인터뷰 날이 통보됐다. 긴장하고 걱정했던 것이 무색하리만큼 인터뷰의 면접관은 마치 나를 자기네 국민 대하듯 친근하고 편안하게 대해주었다. 캐나다는 날씨가 추운 곳이기에 준비해야 할 것들이 많았고 머물 집과 건강보험 등에 대해서도 철저하게 준비해야 했다.

드디어 우편으로 온 영주권을 손에 넣게 되었다. 항도와 배형도 나와 같이 진행하여 영주권을 받았고, 우리는 서로의 등을 토닥이며 그간의 노고를 함께 치하했다.

그런데 환희의 순간도 잠시, 배형에게 문제가 생겼다. 신체 검사를 하면서 X-Ray에 진폐병 증세가 발견되어 영주권이 취소될 위기에 이르렀다. 의사들의 견해 차이로 배형은 이민 수속이 되지 않아 항도와 나의 마음은 착잡하고 미안해졌다.

갑자기 캐나다 대사관에서 1974년 11월 25일까지 캐나다에 입국하라는 연락이 왔다. 기간이 너무 빠듯한 데다가 독일에서 정리할 것도 많고 아쉬운 생각도 들어서 캐나다 입국 날짜를 연기해 달라고 요청했다. 보통의 광부들은 3년의 계약기간이 끝나면 계약이 자동해지가 되고 독일을 떠나야 한다. 간혹 체류 연장을 해주는 경우는, 광부가 결혼을 하여 아내의 체류 기간과 맞지 않을 때 인도적인 차원에서 허가해주는 경우 외에는 흔치 않은 일이었다. 그런데 뜻밖에도 회사에서는 내게 전기기술자 및 한국어 보조 통역 업무를 지정하여 근무 기간을 2년 더 연장해주었다. 여러모로 내가 운이 좋고 럭키 하다며 주위 친구들이 부러워했다. 1975년 3월, 창 밖에는 찬란하게 아름다운 행운의 봄이 흘러가고 있었다. 독일에서의 마지막 봄이었다.

삼겹줄 11.11.11

Three strands of a rope

회사와의 계약이 끝나면 기숙사의 분위기는 어수선해졌다. 한국으로 돌아가는 사람들, 다른 나라로 향하는 사람들, 결혼하여 아내 곁으로 이사 가는 사람들… 제각기 자신의 갈 길을 향하여 채비하느라 정신이 없었다. 나는 계약을 연장했으므로 광산에 남아서 근무를 했다.

배형은 남미로 이민을 간다고 파라과이 여행 비자를 받았다. 배형이 재주가 좋은 것은 익히 알고 있었지만 어떻게 파라과이 여행비자를 순조롭게 받을 수 있었을까 신기했다. 독일에서 항상 같이 붙어 다니다시피 했는데 이제 이별이라고 생각하니 슬프고 허전한 마음이 소용돌이 쳤다. 항도와 배형과 나는 여기서 헤어지면 서로 연락할 길이 없었다. 그 때는 이메일 같은 것이 없고 실제 거주하는 주소만이 유일한 연락 수단이었는데 여행비자를 가지고 파라과이로 떠나는 배형의 주소를 지금은 알 수 없고, 나보다 먼저 캐나다로 들어가는 항도도 당분간은 호텔생활을 할 것이므로 주소를 알 수 없고, 나 역시 마찬가지가 될 것이었다. 우리들의 삶이 정처 없는 나그네 같다는 생각이 들었다. 우리 셋은 평생 꼭 같이 붙어있을 줄 알았는데 기약도 없이 뿔뿔이 흩어지게 되었다. 삼겹줄은 쉽게 끊어지지 않는다는 성경의 말씀처럼 우리 셋은 단단했고 앞으로도 함께라면 세상에 두려울 것이 하나 없는데… 이렇게 하나 둘씩 떠나보내야하는 내 마음은 서글프고 아쉬웠다.

그래서 우리 셋은 다소 낭만적인 약속을 하나 만들기로 했다. 어느 곳에서 어떤 모습으로 살든지 10년 후, 뉴욕 시내의 뉴욕 타임즈 건물 정문 앞에서 만나자는 것이었다. 오늘이 1974년 11월 11일이므로 앞으로 10년 후인 1984년 11월 11일 오전 11시에 뉴욕 타임즈 건물 정문에서 만나자! 라고 말하며 얼싸안은 뒤 우리 셋은 각자의 길을 향해 떠났다. 우리는 독일 광산에서 험난한 시간들을 함께 보냈기에 동병상련의 강한 유대감이 흘렀고 무엇보다도 힘든 시기를 터널처럼 빠져나온 성취감으로 자신만만함도 있을 때였다. 10년 후라면, 어느 정도의 기반과 여유를 가지고 서로 잘 살아왔다는 인생의 성적표를 내보이며 자랑하며 자축할 수 있으리라.

나는 떠난 배형의 소식을 기다리고 또 기다렸다. 파라과이에 대해 별로 아는 것 없이 떠난 형이 걱정되었고 형에게서 우편 엽서

한 장이라도 올법한데 감감무소식인 것이 불안했다. 항도는 캐나다에 입국하여 영주권 수속을 끝내고 한국에 잠시 들른다고 연락이 왔다. 그는 다시 독일로 와서 남은 일을 정리하고 캐나다에 들어갈 거라고 했는데 그 이후로는 소식이 들리지 않았다. 야무지고 성격 좋고 수단도 좋은 그들이 어디에서든지 잘 살고 있겠지, 라고 믿으면서도 어디서 무엇을 하며 지내는지 구체적으로 알 길이 없어 그리움은 이내 불안감으로 변했다.

어느덧 나도 6개월 후면 캐나다로 가는 비행기에 몸을 싣는다. 나의 꿈도 싣고, 10년 후의 약속도 싣고, 새로운 세상을 향해 날개를 편다.

지혜로운 자와 동행하면 지혜를 얻고
미련한 자와 사귀면 해를 받느니라.

Walk with the wise and become wise,
for a companion of fools suffers harm.

잠언 Proverbs 13장 20절

07

허락하신 새 땅에

The new land God has shown me

독일이여, Tschüss

Tschüss, Germany

나는 독일에서 3년 하고도 반을 살았다. 한국에서 살았던 시간에 비하면 그리 긴 시간이 아니었지만, 독일에서는 짧고 굵게 열정적으로 산 느낌이 있었다. 살아온 날들 동안 가장 많은 배움과 변화의 시기가 독일에서 있던 3년 반에 다 압축되어 있었기 때문일 것이다.

독일에 오기 전까지 나는 유교문화 속에서 개인 중심으로 배우고 자라나서인지 함께 사는 세상, 공동체 문화, 준법 정신 등에 대해서는 잘 몰랐다. 내용 보다는 형식, 양심 보다는 타인의 시선에 중점을 두고 살았고, 실리적이고 실제적인 면을 중요하게 생각하지 못했다. 대의를 위해 사사로운 것은 희생해도 된다고 생각하여 회사와 타인을 우선시하고 나 자신과 가족에 대해서는 뒷전으로 생각했던 것 같다. 누구의 생각이나 지시를 그대로 따라 움직이는 것에 익숙했고, 나만의 생각과 철학, 관점을 가질 생각을 하지 못했다. 약하고 소외된 계층에게 관심을 기울이기 보다 나 혼자 잘 사는 것에 급급했고 먹고 살기 바빠서 친절과 호의를 베풀 여유도 가지지 못했다. 보여지는 학벌과 스펙이 더 중요했고 경험과 실력은 나중 문제라고 생각했다.

그런데 독일에서의 생활을 통하여 학연과 지연으로 뭉칠 생각보다는 인간관계를 넓히고 큰 시야로 서로의 다름을 인정하며 하나로 통합되는 것, 남의 이목 보다는 나의 자유로움과 양심의 눈을 더 중요시해야 한다는 것을 몸소 깨닫게 되었다. 그리고 독일에서 깨달은 "가족의 소중함"은 아무리 강조해도 지나치지 않았다.

내가 처음 독일에 들어올 때는 속 옷 몇 개와 형수님이 만들어 준 밑반찬 몇 통이 전부였는데, 독일을 떠나려는 지금 나는 수많은 인생의 처방약을 안고 마음의 부자가 되어 떠날 수 있게 되었다.

나는 열심히 일해서 그동안 부모님께 서울 변두리의 집 2채 정도를 살 수 있는 돈을 보내드렸다. 이만하면 한국의 가족들을 위해 충분히 나의 소임을 다했다고 생각하고 이제는 나 자신을 위해 살고 싶었다. 독일에서의 내 삶은 큰 변곡점이었고 인생의 터닝 포인트였다. 이 곳에서 만났던, 나를 따뜻하게 안아주었던 모든 관계들로 인해 성장하고 성숙할 수 있었음에 감사했다. 3년 반을 일하고 난 뒤 받은 퇴직금은 당시 서울의 집 한 채 값에 해당하는, 생각보다 큰 액수였다. 캐나다로 입국하기 전에 한국을 방문하여 가족들을 보고싶은 마음이 굴뚝 같았지만 한국을 갔다가 캐나다로 가려면 엄청난 비용이 들 것이기에 마지막으로 받은 퇴직금 전부를 한국의 부모님께 보내드렸다. 그 돈을 캐나다로 가져가서 정착 비용으로 쓰고 싶은 희망도 없지 않아 있었지만, 누님의 병원비와 동생들의 교육비로 허리가 휘게 고생하고 계실 부모님을 생각하면 내가 번 돈이어도 내 것이라 할 수 없었다. 마지막 한방울까지, 한국의 부모님께 드리고나니 마음이 한결 가벼워졌다.

지금까지도 내 인생에서 제일 잘한 일을 몇 개 꼽으라면 나는 이 일을 말할 수 있다. 나는 받는 것 보다 주는 것이, 갖고 있는 것 보다 흘려보내는 것이 더 행복한 사람이다.

Hello, 캐나다!

Hello, Canada!

1975년 4월 16일. 정 들었던 독일과 이별하는 날이 오고야 말았다. 같이 지내던 동기들은 뿔뿔이 헤어졌고 아내와 둘이서만 뒤셀도르프 공항에 나갔다. 내게는 아내 밖에 없었지만, 내 손에 쥐여진 작고 가녀린 아내의 손에서 세상 무엇과도 비교할 수 없는 든든함이 느껴졌다. 내 친구는 독일에서 여자를 사귀는 것이 '사치'라고 했는데, 내 옆에 있는 이 여자는 나에게 '필수'임을 나의 모든 감정과 상황이 증명하고 있었다. 하지만 우리는 아쉽게도 함께 떠나지 못한다. 아내는 병원과의 계약기간이 얼마간 남아있기도 했고, 무엇보다도 나는 내가 먼저 가서 자리를 잡은 후에 아내를 부르고 싶었기 때문이다. 아내를 조금이라도 덜 고생시킬 수 있는 방법이 있다면, 나는 어떤 고난도 먼저 기꺼이 택할 수 있었다. 얼굴을 가리고 어깨를 들썩이며 우는 아내를 한참동안 부둥켜 안고서 안심시켰다. 아내의 작은 손을 떨구고 홀로 출국 게이트로 나가는 길에 하도 아파서 나는 가슴에 통증을 느낄 정도였다. 게이트로 들어가자마자 참았던 눈물을 훔쳤다.

루프트한자 비행기를 타고 프랑크푸르트, 그곳에서 KLM 항공으로 갈아탄 뒤 캐나다 몬트리올로 향했다. 몬트리올에 도착 후 나의 입국 검토 과정에서 약간의 혼란이 생겼다. 프랑스어를 사용하는 곳이라 영어 통역을 거쳐 해결한 뒤 겨우 수속을 마치고 캐나다 국내선을 타고 토론토 공항에 도착했다.

여기가 내가 새로운 인생을 시작할 캐나다란 곳인가?, 제대로 도착한 것은 맞을까? 비로소 토론토에 도착해서야 어깨를 펴고 온 몸의 긴장을 풀어낼 수 있었다. 그간 숨을 참고 돌아다닌 사람처럼 나는 허파 깊은 곳으로부터 뜨겁고 긴 호흡을 뱉어냈다. 그렇게 기다리고 기다리던, 머리 속으로 백 번도 넘게 상상하며 준비를 하고 또 하던 캐나다 이민 수속이 이제서야 끝난 것이다. 긴장이 풀린 내 손에는 캐나다 영주권 종이가 반짝이는 상장처럼 쥐어져 있었다.

때는 4월 중순. 독일에서 파란 잔디를 보고 출발했는데 캐나다 토론토는 아직 흰 눈으로 덮여 있었고 강한 눈보라 바람이 불고 있었다. 말로만 듣던 추운 나라임을 체감하는 순간이었다. 당장 묵을 호텔부터 잡아야 하는데, 어느 호텔을 가야 할지, 어떻게 알아봐야 할지 감도 서지 않았다. 한 치 앞도 내다볼 수 없는 상황, 이 공항 밖으로 한 발짝을 떼면서부터가 험난한 도전이다. 어디로 가야 할지 모르는 고장난 두 발이 이리저리 갈피를 못 잡다가, 얼어버린 듯 멈추었다. 그대로 공항 입구 안 벤치에 앉아 분주하게 오고 가는 사람들의 다리만 쳐다봤다. 나는 나만 모르는 비밀스러운 세상에서 다시 이방인이 되었다.

만남의 축복

The blessing of a meeting

벤치에 앉아있은 지 한 시간이 훌쩍 넘었는데도 여전히 발걸음이 떨어지질 않았다. 내 입에서 "오, 하나님"이라는 말이 저절로 나왔다. 사실은 이번이 처음이 아니었다. 사방이 막힌 듯한 느낌, 무엇을 어찌 해야할지 모르고 막막할 때 나에게서는 이 고귀한 이름이 흘러 나온다. 그것도 자동적으로, 반사적으로, 무의식적으로… "오, 하나님, 저 어떻게 해야하지요?"

용기를 내어 공항 밖으로 빼꼼히 얼굴을 내밀고 나아가니 택시가 한 대 내 앞에 멈추어 섰다. 택시 운전사가 어디로 가느냐고 물어보았고, 나는 영혼 없이 다운타운에 있는 호텔로 가달라고 두루뭉술하게 말했다. 택시 운전사가 어이없어 하면서 여러가지를 묻기 시작했다. 어느 나라에서 왔어요? 하는 물음에 나는 한국 사람이고, 독일에서 살다가 캐나다로 이민을 온 것이라고 대답했다. 그는 유고슬라비아 사람인데, 자기도 독일에서 살다가 캐나다로 이민을 왔다며 내게 반가운 기색을 보였다. 내가 귀동냥으로 알고 있던 유고슬라비아 말을 몇 마디 건네니 금세 친근함이 싹텄다. 그리고 우리의 대화는 독일어로 이어졌다. 택시 운전사는 내가 숙박할 수 있는 방을 자신이 소개해줄 수 있으니 그곳으로 가자고 했다. 꿈인지 생시인지 잘 믿어지지 않았지만 얼떨결에 그의 제안을 수락하게 되었다. 얼마의 시간이 흐르고나서 택시는 토론토 시내의 한 오래된 동네에 멈추어 섰다. 그 동네에는 유난히 For Rent(세입자 환영), For Sale(집 팝니다) 사인이 많이 걸려 있었다.

택시기사가 데려간 그 집은 허름해 보였지만 그리 나빠 보이지 않았다. 내가 묵을 방은 사다리를 타고 올라가는 다락방이었다. 비싼 호텔에 나만 덩그러니 있는 것보다는 집주인과 같이 한 집에 있는 것도 나쁘지는 않을 것 같았다. 허리를 굽혀야 하는 낮은 층고에 공동화장실을 사용해야 하는 작은 숙소였지만 오히려 마음은 부담이 없고 편했다. 첫날의 긴장감 때문인지, 배가 고파서인지 잠이 통 오질 않아 밖에 나가서 귤과 파인애플 통조림 그리고 빵을 사왔다. 평소 좋아하는 것들인데도 그 날 따라 어찌나 심하게 달던지… 아직도 캐나다에 입국한 첫 날 밤의 싱숭생숭한 기분을 떠올리자면 가장 먼저 달디 단 통조림의 맛이 기억을 타고 입속에 퍼지는 것만 같다. 그래도 쓴 맛이 아니라 단 맛이라 얼마나 다행인지! 어쩌면 앞으로 캐나다에서 일어날 일에 대한 복선이나 암시였을지 모른다.

아침에 일어나 아래층에 내려가니 주인이 "하이"하고 반갑게 인사를 건네었다. 집주인도 유고슬라비아에서 온 젊은 이민자 부부였으며 어린 아이 둘을 키우고 있었다. 맞벌이 부부로 매일 직장에 다닌다고 하는데 직장에 다닌다는 그 말이 무척이나 부러웠다. 이민 생활 5년 만에 그 집을 샀다고도 했다. 작고 낡은 집이었지만, 그것도 부러웠다!

서울에 있는 형님에게 토론토에 무사히 도착했음을 알리고 문밖을 나섰다. 어젯밤의 눈보라가 무색하게, 날씨는 화창하고 봄기운이 아우성치고 있었다. 몸은 피곤했지만 생명력 넘치는 분위기가 나의 움츠러든 가슴을 넓게 펴주고 발걸음에 리듬을 주었다.

우연에서 필연으로

Chance and inevitability

집주인은 친절했고 캐나다 이민 사회에 대해서 나에게 많은 설명을 해주었다. 그러면서 자기 친동생도 일주일 전에 유고슬라비아에서 이민을 왔는데 함께 맨파워(Manpower, 직업소개소)에 가보는 게 어떻겠느냐고 권유했다. 느닷없고 맥락 없이 무슨 구직인가 싶었지만 구경삼아 가보기로 했다.

그 곳에 가보니 직원을 모집하는 안내문 카드가 수없이 많이 붙여져 있었다. 직업소개소 직원과 면담을 하니, 우선 SIN(사회보험) 카드와 OHIP(캐나다 온타리오 의료보험)를 신청하라는 안내를 받았다. 직원이 카드를 신청해주면서 주소를 물어보았는데, 지금 있는 곳이 임시거처라고 하니 친절하게 자신의 사무실로 주소를 기재해주고 일주일 후에 찾으러 오라고 했다. 여러모로 캐나다 사회의 첫 인상은 따뜻하고 친절했다.

토론토 시내를 구경해보았는데 중국어 간판도 많이 보였다. 유럽에서도 여러 나라를 가보았지만 중국어 간판은 본적이 없었는데, 왠지 마음이 편해졌다. 다시 한참을 걸어가는데 한국식품이라고 쓰여진 밴 자동차가 큰 상점 앞에 서 있는 것이 아닌가! 세상에, 이곳에서 한글로 쓴 자동차의 광고를 보게 될 줄이야! 무엇에 홀린 듯 차에 가까이 가서 말을 걸어보니 한국 식품점의 사장님이 도매상으로 물건을 구입하러 온 것이었다. 토론토에서 한국 사람을 만나 한국말을 하니 너무나 반갑고 신기했다. 통성명을 하고 간단한 소개를 나누다 보니 우리가 같은 고향 사람이고 심지어 그분의 동생이 나와 같은 고등학교 동창임을 알게 되었다. 세상이 얼마나 좁냐며 우리 둘은 마주보며 크게 웃었다. 그분도 60년대에 독일에 광부로 갔다가 캐나다로 이민을 와서 정착한 후에 동생을 포함한 자기 가족들을 모두 초청하여 캐나다로 데리고 왔다고 했다. 나는 바로 그 길로 한국 식품점을 찾아가 그분의 동생이자 나의 동창을 만나 반갑게 인사를 나누었다. 그는 이민 초창기라 밤낮 구분 없이 열심히 일하며 적응하는 중이었고 그나마 가족들이 함께 왔기에 외로움을 모른 채 건강하게 지내고 있는 것 같았다. 갑자기 나도 한국에 있는 가족들이 보고싶고 캐나다로 데리고 오고 싶은 마음이 끓어올랐다.

그 식품점 사장님은 사업을 하던 중에 자금이 모자라 어려움을 겪었는데 형제들이 힘을 모아 금전적인 지원을 해주어 어려운 고비를 넘기고 지금은 사업이 번창중이라고 했다. 아우들이 형님의 사업을 물질과 노동력으로 후원하고 있는 그 우애가 무척이나 아름답고 든든하게 느껴졌다. 훗날 그 식품점 사장님은 토론토에서 성공한 한인 기업으로 성장했고, 돈도 벌고 사람도 번다(살린다)는 철학을 가지고 기부도 많이 하는 착한 기업의 대명사가 되었다. 나는 주말이면 그 동창과 함께 나이아가라 폭포에도 가고 함께 식사도 하며 우정을 쌓았다.

우연이 여러 개 모이면 필연이라고 한다. 나의 연속적인 행운들은 우연이 아니라 하나님의 계획이셨고 축복이었음을 나는 믿는다. 우연이 필연으로, 필연이 운명으로… 하나님은 '알맞은 때'와 '알맞은 장소'라는 씨실과 날실로 실수 없이 내 인생을 직조(織造)하고 계셨다. 그리고 사이사이에 '알맞은 사람과의 인연'을 구슬처럼 영롱하게 박아 놓으셨다.

자원봉사를 아시나요?

Volunteering

드디어 SIN 카드와 OHIP 카드를 발급받았다. 담당자는 내게 캐나다 안에서 독일인들이 모여 살고 있는 키치너-워털루(Kitchener-Waterloo)라는 도시를 권하였다. 우연과 인연의 감사가 가득했던 열흘 간의 토론토 생활을 뒤로한 채 그레이하운드 시외버스를 타고 2시간 여 떨어진 키치너-워털루로 향하였다.

2차 세계대전이 끝난 뒤, 캐나다에서는 독일 전쟁 포로들을 난민으로 받아들였다. 그 때 그들이 농장을 개간하면서 정착한 지역이 바로 온타리오 주의 '워털루'이고 그 곳의 별명은 '작은 베를린'이 되었다. 독일인들의 자부심이 깃든 이 별명에 걸맞게 워털루 시는 독일 본국의 유명 축제 '옥토버페스트'를 현지화 하여 여는 등 캐나다 속 독일 만들기에 성공한 이색적인 도시이다. 또한 이 곳의 워털루 공대는 캐나다에서 가장 유명하고 실력 있는 공과대학으로 평가받고 있다. '키치너'는 워털루 가까이에 있는 자매도시로 워털루와 생활권이 연계되어 있다. 이 지역 안에서는 어디를 가든 독일어를 하는 사람들을 쉽게 만날 수 있고 대화하는데 불편함이 없다. 나는 그곳 직업소개소에서 2개월 동안 기계 운영(Machine Operator Job)에 관한 교육을 받았다. 당시 최저 임금이 시간당 캐나다 달러 $2.75 였는데 나는 시간당 $3을 받았다. 따라서 한 달 수입이 캐나다 달러로 약 $550이었는데 아파트 렌트비($150), 식비($50) 그리고 기타비용($100) 등을 빼고 나면 월 $150 정도는 고정적으로 저축을 할 수가 있었다. 그 당시 캐나다에서 한국 김포공항으로 가는 (JAL 항공사, 일본 경유) 항공료가 $1,400 정도였으니까 한국 행 비행기 표는 1년 동안 허리띠를 졸라매야 겨우 모을 수 있는 정도였다.

캐나다는 독일과 다른 면이 많았다. 독일은 역사와 전통을 가진 안정된 나라이지만 캐나다는 이민으로 이루어진 보다 역동적인 나라이기 때문에 직장을 구하려면 자신에 대해 객관적으로 입증해줄 수 있는 추천서나 면허증이 중요한 역할을 했다. 그러니 캐나다 안에서는 아무 배경과 증빙이 없는 나 같은 사람은 스스로를 알릴 방법이 없어 난처했다. 그 때, 마치 하늘에서 내려주는 동아줄처럼 나를 좋게 봐 온 직업소개소의 면접관이 나에게 추천서를 써준다는 것이었다! 감사하게도 그의 도움으로 나는 캐나다에 온 지 2주 만에 직장을 다니게 되었다. 직장을 구하니 직장에서 신원을 보장해 주었고 곧바로 아파트를 구할 수 있었다. 자동차와 가구도 월부(monthly payment)로 구할 수 있었다.

내가 렌트한 아파트의 주인은 피터(Peter)라는 폴란드 사람이었고, 나보다 30세가 많았으며 2차 대전에 참전하였다가 미군의 포로가 되어 난민으로 캐나다에 오게 되었다. 그는 100㎞ 떨어진 시골에 200에이커의 땅을 가지고 밀 농사를 하고 있었고 부부가 함께 노력하여 워털루에 아파트 한 채와 30여 개의 방을 세 주고 있었다. 주말이면 그는 나를 불러 자신의 참전 이야기, 이민을 오기까지의 험난한 여정, 농장을 개간하며 고생했던 이야기 등 자신의 인생 풀스토리를 재미있고도 박진감 넘치게 들려줬다. 그는 나에게 성공한 이민자의 표상처럼 느껴짐과 동시에 좋은 친구가 되어 주었다.

또 한 명의 존경스러운 친구는 직장에서 만난 클리프(Cliff)였다. 그는 캐나다의 뉴펀들랜드 주에서 왔으며 자주 나를 자신의 집으로 초대하여 함께 즐거운 시간을 보냈다. 눈이 와서 길이 막히는 날에는 그의 집에서 잔 적도 있는데 그럴 때면 내가 찾기 쉬우라고 집안의 모든 서랍과 캐비닛을 다 열어놓았던 그의 섬세하고도 창의적인(?) 배려가 잊혀지지 않는다. 내가 그의 삶에서 관심있게 보았던 것은 그가 저녁이면 자선단체 기관에 '자원봉사자(volunteer)'로 나가 열심히 일하는 모습이었다. 키치너 지역은 겨울에 눈이 많이 오기 때문에 자동차들이 눈 속에 빠지는 경우가 많은데, 클리프는 하루 종일 직장에서 시달리고 퇴근 후에는 자동차 사고 현장을 찾아가 밤늦도록 곤경에 빠진 사람과 차량을 도와주었다. 그 모습을 보면 누구든 깊은 감명을 받지 않을 수 없었다. 그 때의 나는 북미 사회의 최대 미덕인 발룬티어, 즉 자원봉사라든지 도네이션(Donation, 기부)의 개념을 잘 알지 못할 때였다. 생판 모르는 누군가를 위해 내가 수고하고 나의 돈을 무상으로 준다는 것을 쉽게 상상하지 못할 때였다.

누군가에게 도움이 되고, 누군가를 위해 희생하는 멋진 인생을 나는 곁에서 조금씩 느끼며 배워가고 있었다. 타인에게 시선을 돌리는 일, 어둡고 소외된 곳을 밝게 비추는 일, 그것이야말로 이 세상을 살만한 세상으로 만드는 작지만 가장 강한 인류애가 아닐까.

세상에 이런 일이

Odd job

캐나다에서 영어를 잘 못하니 답답하고 부끄러워 나는 퇴근 후에 영어공부를 하러 다녔다. 캐나다에는 이민자들을 위한 영어교육 프로그램이 잘 되어있고 심지어 정부에서 생활비도 지원한다. 그래서 학원에 다니는 것은 영어도 배우고 지원비도 받고, 일석이조의 이로움이였다. 잘 알다시피 나를 포함한 한국 사람들은 문법과 독해에 강하고 회화를 두려워한다. 다른 나라 이민자들은 문법과 독해에는 약해도 영어로 말하는 것에 대담하다. 나는 그들의 거침없는 모습을 보면서, 영어는 문법으로 하는 것이 아니라 스스럼없는 성격으로 하는 것이라는 걸 깨달았다. 한국식의 겸양이나 체면을 벗어버리고 외향적으로 당당하게 말해야 한다. 캐나다에 인종차별은 없어도(물론 있다. 하지만 많지는 않다.) 영어 차별은 존재한다는 말이 있는데 이는 피부색 보다는 영어를 할 수 있고 없고에 따라 차별받는 일이 있을 수 있다는 뜻이다. 이왕 이

곳에서 살게 된 마당에, 나는 최선을 다해 적응하고 현지화 하려고 노력했다. 현실과 현재에 집중하는 것이 내 삶에 늘 장점이 되었듯이.

워털루에는 한인 교회가 하나 있었다. 주일에는 교회에 가서 예배를 드리고 사람들과 교제도 했다. 교인들 중에는 대가족이 많았다. 믿음이 약한 나도 교회생활을 열심히 하니 신앙이 성장하는 것 같았고 한국에 온 듯한 착각을 주는 삶의 해방구이기도 했다. 이민생활은 누구에게나 그리 녹록치 만은 않다. 특히 한국에서의 삶이 화려했거나 부유했거나 권위적이었다면 더욱 그렇다. 밑바닥부터 다시 시작한다는 마음으로 임해야 하는 것이 이민생활이기 때문에 이런 내면의 자존심 문제를 극복하지 못하면 이민생활의 첫 단추부터 꿰기가 어렵게 된다.

지금 생각하면 힘들었던 기억보다 실소가 먼저 나오지만, 세상에 이런 일이 있나 싶은 기묘한(?) 일거리가 있었다. 그것은 '지렁이를 잡는 부업'이었다. 금요일과 주말 밤 10시가 되면 지렁이를 잡을 사람들이 삼삼오오 나타나기 시작한다. 다 모이면 미니버스를 타고 공원이나 골프장으로 간다. 과거 한국에서의 지위 고하를 막론하고 이민을 막 온 사람들은 대부분 지렁이 잡는 일부터 다녔다. 처음에는 징그럽다며 호들갑을 떨지만 시간이 좀 흐르면 여자들이 더 잘 잡았다. 양쪽 발목에 지렁이를 채집할 큰 깡통을 차고 머리에는 전등이 부착된 머리띠를 메고 허리를 구부린 채 꿈틀거리는 지렁이를 찾아 눈에 불을 켜고 공원과 골프장을 샅샅이 뒤지기 시작한다. 캐나다의 지렁이는 작은 뱀만큼이나 크고 튼실하다. 잡은 지렁이의 개수만큼 돈을 받았기에, '지렁이 = 돈'이라고 생각하면 징그러운 것도 잊은 채 초집중을 하게 된다. 잘 잡히는 날에는 현금으로 100불도 받을 수 있으니 요샛말로 이런 꿀잡이 없는 것이다. 과연 이렇게 잡은 지렁이는 어디로 가서 무엇이 되는 걸까? 들리는 말로는 화장품 원료로 쓰인다고 했는데… 확실히는 모르겠다. 모르면서 잡았다는 사실도 놀랍긴하다.

지금도 비 오는 날에, 아스팔트 위에서 꿈틀대는 지렁이를 보면 괜시리 미소가 지어진다. 지렁이와 이민자들의 묘한 상관관계, 요즘 사람들은 알리가 없겠지?

맨 땅에 헤딩

Heading to the ground

한인 사회도 부모님이나 형제 초청으로 이민자들이 급속히 늘어났다. 가족 초청으로 이민의 문이 대폭 넓어지자 이민자들의 살아온 배경은 더욱 천차만별이었다. 결혼 적령기의 이민자들은 한국에 사는 이성을 소개받아 원거리 교제를 한 뒤 '결혼이민'으로 비자를 신청하고 초청하는 일이 비일비재 했다. 서로 편지와 사진을 주고받으며 상대에 대해 알아가고 최종적으로 결혼을 결정하였는데 우리는 그런 결혼을 '소포 결혼' 이라고 불렀다.

빈손으로 이민 온 사람들이 찾는 첫 직업은 각 주마다 조금씩 특징이 달랐다. 일단 영어가 안되고 경험이 없으니 맨 땅에 헤딩하는 심정으로, 몸으로 하는 고생스러운 노동을 택해야 했다. 그래서 많이들 시작하는 첫 직장이 알버타 주 에드먼턴에서는 청바지 공장, 매니토바 주 위니펙에서는 바느질 공장, 브리티시 콜롬비아 주 밴쿠버에서는 물고기의 배를 따는 일, 그리고 나머지 도시에서는 소나 돼지를 도축하여 육가공품을 만드는 정육 공장에서의 일 등이었다. 초청을 받아 이민을 오면 대체로 온 가족이 한 집에서 살았고 힘든 노동부터 시작하는 경우가 많아서 별것 아닌 일로도 서로 감정의 날을 세우고 사이가 틀어지는 경우가 많았다. 함께 살다보니 생활비도 늘어나고, 밖에서 언어가 통하지 않는 답답함이 스트레스가 되어 가족들에게 풀게 되고… 그러다보면 가족 간의 갈등과 불화가 깊어지는 경우가 허다했다. 그래서 가족 사이에 한번 금이 간 뒤 오래도록 복구되지 않는 슬픈 가족사도 많이 보았다.

한국을 비롯해 인도, 필리핀, 일본에서도 이민을 많이 왔다. 일본 사람들은 국가에서 이민 정착금을 받고 왔기에 우리처럼 험한 일을 하지 않았다. 그 당시 일본과 한국에서는 아르헨티나와 파라과이로 농업이민을 많이 갔는데 일본 정부에서는 현지의 땅을 개간한 후 농사를 지을 수 있도록 기반을 갖춘 뒤 자국민들을 보냈고 한국은 아무런 준비 없이 보낸 결과, 대부분의 일본인들은 농업이민 정착에 성공했고 한국인들은 실패했다고 한다. 그래서 대부분의 한국 이민자들은 그 나라에서 옷장사로 전향했고 다시 미국이나 캐나다로 2차 이민을 왔다.

잘 살아가던 터전에서 훅 뽑혀져 다른 땅에서 뿌리를, 그것도 제대로 튼튼하게 잘 내린다는 것은 정말로 어렵고도 오랜 시간이 걸리는 일이다. 홈그라운드를 떠나 낯선 땅, 낯선 팀에서 외롭게 원정경기를 뛰고 있는 외로운 인생들에게 응원을 보낸다.

영수증과 옛감성

Receipts and old sentiments

독일에 도착하여 얼마 지나지 않아 이발소에 간 적이 있었다. 아무 생각 없이 걸어 들어갔는데 예약을 안하고 왔다며 거의 미개인 취급을 받으며 쫓겨나다시피 했다. 그래서 일주일 후로 예약을 잡았다. 아니 고작 머리를 깎으러 이발소에 가는데 예약씩이나 해야하다니 오히려 큰 충격을 받은 것은 나였다. 한국에서는 예약을 하고 다닌 적이 아예 없었기 때문이다. 그냥 아무 때나 가서 볼 일을 보면 되었고, 기다리라고 하면 그냥 기다리면 되었다. 친구집이나 친척집을 방문할 때도 대충 그 날짜에 점심 때쯤~ 또는 저녁 때쯤~ 갈 것이라고 말하면 그만이었다.

지금이야 외국에서 산 지도 50년이 훨씬 넘어 예약 문화는 그냥 몸에 배어버렸다. 어디를 가든지 무엇을 하든지 예약은 필수요소이다. 이제는 예약을 안 하면(안 할 수도 없지만) 오히려 손님인 내가 불안해서 못 견딜 것 같다. 최대한 고객에 맞추어 맞춤 서비스를 제공하고, 예측 가능함을 준비하고, 손님의 시간을 아껴주면서 오너 본인의 시간도 확보하고 존중받으려는 서양의 좋은 문화 중 하나라고 생각한다. 그러니 아름다운 예약 문화를 그르치는 노 쇼(No-Show)는 서로에 대한 존중을 저버리는 무책임한 것이다.

또 하나의 에피소드는 독일에 도착한지 얼마 안 됐을 때의 일이다. 한국의 가족들에게 돈을 빨리 보내고 싶어서 도이치 은행에서 2,000마르크(당시 한국 돈 40만원에 해당)를 융자 받았다. 독일에 도착한지 한 달 밖에 안 된 나에게 독일의 은행이 무엇을 보고 돈을 빌려주겠는가? 바로 나에게 직장이 있다는 사실 하나만으로 큰 돈을 빌려준 것이었다. 그 때 받은 충격과 감격은 오래도록 가시지 않았다. 그 때만해도, 한국의 일반 은행에서는 일반인에게 쉽게 돈을 빌려주지 않아 담보를 잡고 위험한 사채를 쓸 때였다.

캐나다에 와서도 직장과 아파트는 구했지만 집 안에 채워 넣을 가구가 없었다. 밥을 먹을 때도 우유박스를 엎어 놓고 신문지를 깔아 식탁으로 사용했다. 식탁을 구입하러 가구점에 갔더니 오크나무 식탁과 의자 6개가 400달러였다. 목돈이 없어서 1년 월부로 구입을 했다. 월부라는 단어 자체가 생소하고 부담이 되었지만 여기 방식을 따라서 해보는 것에 의의를 두었다.

캐나다는 겨울이 몹시 춥고 길며 버스회사들이 파업을 자주해서 눈길을 걸어서 출, 퇴근을 할 때가 많았다. 은행에 가서 신용으로 대출을 받아 중고 자동차를 구입했다. 8기통에 450cc 엔진을 가진 닷지 차저(Dodge Charger)를 선불 3,000불을 지급하고 36개월 할부를 하였다. 그래서 매달 월급을 타면 자동차와 식탁 할부부터 꼬박꼬박 내었다.

아파트에 입주할 때나 은행에서 융자를 받을 때는 반드시 계약서가 첨부됐다. 영어로 씌어진 복잡한 계약서를 다 이해할 수 없었기에 대충 읽는 척을 하고 사무원이 시키는 대로 서명만 하면 끝이었다. 그러나 단 한번도 계약서 문제로 어려움을 겪은 적이 없었다. 영어도 잘 모르고 캐나다 사회도 잘 알지 못하는 어리버리한 내가 지금까지 아무런 문제없이 살 수 있었던 건, 캐나다 사회의 전체적인 분위기가 양심적이고 정직하기 때문이라고 생각한다. 서양 문화는 계약과 약속에 관한한 오랜 신용의 역사와 전통이 있는 것 같다.

한번은 온타리오 주에서 살다가 알버타 주로 이사 오면서 내가 신용불량자로 처리된 사건이 생겼다. 새로운 도시에서 아파트를 구하는데 렌트 자격이 불가 하다는 통보를 받고 신용카드도 발급되지 않아 크게 당황했다. 나중에 알고보니 이전 아파트 주인에게 계약 해지금까지 주고 집 안 청소까지 말끔히 하고 이사를 나왔는데 중간에 무슨 착오가 생긴 모양이었다. 작은 일이었는데도 변호사를 선임하여 해결하는 데만 3개월이 걸렸다. 이사를 오면서도 그간 잘 보관했던 영수증과 문서들이 큰 해결의 열쇠가 되었다. 영수증이 무엇인지도 모르고 살다가 외국 생활을 하면서 깨달은 또 하나가 '영수증의 소중함'이었다. 캐나다에서는 거래가 이루어지면 항상 계약서를 쓰고 영수증을 주고받는다. 가게에서도 영수증만 있으면 그 물건에 대해서 얼마 동안의 기간을 보증해준다. 물건을 산 뒤에도 영수증만 있으면 언제든지 바꿀 수 있고 돈으로 환불도 가능하며 가게 측에 전혀 미안해하지 않아도 된다. 그래서 깨알 같은 영수증들을 잘 보관하는 습관이 생겼다.

요즘은 영수증을 종이 프린트가 아닌 이메일이나 휴대폰 문자로 받는 시대가 되었으니 혹자는 한 물 지나간 얘기를 왜 이렇게 길게 하냐고 생각할지 모른다. 지금의 당연하고 합리적인 것들이 자리잡기까지 수많은 의미 있는 과정들과 시행착오들이 있었음을 말하고 싶다. 기술의 발전은 참으로 빠르고 놀랍다. 우리집 서재에는 그동안 모아온 영수증들이 한가득이다. 세상은 급속히 변하여도 나의 습관은 쉽게 변하지 않아 나는 아직도 가게에서 커피 한 잔을 사도 영수증을 달라고 하고, 꼬깃꼬깃해질 때까지 주머니에서 잠시 살게 한다. 나는 한 장의 작은 영수증에도 깃들어 있는 옛감성과 생활의 흔적이 좋다. 무엇이든 잘 버리지 못하는 늙은이의 변명이겠지만.

캐나다 돋보기

A closer look at Canada

캐나다 건국 초기에 영국, 프랑스, 독일에서 온 이민자들은 환경이나 원주민과의 갈등 때문에 많은 어려움을 겪었다고 한다. 또한 캐나다는 영국과 프랑스 사이의 갈등 속에서 영어와 프랑스어, 두 개의 언어를 공용어로 갖게 되었다.

캐나다 정부나 기업에서는 이민자를 받거나 사원을 채용하는데 "추천서"를 중요하게 여겼다. 추천서가 없으면 이전 직장의 상사나 동료, 지인에게 연락을 취하여 당사자의 성품이나 능력을 확인하기도 했다. 세상 어디나 마찬가지겠지만 직장에서 가장 중요하게 생각해야 할 것은 올바른 인간 관계와 성실함이다. 그것은 개인의 신원을 보증함에 있어서도 중요한 것이다.

그 다음으로 중요한 것은 정부나 협회에서 인정하는 자격증이다. 각 나라마다 자격증 제도가 다르기 때문에 외국에서 받은 자격증은 쉽게 인정해주지 않았으며 캐나다 정부나 협회에서 꼭 재확인을 하는 과정을 거쳤다. 독일처럼 역사가 길고 안정된 나라에서는 경력 자체로 자격증을 대신했기 때문에 한국에서의 간호사나 광부 경력이 그대로 통했으나 캐나다에서는 쉽게 인정해주지 않았다. 그 당시 우리가 했던 농담으로, 아마 아인슈타인이 와도 캐나다의 과학협회가 주관하는 시험을 봐야 했을 거라는 우스갯소리가 있을 정도였으니까.

가족을 초청할 때는 변호사나 이민국에서 발행하는 초청장이 반드시 필요했다. 아무튼 모든 것의 첫걸음은 신원확인, 그것만 확실히 되면 그 다음부터는 일사천리로 취직도 되고 사람 초청도 되는 문화였다.

캐나다는 광대하고 지하자원이 풍부하며 그만큼 자연 보호도 철저하다. 북쪽으로 가면 석유나 가스가 풍부하여 알버타 주의 오일샌드(oil sand)가 세계적인 주목을 받았으며 캐나다는 목재 수출국, 농업과 축산업의 발달로도 세계가 인정하는 곳이다.

캐나다는 여러 나라에서 온 이민자로 이루어진 '다양성의 나라'라는 특징이 있어서, 단일한 컬러로 획일화하기 보다는 형형색색 수백 개의 헝겊 조각을 기워 만든 보자기처럼 저마다의 민족성을 살린 집합체의 나라라고 할 수 있을 것이다. 그리하여 이 땅에 원래 살고 있던 원주민들의 역사와 문화를 존중하는 후원과 정책, 그들을 위한 보호구역도 존재한다. 우리가 예전에 인디언이라고도 불렀던(지금은 그렇게 부르면 안 된다.) 원주민들은 몽골 민족의 후

예라고 한다. 한국인 아가들의 엉덩이에서도 볼 수 있는 몽골 반점, 푸른 반점이 그들에게도 있다고하니 친근한 느낌이 든다. 정부에서는 원주민들이 그들의 부족사회를 유지하며 살 수 있도록 영토와 재정적인 지원을 하지만 그들은 사회적인 소외와 고립 속에서 각종 중독에 빠지고 교육의 혜택마저 마다하고 있는 게 현실이다. 최근에는 캐나다의 부끄러운 역사의 한 페이지라고 할 수 있는 원주민 강제 기숙학교제 (1960년대까지 주로 정부와 가톨릭 교구가 기숙학교를 운영하면서 원주민 어린이들을 사회에 강제 동화, 각종 학대를 가하며 민족성을 말살함)가 크게 재조명되면서 사회적으로 자성과 비판의 목소리가 높다. 이렇듯 한 마디로 단정지어, 좋게도 혹은 나쁘게도 말할 수 없는 원주민들의 실존적 존재는 캐나다 사회의 뜨거운 감자임이 분명하다.

북쪽에 사는 이누이트 족들의 삶과 예술도 존중받는다. 우리가 옛날에 그림책에서 봐왔던 에스키모인들은(지금은 그렇게 부르지 않는다.) 동그란 얼음집에 살며 개썰매를 타고 다녔으나 지금의 그들은 정부에서 지어준 현대식 집에서 따뜻하게 살며 사냥할 때는 스노우 모빌을 타고 다닌다. 지구 온난화 현상으로 물고기 등 사냥감이 줄어들어 그들의 전통 방식을 고수하기에는 어려움이 많다고 한다.

뭐니뭐니 해도 캐나다의 장점은 백인백색, 모든 민족의 문화와 종교가 인정받는다는 것이며 능력만 있으면 피부색에 상관없이 장관, 상원의원, 시장이나 주지사가 되어 정계에도 진출할 수 있다는 점이다. "기회의 땅"이라는 표현은 미국뿐 아니라 캐나다에도 해당이 된다. 미국 보다 경쟁이 덜 심한, 더 착하고 순한 버전의 기회의 땅이라고나 할까? 나는 사람이나 나라나 착하고 순한 타입이 좋다. 선한 자리에 더 온정이 깃드는 것 같다.

웨딩 드레스

A wedding dress

사랑하는 아내를 독일에 두고서, 나는 캐나다에 먼저 들어와 하루라도 일찍 자리를 잡아 나중에 아내를 편하게 해주고 싶었다. 하지만 혼자서 좌충우돌, 고군분투해야 하는 캐나다에서의 시간은 예상했던 것 보다도 외로움과 절망감이 컸다. 내 마음 속의 절절한 이야기들을 매일매일 일기처럼 써서 아내에게 편지로 부쳤다. 외로울 때면 주로 음악을 듣고 해질녘 아파트 뒤 언덕에 올라가 한국 민요 "해는 져서 어두운데"를 하모니카로 연주하기도 했다. 구슬픈 곡조에 알뜰한 청춘이 늙어가고 정이 골수에 맺힌다는 노래 가사가 가슴을 후비는 듯했다. 그렇게 찾아오는 사람도 없고, 찾아갈 곳도 없던 그 때에 내 마음이 멈추고 안식을 찾은 곳이 바로 교회였다.

나는 예수님을 알지도 못했고, 교회를 형식적으로만 잠깐 다녀본 신앙의 무식자였으나 희한하게도 교회당에만 들어서면 "아이구, 하나님 잘못했습니다."라는 말이 절로 나왔다. 그 당시 이민 교회에는 하나님의 사람들과 세상 사람들이 공존했다고 말할 수 있을 것 같다. 교회당 안에서 목사님은 담배를 피우지 말라는 설교를 하고 있고, 교회당 인근에서는 모여서 담배를 피우는 성도들이 있었다. 신앙인이라면 술을 멀리해야 했지만 이민생활이 외롭고 어려우니 술판을 벌이는 교인들도 많았다. 그런 어수선한 당시에도 임인환 목사님과 사모님이 나를 친절하게 보살펴 주셨음을 두고두고 감사드리며 살고 있다. 두 분은 목회를 하시면서도 스케이트 공장에서 노동도 하시는 모범적인 생활인이자 사역자의 모습을 보이셨다. 생산적인 일과 주님의 일을 동시에 하니 얼마나 즐거운지 모른다고 하시던 두 분의 긍정적인 태도가 나의 마음을 밝히는 등이 되었다.

날마다 아내에게 편지를 쓰는 것만으로는 보고싶은 마음을 가눌 수가 없었다. 미혼의 여성이 단체여행도 아닌 홀로여행으로 캐나다에 들어오는 것이 어려운 때였으나 용기를 내어 아내를 초청하는 초청장을 만들어 공증을 받았다. 그렇게 초청을 받아 1975년 12월, 눈물의 이별을 한지 8개월 만에 사랑하는 아내가 6주간의 휴가를 들고서 대서양을 건너 내게로 왔다. 그 때의 환희를 무엇에 비할 수 있을까. 토론토 공항 입국 수속을 마치고 나오는 아내에게 빨간 장미 한 다발을 선물했다. 그 때 토론토는 사방이 눈으로 덮여 있었는데, 아내를 태우고 고속도로를 달리는 내 마음은 얼마나 뜨거웠는지 모른다. 주말에는 캐나다에서 알게 된 지인들을 아내에게 소개해주고, 함께 토론토 시내를 구경하며, 공원을 거닐고 나이아가라 폭포의 세찬 물줄기를 둘이서 하염없이 바라보며 꿈같은 시간을 보냈다. 세상에서 나를 가장 행복하게 해주는 사람이 바로 옆에 손이 닿는 곳에 있었다. 우리는 많은 이야기를 나누었고 인생의 목표를 하나 하나씩 구체적으로 세워 나갔다. 어차피 이민 1세대는 다음 세대를 위하여 희생하는 세대라고 생각하고, 우리의 꿈은 우리 때에 있는 것이 아니라 미래의 우리 아이들에게서 보자는 데에도 생각을 모았다. 그렇게 6일 같은 6주의 시간이 흐른 뒤 아내가 독일로 돌아갈 시간이 되었다. 호강도 못 시켜주어 내 마음은 무거웠다. 그래도 나중에는 꼭 호강시켜 주겠노라고, 차마 입 밖으로는 말하지 못했지만 속으로는 아내에게 여러 번 말하고 또 말하였다.

이제 9개월만 있으면 독일에서 아내의 병원 근무 계약이 끝나니 조금만 더 참으면 된다. 그런데 문제가 생겼다! 9개월 후에 아내가 캐나다에 오려면 내가 초청을 해야 하는데 우리는 법적인 부부가 아니어서 초청이 불가능하다는 것이었다. 목사님이 교회에서 조촐하게라도 결혼식을 올리자고 제안하셨다. 나는 결혼식만큼은 한국에서 양가 부모님을 모시고 제대로 올려야 한다는 생각에 망설이며 고민했지만, 9개월 후에 아내를 초청할 방법도, 지체

할 시간도 없어서 한 시간 여 떨어진 스트랫퍼드 시청에 가서 판사 앞에서 혼인 서약을 했다. 그렇게 받은 결혼 증명서로 아내의 초청장은 진행될 수 있었다.

이렇게 속전속결로 결혼식 아닌 결혼식으로 진행이 되다보니 결국 아내는 웨딩드레스를 입어보질 못했다. 털털한 성격의 아내는 별로 개의치 않는 듯하지만, 나는 누군가의 결혼식을 볼 때마다 아내 생각에 늘 마음이 쓰라리다. 그 후로는 살다보니 바빠서, 그리고 늙어서는 쑥스러워서 드레스 없이 여기까지 왔다만, 나는 아직도 기회를 보고 있다. 아내에게 드레스를 입히고 웨딩 가족사진을 찍을 그 날을… 여보, 드레스도 입고 사진도 찍고 황혼에 신혼일기를 다시 써봅시다!

하나님의 선물

A gift from God

우리 부부는 물질적으로 풍족하지는 않았지만 신혼부부답게 깨소금을 볶으면서(내가 가장 좋아하는 한국식 표현이다) 재미있게 살았다. 주말이면 독일에서 데이트하던 때와 똑같이 교외로 나가 산책도 하고 친구들을 만났다. 그리고 집에서 한 시간 거리에 있는 나이아가라 폭포에도 자주 가서 피크닉을 즐기다가 왔다. 교회에서도 아는 사람들이 점점 많아져서 자주 어울렸다. 젊은 사람들 중에는 나처럼 독일에 광부로 갔다가 캐나다에 온 사람들이 꽤 되었다. 그들 중 상당수는 형제를 초청하여 대가족을 이루었기에 그 모습이 부러워서 나도 한국에 있는 가족들과 처갓집 가족들에게 여러 번 권해봤으나 이민을 원하는 사람이 없어서 아쉬웠다. 하지만 좋은 이웃들을 가족삼아 살아가는 이민생활도 나쁘지 않았고 "이웃사촌"이라는 말을 실감하고 감사하게 되는 순간도 많았다.

아내가 임신을 했다. 놀라움과 기쁨도 잠시, 앞으로의 일이 걱정되기 시작했다. 한국에 있는 친정에 가서 쉬다가 오라고 하고 싶어도 경비 때문에 선뜻 추진할 수가 없었다. 아내는 입덧을 이겨내며 씩씩하고 즐겁게 임신 기간을 잘 보냈으며 교회의 목사님과 사모님이 아내를 살뜰히 보살펴 주셔서 무척 감사했다.

진통을 느끼기 시작한 아내는 키치너 워털루 종합 병원에 아이를 출산하기 위하여 입원을 했고 나는 서둘러 직장에서 2주간의 휴가를 받았다. 분만실로 들어가는 아내의 모습이 비장하면서도 가엾게 보였다. 간호사들이 나보고도 분만실로 들어오라고 했다. 나는 평소에도 비위가 약하고 못 볼 것을 보면 구토증세까지 생기는 편이어서 늘 조심하곤 했는데, 그 날 따라 병원 안의 소독 냄새가 강하게 느껴져서 속이 울렁거리기 시작했다. 하지만 정신을 똑바로 차려야 한다! 오늘같이 중요한 순간에 내가 아내 옆에서 든든한 남편으로 최상의 모습을 보이며 용기를 줘야 한다는 사실을 잊지 말자! 다짐하며 호기롭게 들어섰다. 하지만 아니나 다를까, 가운을 입고 마스크를 쓰고 분만실로 들어가는데 급작스럽게 속이 매스꺼워지면서 몸이 기우뚱거리는 것이 아닌가. 그 다음에는 머리 속 필름이 끊겨서 기억나질 않는다.

나중에 들으니, 내가 너무 긴장했던 탓에 잠시 기절했다고 한다. 비몽사몽간에 간호사들과 의사들이 나를 어디에 올려 놓는 것 같은 느낌이 들었는데… 깨어나보니 산부인과 병실 침대에 아내도 아닌, 내가! 덩그러니 누워있었다. 창피하고 부끄러워서 당장이라도 병원을 도망쳐나오고 싶은 상황 속에서 나는 소중한 나의 첫 아들을 감격적으로 만나게 되었다. 다행히 아내와 아기는 건강했다. 의사는 동양 사람들 좋아하는 아들을 너도 갖게 되어 좋겠다며 축하 인사를 건넸다. 아기를 안으며 이게 꿈인가 생시인가 하는 찰나가 지나갔다. 나의 인생에도 이런 순간이 오다니… 하나님 감사합니다!라는 말이 가슴 속에서 흘러 넘쳐 절로 새어나왔다. 여자는 산후 조리를 잘해야 평생 후유증으로 고생을 안 한다는 말을 많이 들었지만 막상 현실에는 미역국이라도 끓여주며 보살펴 줄 사람이 없었다. 하지만 교회의 임 목사님 내외분, 한국에서 신문기자를 하다가 이민을 오신 이 선생 부부, 한국에서 농촌지도소 소장을 하다가 오신 김 선생 부부가 지극정성으로 아내의 산후조리를 도와 주셨다.

이 선생님과 김 선생님을 가까이에서 지켜보면서 많은 것을 배우고 느끼게 되었다. 두 분 다 한국에서는 육체 노동을 안 해 봤고 좋은 학교, 좋은 직장 엘리트 코스만 밟아오신 분들인데 이민을 와서는 어떤 편견이나 거부감 없이 생업 전선에 바로 뛰어드셨다. 과거에 얽매여 과거의 영화를 기준으로 이것저것을 가리다 보면 좋은 기회를 놓치게 된다. 그런 사람들에겐 영광스런 과거와 초라한 현재만 있을 뿐이다. 나중에 김 선생님과 이 선생님은 나의 소개로 회사의 운송팀에 취직이 되었다고 기뻐하셨다. 콩을 심은 데 콩이 난다. 그분들의 좋은 태도가 좋은 결과를 만들었다.

영원한 친구, 항도야!

Everlasting friend, Hangdo!

나의 베스트 프렌드 항도는 독일에서 3년 임기를 마치고 캐나다를 잠시 들렀다가 바로 한국으로 들어간다고 했다. 항도와 뒤셀도르프 공항에서 헤어진 게 마지막이었다. 그 후, 항도가 한국에서 볼 일을 보고, 캐나다에 들어온다는 연락을 받았다. 독일에서 3년 동안 매일 붙어 다니다시피 해서 그런지 마치 여러 해를 못 본 것처럼 너무나 보고 싶었다.

내가 캐나다에 입국한지 1년 정도 되었을 때, 나는 육체적 정신적으로 바닥을 치는 시기였다. 새로운 땅에 정착하는 일이 쉽지 않다는 것을 뼈저리게 느끼며 현실의 벽에 부딪히고 있을 때 캐나다에 막 도착한 항도는 나와 다르게 기백이 있고 자신감이 넘쳐 보였다. 항도는 토론토에 도착한지 얼마 지나지 않아 용접을 배운다며 알버타 주의 에드먼턴으로 떠났다. 에드먼턴 북쪽 지역에는 천연가스와 오일샌드가 풍부하여 석유 관련 산업이 발달했는데 그 공장들의 파이프 라인을 만드는 데에 용접공들이 많이 필요하다고 했다. 그러더니 돌연 다시 밴쿠버로 떠났다. 3개월 후에 돌아온 항도는 밴쿠버의 생활이 만만치 않더라며 하소연을 했다. 그도 그럴 것이, 밴쿠버는 생산 공장이 많은 산업도시가 아니기 때문에 자본이 없는 항도나 나 같은 사람들에겐 정착하기 어려운 곳이었다. 뿌리를 내릴 곳을 찾아 이리저리 탐색하는 항도도 지쳐가는 것이 보였다. 항도를 돕고 싶은 마음에 내가 일하는 직장의 상사에게 일자리를 부탁해보니 한번 면담을 보자고 했다. 면담 후, 1주일이 지나 항도는 나와 같은 회사에 근무하게 되었고, 우리는 예전처럼 함께 일할 수 있음에 기뻐했다. 항도는 이 회사를 계속 다닐 생각은 아니고, 이 곳에서 사업 자금을 모아 나중에 자신의 비즈니스를 열겠다는 꿈을 갖고 있었다. 항도가 하는 일은 지게차로 공장 내에서 물건들을 옮기는 일이었다.

평화로운 주일날 저녁, 항도가 우리집에 놀러왔다. 함께 저녁밥을 먹으며 웃고 떠들면서 사사로운 직장 이야기들을 나누느라 시간 가는 줄 몰랐다. 항도가 근무한 지도 어느덧 두 달 정도 되었으니 대체로 적응도 마쳤고 정신적으로도 편안해 보였다. "잘 놀다 간다", "그래, 잘 가"라는 평범한 인사를 나누면서 헤어진 때가 밤 10시였다.

다음 날 오전, 나는 오후 출근이라 느지막이 준비를 하고 있는데 회사에서 전화가 왔다. 항도가 일을 하다가 다쳤으니 병원으로 빨리 가보라는 연락이었다. 나는 갑자기 머리 속이 하얘져서 그 순간 무엇을 입고, 신고, 들고 집을 나섰는지 기억이 나질 않는다. 병원으로 가는 내내 얼마나 다쳤을까만 못 견디기게 걱정이 되었고 제발 별일이 아니기를 기도하고 또 기도했다.

가까스로 병원에 도착하여 황급히 간호사를 따라가니… 영안실 앞이었다. 나는 몸과 머리가 고장난 듯 그대로 멈추어섰다. 시간이 정지된 것처럼 느껴졌다. 간호사는 얼어붙은 내 팔을 잡고 차가운 방으로 들어가 눈처럼 새하얀 시트를 천천히 걷어주었다. 이게 무엇인가. 꿈인가. 세상에 이런 악몽이 있을까. 나는 숨이 안 쉬어져서 기절할 것만 같았다. 간호사가 다시 나를 부축해주었다. 자신감과 패기가 넘치던 나의 친구, 불과 몇 시간 전에 나와 즐겁게 이야기를 나눴던 항도가 지금 내 앞에 차가운 주검으로 누워있다니 나는 침대를 붙잡고 쓰러졌다.

얼마의 시간이 흘렀는지 모른다. 영안실에 앉아 있으니 간호사가 내게 경찰이 왔다고 알려주었다. 경찰은 내게 간단한 인적사항을 확인하고 사망 이후에 할 일에 대해서 길게 말해주었지만 그 음성이 귓가에 웅웅거릴뿐 내용이 들리지도 않았다. 하지만 더 이상 넋 놓고 슬퍼할 겨를도 없이 회사와의 처리, 변호사 선임 문제, 장례식 문제 등을 내가 도맡아야 했다. 나도 난생 처음 겪는 일이라 어디서부터 어떻게 해나가야할지 실마리가 보이질 않았다. 현지에 항도의 가족이 없으니 재산 문제는 주 정부가 처리하기로 하고, 항도의 개인 소유물은 경찰이 가져가기로 하고, 나는 목사님과 교회의 어른들에게 알리고 도움을 받았다. 다행히 항도의 수첩에 시카고에 있는 친척의 연락처가 있어서 법적인 문제는 그 친척분과 변호사에게 맡길 수 있었다. 나는 차분히 장례식을 준비해야 했다.

항도의 사고 경위는 다음과 같다. 우리가 사는 키치너와 런던(온타리오 주의 도시) 그리고 시카고는 스노우 벨트 (Snowbelt) 지역이라 불릴 정도로 눈이 많이 내리고 몹시 춥다. 지붕에 눈이 많이 쌓여 있다가 날씨가 풀리면 녹아내리면서 벽에 얼음 덩어리가 두껍게 쌓인다. 겨울 내내 얼려진 얼음 덩어리는 보기에는 괜찮아 보여도 두껍고 단단하기가 여간 만만치 않다. 그 당시 대부분의 우리가 그랬듯이 항도도 지게차를 운전만 할 줄 알았지, 철저한 안전교육을 받지 못했고 사실 그 필요성도 잘 모를 때였다. 항도는 월요일 아침에 출근하여, 비교적 한가한 시간에 공장 외벽에 붙어있는 얼음을 지게차로 찍어서 떼어 내려다가 지게차가 기울어 넘어지면서 항도의 가슴 위로 강한 압박이 가해져 불의의 사고를 당하게 된 것이었다.

교회 목사님의 인도로, 성도님들과 미국에서 오신 항도의 친척분과 함께 항도의 마지막 길을 배웅했다. 친분이 없는 교회 분들도 발벗고 도와주시고 진심으로 애도해주시는 모습 속에서 나는 깊은 위로를 받았고 사람과 사람 사이에 흐르는 정을 느꼈다.

불쌍한 나의 친구 항도는 한 줌의 재가 되어 친척 분의 품에 안겨 시카고로 떠나갔다. 고생도 많았고, 열정도 많았던 나의 친구 항도가 세상 밖으로 훨훨 날아갔다. 한 번도 활짝 피어보지 못한 꽃 같은 그였다.

항도를 보내고나서, 나는 온 몸과 마음이 마디마디 아팠다. 2주 동안 출근도 하지 않고 아무 일도 하지 않으며 멍하니 앉아있다가 회사에 사표를 내고 뒤도 돌아보지 않고 나왔다. 다시 그 현장을 볼 용기가 나지 않아서였다. 젊은 나이에 잘 살아보겠다고 여기저기 다니며 고생만 하다가 떠난 항도의 모습은 곧 나의 모습이기도 했다. 황망하고 가여운 인생에게 하나님은 왜 희망을 가질 시간조차 주지 않으신 걸까. 내가 그의 취직을 돕지 않았더라면… 아니, 그가 이 곳으로 오지 않았더라면… 아니, 우리가 아예 만나지 않았더라면… 착한 인생의 불행한 결과는 남은 자들에게 씻을 수 없는 고통과 회한을 준다.

그로부터 10년이 흐른 1981년도에 항도의 고향인 전남 함평에 찾아가 항도의 어릴 적 친구들도 만나고, 항도가 잠들어 있는 묘지를 찾아가 항도와 인사도 나누었다.

항도야, 그 곳은 어떤지… 너는 그 이후로 늙지도 않고 일하지도 않으면서 웃고만 있기를… 나는 너를 잊어본 적이 없었다, 친구야.

나는 나를 위해 일한다

I work for myself

해밀턴은 캐나다 온타리오 주 남부 온타리오 호 연안에 위치한 도시로 스텔코(Stelco), 포스코(Posco)와 같은 대형 제철 공장들과 중소기업들이 많은 것으로 유명하다. 온타리오 호는 미국과 캐나다의 양 국경 지역에 걸쳐있는 거대한 5대 호수(슈피리어 호, 미시간 호, 휴런 호, 이리 호, 온타리오 호) 중 하나이며, 그 물은 나이아가라 폭포를 지나 세인트 로렌스 강을 통하여 대서양으로 흘러간다.

나는 온타리오 전기협회 지부에서 주관하는 전기 자격증을 따고자 해밀턴 모학 대학에서 2년 과정을 수료하고자 입학 신청서를 제출했다. 하지만 학교를 다니지 않고도 자격증을 딸 수 있는 방법을 나중에서야 알게되어 부랴부랴 독일 광산에 연락을 취하여 경력 증명서를 받고 한국의 학력증명서와 함께 제출하니 학교를 졸업하지 않아도 자격증 시험을 볼 수 있는 자격을 주었다. 주위에 이 시험을 치룬 사람이 아무도 없어서 나는 사전 정보 없이 무작정 시험을 치렀다. 그들이 제공하는 회로도와 부품, 연장을 사용하여 파이프 및 3로 스위치(Three Way Switch)를 연결하고, 모터 전후 회전에 대하여 4시간 동안 실기 시험을 봤다. 이제 마지막으로 남은 것은 캐나다의 전기 코드에 대한 시험뿐인데, 캐나다 법규에 관한 것이다 보니 나에게는 생소했고 공부할 것이 많아서 차일피일 미루게 되었다.

온타리오 주는 미국과 가까워서 자동차 조립 공장, 부품 생산 공장, 타이어 공장 등 미국의 자동차 관련 회사들이 많이 진출해 있다. 그래서 영어가 부족하고 캐나다의 공인된 자격증도 없는 초기 이민자들이 육체 노동을 하기에 적합했는데, 그 마저도 오래 다니는 사람은 드물었다. 그런 분위기 속에서 한인 사회에서는 직장 보다 가게를 운영하는 것이 유행처럼 번지고 있었다. 게다가 그 당시 내가 다니던 회사는 노조측이 자주 파업을 하여서 하루 벌어 하루 먹고 사는 나같은 월급쟁이에게는 큰 타격이 아닐 수 없었다. 캐나다에서는 시내버스 회사도, 우체국도 자주 파업을 했다.

곰곰이 여러가지를 고려하여 고민해본 결과, 나에게도 역시 비즈니스를 운영하는 게 해답이 되지 않을까 하는 생각이 들었다. 직장인이 되느냐, 가게의 오너가 되느냐, 어느 것이 경제적으로 빨리 안정될 수 있을까를 저울질했다. 목전에 둔 전기 면허증을 마저 따서 일주일에 40시간만 일하고 주말을 쉰다면 나는 편할지 모르겠지만 가족들의 경제적인 안정을 쉽게 이룰 수 없을 것 같았다. 그리고 그렇게 되면 내가 할 수 있는 일은 주로 새 집을 건축하는 곳에 가서 전기 공사를 해야 하는 것인데 추운 겨울에도 밖에 나가서 일을 해야 하고 경우에 따라서는 일감을 따라 캐나다 북쪽 지역까지 가야 한다고 생각하니 마음이 썩 내키지 않았다. 독일에서 외로웠던 아내는 캐나다에서만큼은 한국사람들이 많은 대도시에서 살고, 떨어져 지내지는 말자고 간절히 부탁했었다. 그렇다. 그러면 장사가 낫겠다는 결론으로 자연스럽게 진행되었다. 아내도 캐나다 간호사 시험을 포기하고 같이 사업을 돕는다고 했다. 앞으로 내 사업을 하게 된다면 일주일에 적어도 60~70시간을 숨이 차게 일해야 할텐데… 그래, 빠른 시간 안에 안정된 삶을 이루기 위해서는 모든 것을 희생하기로 하자. 직장이냐 사업이냐, 남을 위해 일할 것이냐 나를 위해 일할 것이냐 그것이 문제였다.

노마드 & 파이오니아

Nomad & Pioneer

아내는 아이에게 최선을 다했다. 나는 아침에 출근하고 오후에 돌아오지만 아내는 하루 종일 아이와 함께 시간을 보냈다. 고맙게도 아이는 무럭무럭 건강하게 자라났다. 아이가 생기니 하루 빨리 나의 비즈니스를 열어서 경제력을 갖추고 싶은 마음이 더욱 간절해졌다. 준비기간을 5년으로 잡고 눈 딱 감고 된고생을 하면 장사 밑천을 마련할 수 있을 거라는 계산이 섰다. 이런 나의 결심에는 결정적으로 항도의 사고도 있었다. 절친인 항도를 떠나 보내고나서 나는 한동안 마음을 잡지 못해 방황했고 직장생활에 대한 깊은 회의감이 들었다. 그 시기에 어떤 교인 한 분이 자기의 가게를 도와 달라고 하셔서 가벼운 마음으로 하루에 4시간씩 파트타임으로 일을 도와드렸다. 막상 해보니 일은 어렵지 않았고 점점 재미 같은 것이 느껴졌다. 손님이 물건을 골라서 가져오면 돈만 받고 내주면 되었다.

교회에서 친하게 지내던 사람 중에 Mr.박 부부가 있었다. 그는 나보다 먼저 캐나다에 와서 학교도 다녔기 때문에 영어도 능통했고 여러가지 면에서 우리 부부와 잘 통했다. 그런데 그 부인이 새로운 가게를 시작한다며 알버타 주의 캘거리로 이사를 간다고 했고, 좋은 자리가 있으면 우리에게 연락을 주겠다고 하며 떠났다. 몇 개월 후에 정말로 연락이 왔다. 그래서 모든 것을 정리하고 1979년 5월에 자동차에 짐을 싣고 대륙을 횡단하여 캘거리로 이사를 떠났다.

또 다시 새로운 도전이 시작되었다. 나는 평생 도전하는 팔자인가보다 싶었지만, 이번에는 별로 두렵지 않았다. 앞으로 어떤 일이 닥칠지 모르지만 지금까지 주님의 은혜로 잘 살아왔듯이 그렇게 잘 흘러가리라는 믿음, 그리고 최선을 다하되 결과에 대해서만큼은 아등바등될 필요없이 하나님이 알아서 주실 것이라는 내려놓는 마음이 있었기에 편안하게 도전할 수 있었다. 물론 이제 우리 가족은 둘이 아니라 아이까지 셋이었다. 나의 잘못된 판단으로 혹여나 온 가족이 어려움을 겪지 않을까 하는 걱정이 추가된 것은 사실이지만, 일단 나에게 주어진 길을 가보기로 했다.

그간 정들었던 집과 친구들을 뒤로한 채 토론토, 베리를 지나 썬더베이에서 첫 날의 저녁을 맞이했다. 간간히 숲과 산들이 보였고 밀과 보리의 새싹들이 올라온 드넓은 초록 벌판은 달력에서나 보던 캐나다의 전형적인 아름다운 풍경을 그대로 담고 있었다. 자연의 아름다움에 넋을 놓다가도 이 넓은 땅에 내 소유의 땅이 단 한 뼘도 없다는 사실에 서글픈 감정이 들기도 했다. 언제쯤 내 이름으로 한 평의 땅, 한 칸의 집이라도 가질 수 있을까? 내가 말하는 땅과 집은 유형의 것을 말하기도 하지만 나의 정착과 안정에 대한 간절한 소망, 상징 같은 것이기도 했다. 이런 생각이 들 때면 나는 "땅 위에 있는 것이 어디 가겠나, 다 땅 위에 있지"라고 혼잣말을 하면서 언젠가는 나도 가질 수 있고, 할 수 있다고 스스로 용기를 내었다. 한편으로는 이 모든 것이 다 땅의 것이므로 영원하지 않고 사라질 것이기에 너무 집착할 필요가 없다는 생각도 들었다. 항상 말했지만 최선을 다해 노력하되 결국 내 것이 안되면 할 수 없고, 이 땅에서의 것은 이 땅에서 가질 뿐 하늘로 가져갈 수도 없는 노릇이니 짧은 생애 동안 주어진 것을 온전하게 누리면 된다는 생각이었다.

우리는 해가 뜨면 운전을 하고 해가 지면 모텔에서 잠을 잤다. 큰 아들 영식이가 한 살 반이었는데 보채지도, 아프지도 않고 잘 따라와주어 기특했고, 요 녀석이 우리에게 할 평생의 효도를 지금 다한다며 우리부부는 크게 웃었다. 선더베이 지역을 지나서는 끝도 없는 농장과 평야가 가도가도 끝없이 펼쳐졌다. 땅이 이렇게나 넓은데 일하는 사람이 없다니 참으로 놀라운 일이었다. 놀고 있는 땅들이 아까운 기분이랄까. 부지런한 한국 사람들을 이곳에 모아 놓으면 이 땅들이 이렇게 남아있질 않을텐데… 우리부부는 하하

호호, 이런저런얘기를 나누며 하루종일을 달렸다. 평야가 얼마나 넓은지 창 밖은 수 십시간을 달려도 평야 밖에 안보이는 똑같은 풍경이어서 졸음운전을 조심해야했다. 그렇게 달리고 달리다 보니 어떤 큰 도시가 홀연히 나타났는데 그곳이 위니펙이었다. 위니펙은 유럽식으로 조성된 고풍스럽고 아름다운 도시여서 한 번쯤 살아보고 싶은 마음이 들었다. 그 옛날에 지구 반 바퀴를 돌아 캐나다 내륙의 깊숙한 이 곳까지 정복하고 가꾼 유럽인들의 놀라운 개척정신을 느끼면서, 나도 그 정신의 기운을 받고서 달리고 또 달렸다. 미지의 땅을 향해 서쪽으로 서쪽으로!

08

나의 반석 나의 방패

My rock, my shield

축복의 땅 *Promised land*

우리의 몸은 정원 *Our bodies are like gardens*

고국 방문 *A visit to Korea*

처갓집 막내딸 *The youngest daughter*

부르고 싶던 이름, 배형 *I missed you, bro!*

지경을 넓히사 *Prayer of Jabez*

바로 이 구름! *Look at this cloud!*

축복의 땅

Promised land

3박 4일에 걸쳐 캐나다 대륙을 횡단하여 도착한 캘거리. 캘거리는 알버타 주의 주요 도시이며 로키 산맥의 아름다운 자연 경관으로 유명하다. 그 유명한 1988년 서울 올림픽이 열린 같은 해에 동계 올림픽이 열린 곳이라, 한국인에게도 친숙하게 느껴진다. 석유산업, 농업, 목축업 등이 고루 발달해 있으며 카우보이 문화를 사랑하는 지역문화가 강하여 해마다 '캘거리 스탬피드(The Calgary Stampede)'라는 거대한 로데오 축제에는 세계인들이 모여든다. 특이한 자연 환경으로 인해 시눅(Chinook)이라는 한 겨울에 부는 선선한 바람이 매력적인 곳이기도 하다.

캘거리에 도착하니 Mr.박 부부는 우리가 살 숙소까지 마련해놓고 두 팔 벌려 환영해주었다. 그 당시 캘거리는 주목받고 있는 신흥도시로 오일 샌드 산업의 중심지였고 한창 시장 경기도 좋을 때여서 다른 주에서 많은 사람들이 몰려드는 호황의 시기였다. 우리는 시내에 있는 아파트에 대충 짐을 풀고, 프랜차이즈 본사로부터 가게를 배정받아 위탁운영을 하기 위하여 면접을 보고 교육을 받았다. 주로 가게를 운영하는 방법과 각종 서류 정리, 매상을 본사로 보고하는 것에 관한 교육이었다. 한달 동안 교육을 받은 뒤 시험을 보고 통과하니, 우리 앞으로 가게가 하나 지정되었다.

그렇게 얼떨결에 시작한 가게가, 시기를 잘 만나서 그랬는지 정신없이 바쁘게 돌아갔다. 서류상으로는 내가 사장이었고 가게에서 생긴 이익금을 본사와 나눠 갖는 방식이었다. 예상했던 대로 나는 일주일에 60시간 이상을 일을 했다. 아내는 아이가 있으니 집안 일을 하다가 가끔씩 짬을 내어 가게 일을 도와주었다. 그렇게 우리 부부는 가게를 운영하며 아이를 돌보고 집안일도 하느라 항상 잠이 모자라고 피곤한 상태였다. 하지만 이 모든 것을 씻은듯이 보상해주는, 한 마디로 '돈 버는 재미'가 있었다. 우리는 곧 직원도 한 명 채용했다. 지금까지 봉급을 받는 입장으로만 있다가 봉급을 주는 입장이 되었다는 사실에 묘한 희열이 느껴졌다. 직원들과 잘 협력해 나가는 것도 오너가 갖춰야 할 중요한 덕목이기에 중년의 백인 여자를 채용하여 일을 맡기고 성심껏 대우해줬지만 우리 마음처럼 열심히 일해주지는 않았다. 나는 오랜 시간 일을 할 수 없는 체력이었으므로 하루에 4시간은 직원에게 맡기고 집에서 휴식을 취하니 몸도 마음도 가벼워졌다. 가게의 수입은 직장생활과는 비교가 안되게 좋았다. 열심히 일을 하니 본사로부터 인정도 받았다. 2년 만에 매상을 2배로 올려 놓으니 본사로부터 더 좋은 위치와 규모의 가게를 맡아 달라는 제안을 받았다. 제안을 받고 욕심이 생겼지만 가게의 위치가 자동차들이 많이 다니는 큰 길가여서 우리 아이의 안전이 걱정이 되었고 동네 분위기도 생각만큼 깨끗하거나 좋아 보이지 않아서 정중하게 고사했다. 우리 같은 장사꾼에게는 누가 뭐래도 눈 앞의 돈, 돈이 우선인 것은 사실이지만 긴 안목을 가지고 내 가족의 안전과 환경을 살피는 것을 잊지 말아야 한다. 그것이 나의 철칙이었다.

가게는 점점 더 잘되어 손님들이 구름 떼처럼 몰려들었다. 밥을 먹을 시간조차 없었고 어느 때는 먹을 것을 옆에 놓고도 집어먹을 시간이 없어서 끼니를 거른 적도 있다. 세상에, 잘 먹고 잘 살자고 일하는 것인데 일이 너무 잘되어 먹지도 못하는 상황이라니… 세상에 밥을 먹지 못하는 이유도 참으로 가지가지구나 생각하며 배고파도 웃음이 나왔다. 가게가 번창하여 5년 만에 융자 없이 집을 살 수 있었다. 그리고 가끔 한국에도 나갈 수 있는 여유가 생겼다. 이민을 온 후 제일 중요하게 세웠던 목표가 경제적인 안정이었는데, 집도 있고 고정 수입도 있으니 이민생활 6년만에 어느 정도의 목표를 이룬 셈이었다.

몇 년이 흘러 우리 집에 둘째 아이가 태어났다. 첫째 때처럼 내가 병원에서 기절하는 일도 없었고(아예 분만실에 안 들어갔다.) 아내도 더 수월하게 아이를 출산했다. 이번에도 아들이었다. 딸이어도 좋았겠지만 언제나 우리에게 알맞게 최상의 것을 주시는 하나님을 신뢰하며 모든 것에 감사하며 나아갔다. 그런데 언젠가부터 몸이 예전같지 않음이 느껴지기 시작했다.

우리의 몸은 정원

Our bodies are like gardens

나는 일을 많이 해서 과로하는 경향이 있긴 하지만 어려서부터 워낙 허약체질이기도 했다. 그러니 장사를 하면서 조금만 피곤해도 몸살 감기에 자주 걸렸다. 만약 월급쟁이였다면 휴가를 받아 쉴 수도 있으련만 가게를 운영하면서 부터는 더 마음을 놓고 쉴 수가 없었다. 이렇게 되니 내가 가게를 운영하는 것이 아니라 가게가 나를 운영하는 꼴이 되었다. 매일 같이 나와 아내는 가게에 끌려 살았다. 무리하게 일을 했기에 늘 몸살 감기와 기관지염을 달고 살았고 해열제와 진통제로 간신히 버텨냈다. 패밀리 닥터에게 찾아가면 일을 줄이고 쉬어 가며 일을 하라고 권유를 받았다. 일년내내 하루도 쉬지 않고 아침부터 저녁까지 일을 하니, 당연한 충고였다.

솔직히 나는 돈 버는 재미에 빠져 있었다. 돈을 모아서 더 좋은 사업을 하기 위하여 열심으로 일을 했다. 나뿐만 아니라 대부분의 이민자들이 겪는 체력적으로 힘든 고비의 과정이었고 아내도 마찬가지였다. 아내는 집에서 살림을 하고 아이들을 키우고 가게 일도 해야 하니 나 보다 더 피곤했을 텐데도 내색 한번 하지 않았다. 경영하던 가게를 서서히 정리하면서 보다 규모가 큰 식품점을 열어보려고 계획을 세우려니 본격적으로 새 사업을 시작하기 전에 한국을 다녀오고 싶었다. 우리가 없는 동안 가게에서 일할 사람도 준비해 놓고 거의 모든 준비를 마쳤을 즈음에, 또 기관지염에 걸린 듯하여 의사를 찾아갔다. 항생제를 처방받고 헛일 삼아 폐 X-Ray를 찍어봤는데 뜻밖에 이상한 점이 발견되었다. 나에게서 '폐결핵'진단이 나온 것이다.

사람이 마음으로 자기의 길을 계획할지라도 그 걸음을 인도하는 자는 하나님이심을 또 한 번 느끼며 여러 계획들을 내려놓았다. 죽는 병은 아니라 하더라도 다른 병들보다 전염성이 강한 병이다 보니 가족에게 미안하기도 했고 특히 아이들에게 조심스러웠다. 아픈 중에도 내 몸보다 벌여 놓은 사업과 가족 걱정이 앞섰다. 혹시나 결핵환자만 모이는 곳으로 격리되면 어쩌나 하는 쓸데없는 걱정도 꼬리에 꼬리를 물었다. 한 주일동안 여러가지 검사를 받았고 다행히 전염성 소견은 없다고 하여 한시름 놓았다. 그 당시 폐결핵은 후진국의 병이라는 인식이 강해서 의사는 내 어깨에 예방주사 자국이 있는지도 살펴보았다. 캘거리 풋힐 종합병원(Foothills Medical Centre)의 지하실에 폐결핵 병동이 있어서 그 곳에 가니 나 같은 환자들이 많고 의외로 백인들도 많아서 깜짝 놀랐다. 행여나 남의 눈에 띌 까봐 007 작전을 하듯 비밀스럽게 병원을 다녔다.

일년이 지나 각종 검사를 받은 후 드디어 완치 판정을 받았다. 그 때의 폐결핵 경험은 나에게 건강에 대한 소중함을 일깨워준 경고의 옐로우 카드였다. 건강하지 않은 생활을 하면서 건강하기를 바란다면, 공부를 하지 않으면서 성적이 좋길 바라는 것과 같을 것이다. 건강은 타고난 것도 있지만 관리하고 유지하려는 노력 없이는 성립이 안된다는 진리를 깨달았다.

이제 완치가 되어 다시 한국 방문을 준비했다. 나는 한국을 떠난 지 10년 만이었고 아내는 8년 만의 방문이었다. "고국", "고향"이라는 단어는 사람을 마음 속 저 깊숙한 곳에서부터 요동치게 만든다. 한국에서 6주나 머물 생각을 하니 더없이 즐거웠다. 한국에서 청바지가 한창 유행할 때여서 동생들과 어린 조카들의 선물로 청바지를 준비했다. 그리고 캐나다에서 만든 바우어 브랜드의 명품 스케이트도 준비했다. 결혼한 동생들을 위해서는 전자제품이나 독일제 쌍둥이 칼 같은 주방용품을 사두었다. 그리고 중국제 우황청심환도 여러 개 샀다. 당시에는 이런 외국제 물건들이 한국에는 밀수품으로만 들어갈 때여서 매우 귀한 물건들이었다. 세상에, 선물 값이 비행기표 가격만큼이나 나왔다. 그래도 하나도 안 아깝고 뿌듯했다!

고국 방문

A visit to Korea

1971년에 한국을 떠나 1981년 딱 10년 만에 고국 땅을 다시 밟은 것이다. 대한항공이 캐나다에 취항하기 전이어서 타항공사로 밴쿠버와 일본을 경유, 나리타에서 하루를 자고 그 다음 날 김포공항으로 가는 JAL 항공편을 택했다. 일본에서 한국으로 향하는 비행기 안에서 동해 바다를 내려다보는데 감회가 새로웠다. 한국 땅을 위에서 내려다보니 떠날 때나 지금이나 나무 한 그루 없는 민둥산으로 보여 의아했지만 마음은 기대로 한껏 부풀어 올랐다.

김포공항에서 세관 검사를 하면서 우리가 가져온 가방 여섯 개가 전부 샅샅이 헤쳐졌다. 한국에는 통제되는 물건이 너무 많았다. 우리 짐 중에서 가족들의 선물로 가져온 청바지 2벌과 우황청심환 3통, 쌍둥이 칼을 압수해갔다. 그나마도 세관원이 크게 인심을 써서 봐주는 척을 하는데, 속에서 부글부글 끓어오르는 것을 겨우 참아야 했다. 고국 방문의 첫 기억이 이렇게 망쳐질 줄이야…

공항에는 시골에서 올라오신 부모님과 가족들이 마중나와 있었다. 눈물이 앞을 가렸다. 전쟁 때 헤어진 이산가족이 상봉이라도 하듯 부둥켜안고 울었다. 부모님은 아내와 세 살짜리 큰 아이를 처음 보셨다. (이 때는 둘째가 태어나기 전이었다.) 갑자기 아들에 며느리에 손자까지 하늘에서 뚝 떨어져 나타난 게 어리둥절하신 모양이었다. 옛날 분들이시라 표현은 잘 안하시지만 아내와 아이를 자꾸 쓰다듬으시며 계속 눈가를 훔치셨다. 내가 동생들을 마지막으로 본 게 그들이 초등학교와 중학교를 다니던 때였는데 벌써 시집 장가를 가서 아이들을 낳았다니 믿기지가 않았다. 남동생은 서울에서 직장생활을 하느라 바쁘게 살고 있고, 여동생들은 좋은 학교를 나왔는데도 집에서 전업주부를 하고 있었다. 오랜만에 만난 피붙이 가족들은, 그간 바쁘게 사느라 잊고 지내던 가족애란 것을 강하게 불러일으키고 행복을 일깨워주는 반가운 존재들이었다. 한 때 그들은 나의 전부였고, 내가 사는 이유이기도 했다.

그동안 한국이 많이 변했다고 들었는데 1980년대 초반만 해도 서울 사람들의 질서 정신은 여전히 부족해 보였다. 무단횡단을 하는 사람들, 여기저기 빵빵거리는 크랙션 소리, 양심에 털난 듯 신호를 어기는 차들, 끼어들기를 하려고 하면 더욱 세게 달려와 틈을 주지 않는 뒷 차들… 하도 오랜만에 고국의 현실을 대해서 그런지, 무질서와 무배려에 참을 수 없이 화가 났다. 가는 곳마다 아파트가 즐비했는데 아파트 베란다에 허술하게 달려있는 수 백 개의 가스통들도 위험해 보였다. 누가 이런 나를 보면 외국물 좀 먹었다고 티를 내고 싶은 거냐고 비아냥거렸을지 모른다. 하지만 티를 내고 싶어서가 아니라 10년이면 강산도 변한다는데, 의외로 한국은 많이 변하지 않은 것처럼 느껴졌고 질서 있는 곳에서 살다가 온 내 의식이 변한 까닭인지 캐나다와 대조적인 상황이 너무 실망스러웠다. 하지만 이 모든 것도 고국에 대한 애정이 깊어서였을 것이다. 애정이 크면 기대도 크고 실망도 큰 법이니까.

서울에서 며칠 머물다가, 부모님과 같이 시골에 내려 갔다. 아들은 한국말과 영어를 제법 종알거릴 때였다. 시골 어르신들은 어린 아이가 영어를 쓰는 것이 신기했는지 영식이만 보면 영어 좀 해보라고 채근하셨다. 그러면 영식이도 처음엔 잘 따라주다가 나중에는 너무 귀찮은지 "You shut up!"이라고 말했다. 그러면 우리는 혼을 냈고 마을 분들은 재미있다고 웃으셨다.

시골의 겨울풍경도 10년 전과 변한 것이 없었다. 저녁이 되면 주막집에는 술 마시는 사람들로 북적였고 낮에는 할 일 없이 햇빛이 잘드는 담장 아래에 모여 이야기를 나누셨다. 사랑채에 모여 화투나 장기를 두는 등 마을 전체가 생산성이 없어 보였다. 타국에서 정신없이 바쁘게 살았던 나는 갑자기 타임머신을 타고 시간을 거꾸로 온 듯한 기분이 들었다. 고향에 대한 애정과 실망이 교차되었다. 하지만 오랜 세월 동안 나는 이 땅의 모든 것을 그리워하고 살았었다. 떠나고나서 더 사랑하고 애착하게 된… 미우나 고우나 영원히 나와 분리될 수 없는, 내 나라 한국이었다.

처갓집 막내딸

The youngest daughter

이제 처가집을 방문할 차례였다. 논산에서 기차를 타고 순천까지, 처음 가보는 남쪽 지방이었다. 지리산 계곡을 따라가니 산세도 웅장하고 강과 마을의 풍경이 무척이나 아름다웠다. 순천역에 도착하니 처형이 마중나와 있었다. 처가집을 만나는 기쁨도 컸지만 일단 긴장이 많이 되었고 너무 늦게 인사를 드리게 된 탓에 죄송해서 고개를 들 수가 없었다. 학벌이 좋거나 직업이 좋거나 출세를 한 사위도 아니고 남의 귀한 집 막내딸을 캐나다까지 데리고 가서 고생을 시키고 있으니 뵐 면목이 없었다.

그 옛날 아내는 국립의료원에서 근무하는 보사부 직원이었는데 새로운 경험을 하겠다며 당차게 독일로 떠난 것이었고 오매불망으로 기다리던 그 딸은 3년의 계약기간을 마치고 돌아올 줄 알았는데 캐나다까지 가서 8년 만에, 그것도 처음 보는 남편과 아들과 함께 왔으니 처가집으로서는 감격과 함께 혼란스러운 심정이었을 것이다. 장모님도 일제시대에 간호학교를 졸업하신 분이셨고, 장인어른도 공무원으로 정년 퇴직을 하셨고, 처남도 해양대학을 졸업하고 공무원으로 일하고 있었으니 그 안에서 내세울 것이 없는 나는 자꾸 움츠러들었다.

논산에 사는 우리 부모님이 순천으로 오셔서 뒤늦게나마 정식으로 상견례를 하셨다. 물론 독일에서 우리의 결혼 결정을 들으셨을 때, 양가의 어른들은 뉘 집의 어떤 자제인지를 알고 싶으셔서 서로의 집을 왕래하셨다고 한다. 그 때 장인, 장모님은 우리 논산 집에서 하룻밤을 묵으시며 이런저런 이야기를 나누던 중 우리 아버지의 성품과 공무원직을 지내셨다는 이야기에 단번에 신뢰가 생겼다고 하셨다.

스스로 못난 사위라고 생각하는 나를 처갓집에서는 산해진미, 특히 현지의 풍부한 해산물로 극진히 대접을 해주셨다. 아들 영식이는 어디를 가나 귀여움을 독차지하며 잘 지냈는데 그만 열 감기에 걸리고 말았다. 시골 병원에 갔더니 아기용 약은 없다고 하면서 바로 주사를 놓아줬다. 주로 약으로만 치료하고 주사를 쓰지 않는 캐나다에서 자란 아들은, 한국에서 강렬한 주사 경험을 하고 난 뒤 부터는 병원 소리만 들어도 냅다 줄행랑을 쳤다. 그런 모습이 귀여워서 어른들이 많이 놀렸다. 그렇게 아이는 양가의 웃음버튼이었고 분위기 메이커였다.

어느덧 캐나다로 다시 돌아가야 할 날이 다가왔다. 장인 어른과

장모님은 애써 슬픈 속내를 감추시고 소중한 우리 딸을 나한테 잘 부탁한다고 하시며 급히 돌아서셨다. 돌아오는 길 내내 아내가 많이 울었다. 나도 눈물이 났다.

아내와 장모님

부르고 싶던 이름, 배형

I missed you, bro!

1984년 캘거리의 여름은 환상적이었다. 겨울이 길고 혹독한 만큼, 여름의 쾌적한 일조량과 온도와 습도는 이를 완벽하게 보상해준다. 나는 가게 일을 하다가도 가끔 멍하니 창밖을 바라볼 때, 운전을 하다가 아름다운 음악과 풍경을 만날 때, TV에서 뉴욕 풍경이 나올 때, 누군가의 입에서 독일이라는 말이 들릴 때 마다 배형과 항도와 나의 '그 약속'을 떠올렸다.

약 10년 전 독일을 떠나며, 배형과 항도와 나는 10년 후인 11월 11일 11시에 뉴욕 타임즈 건물 정문 앞에서 만나기로 약속을 하고 뜨거운 포옹을 나누며 헤어졌다. 서로의 안녕과 성공을 빌 뿐 우리 셋의 인생이 어떻게 될지, 우리가 훗날 어떤 모습으로 만나게 될지 아무도 몰랐다. 게다가 항도가 이렇게 가슴 아픈 배신을 하고 영원히 떠날 줄이야. 이제 나에게는 배형이 남아있었다.

달력에 표시를 해놓고 하루하루 손꼽아 기다리던 어느 날, 약속한 날을 서너 달 앞두고, 배형으로부터 전화가 왔다. 배형은 독일 출신의 광부들을 여기저기 수소문하여 내 연락처를 기적처럼 찾았다고 했다. 우리는 무슨 말부터 어떻게 해야할지 몰라서 한참을 버벅이다가 이내 옛날 독일시절의 이야기를 나누며 그 때의 그 혈기왕성한 청년들이 되었다. 어렵게 꺼낸 항도 소식에 수화기 너머의 형은 한참 동안 말을 잇지 못했다.

배형은 파라과이에서 살다가 다시 독일로 갔고 일년 전에는 미국으로 이민을 가서 오하이오주 클리블랜드에 산다고 했다. 당장이라도 만나고 싶은 그리운 형이었다. 바로 짐을 챙겨서 캘거리에서 토론토로, 토론토에서 온타리오 주 런던으로, 그리고 런던에서 프로펠러 비행기를 타고 미국과 캐나다의 국경인 오대호를 건너 클리블랜드로 배형을 만나러 갔다. 마치 연인을 만나러 가는 것처럼 얼마나 떨리고 기대가 되던지…

10년을 돌고 돌아 만난 배형과 나는 부둥켜 얼싸안고 연신 눈가를 훔쳐냈다. 우리는 그간 살아온 서로의 이야기 보따리를 풀고 또 풀었다. 함께 웃고, 울고, 입을 다문 채 먹먹해하는 순간들도 있었다. 그간 서로의 인생이 얼마나 힘들고 고생스러웠는가가 충분히 전해졌다. 내가 변하고 늙었듯이 배형도 예전 같아 보이지 않았다. 하지만 또 그의 어느 부분은 10년 전과 똑같기도 했다. 배형이 결혼도 하고 나와 똑같이 아들도 둘을 두어 화목하게 사는 모습을 보니 하나님께 감사했다. 일주일 동안 배형과 함께 꿈 같은 휴가의 시간을 보내며 회포를 풀었다.

사람들은 미국이나 캐나다에 이민을 가면 다들 금세 잘 살게되는 줄 안다. 하지만 막상 이민을 와보면 토양을 완전히 바꾸고 뿌리까지 새로 내려야 하는 그 삶이 얼마나 척박한지, 안정화가 되기까지 얼마나 많은 시간과 노력이 필요한지를 피, 땀, 눈물, 서러움으로 알게 된다. 평생 나그네로 변두리의 삶을 사는 우리 두 사람에겐 깊은 공감대가 흐르고 있었다.

배형은 다시 L.A로 이사를 했고 최근까지 나와 자주 만나고 있다. 죽는 날까지 우리는 항도의 몫까지 우정을 쌓을 것이다.

지경을 넓히사

Prayer of Jabez

캐나다에 온 지 10년이 지나니 시간도, 경제적인 여유도 조금씩 생겨났다. 역시 캐나다는 우리 같은 이민자들도 열심히 일을 하면 그에 맞는 합당한 보상이 따라주는 정직한 나라였다. 캐나다는 자본주의와 사회주의의 장점을 적절하게 배합한 사회이다. 미국과 다른 점이자 독일과 비슷한 점이 바로 그것이다. 독식이 아닌 다같이 나누어 먹는 사회라는 것! 캐나다의 의료서비스는 국가의 예산으로 운영되는 공공서비스로 '무상의료'가 큰 장점이다. 병원 진료는 물론이고 입원하고 퇴원할 때도 병원비를 내지 않는다. 물론 한국과 같은 최첨단 고급 의료 서비스를 기대할 수는 없지만 서민들에게는 큰 혜택과 보장이 된다.

그리고 주말이 되면 대형 마트는 문을 닫았다(요즘에는 대부분 열지만 그 때는 그랬다.). 대형 마트는 주중에는 오후 9시까지만 열고 토요일은 오후 6시까지만 열기 때문에 동네에서 작은 가게를 운영하는 이민자들이나 자영업자들의 영업권이 보호받을 수 있었다. 그러나 지금은 대형마트들의 로비와 소비자들의 다양한 욕구 충족을 위해 대형마트들도 운영시간이 늘었고 전체적으로 시장의 시스템이 많이 바뀌었다.

또 하나, 캐나다에서는 적은 자본을 가지고도 사업을 시작할 수 있다. 나는 새로운 사업 구상을 하며 5년 동안 준비해왔다. 이제 온전한 내 소유의 가게를 할 때가 되었다고 생각했다. 그런데 아내는 아이들도 커가니 집을 우선 구입하자고 하여, 어차피 은행에서 융자를 받는 것이니 한꺼번에 집과 가게를 사기로 결정했다. 그간 내가 쌓아온 은행에서의 신용은 든든했기에 값이 나가더라도 매상이 좋은 매물을 사고 싶었다.

지금 돌이켜 생각해보면 나는 감사하게도 소매업 비즈니스 사업 환경이 한창 좋을 때 사업을 시작하여 기울기 전에 그만두게 되었다. 좋은 때를 허락하시고 지혜를 주신 하나님께 감사드린다. 미래는 아무도 모른다. 노력과 운이 동시에 작용하기도 한다. 혹시 지금 내리막 길에서 낙심하고 있는 분이 있다면 그래도 희망을 갖고, 자신과 주위를 살피라고 말하고 싶다. 긍정의 마인드는 인생에 도움이 되고, 아집과 부정의 마인드는 독이 된다. 항상 밝은 창으로 인생의 저 편을 바라보면 "어느 구름에서 비가 올지 모른다."

바로 이 구름!

Look at this cloud!

세상 어디에서나 무엇을 하든지 가장 중요한 것은 “인간 관계”이다. 모든 일의 핵심이며, 일을 완성시키는 화룡점정이다. 외국에서 살아보니 더욱 그랬다. 피부 색깔, 환경, 직업에 상관없이 사람은 모두 평등하고 소중하고, 함께 잘 살아가기 위해 노력하는 긍휼한 존재들이었다. 나는 가게에 오는 어린 아이부터 90세 할머니에 이르기까지 모두에게 진심으로 대하고 배려하고 친해지려고 노력했다.

어느 날, 친구로부터 캘거리대학교(University of Calgary) 안의 구내매점이 입찰을 통하여 입주자를 선정한다는 정보를 들었다. 직접 가서 보니 대학교 내에 있다는 이점도 있고 깨끗하고 안전해 보여서 마음에 쏙 들었다. 매상은 얼마 안 될 것 같지만 그래도 놓치고 싶지 않았다. 입찰 지원서와 앞으로의 사업 계획서, 은행장의 추천서, 주위사람의 추천서 등을 첨부하여 입찰에 참여했다. 그리고 한동안 아무 소식이 없기에 잊어버리고 지냈다.

몇 개월이 지난 후, 그 가게가 나에게 낙찰되었다는 깜짝 통보를 받았다. 나중에 들어보니 몇 개월 동안 그들이 나에 대해서 많이 알아본 뒤에 내린 결정이라는 것을 알게됐다. 마치 암행어사처럼 우리 모르게 지금 운영하는 가게에도 와봤고 여러가지를 조사하고 평판도 알아봤다고 한다. 생각해보니 이 모든 것이 "관계"를 잘 맺어서였던 것 같다. 성실히 일하면서 모든 사람들, 손님들에게 성실하게 대했던 것이 이런 좋은 결실을 안겨준 것이다.

1985년 9월 새 학기. 큰 기대 없이 그저 감사하는 마음으로 시작한 사업이었는데 예상보다 매상이 너무 좋아서 흠칫 놀랐다. 학생과 직원을 합하면 3만명이 넘는 캠퍼스 안에 우리가 독점이었으니 아침부터 저녁까지 손님들이 북적이는 게 당연하다면 당연했다. 직원 세 명에 아르바이트 학생들을 교대로 고용하면서 나는 물건을 사다 채우는 것만으로도 바빴다. 이런 행운이 내게 올 줄이야! 이런 알짜배기 좋은 가게가 어떻게, 왜 나한테 오게 되었을까?

마침내 궁금했던 뒷이야기를 알게 되었다. 대략적으로 말하자면, 우리 이전에 가게를 운영하던 유대인 주인의 정직하지 못한 행동이 발각되어 리스(임대차 계약)를 연장 받지 못하고 쫓겨났다는 스토리였다. 전세계 공통적으로 캘거리에도 유대인들이 좋은 사업체를 많이 가지고 있었고 영향력도 컸다. 쫓겨난 전 주인과 여러 유대인들이 나에게 연락을 해왔고 돈을 두둑히 줄테니 자기에게 이 가게를 팔라며 유혹을 하고 애원도 해왔다. 하지만 나는 흔들리지 않았다. 이곳 대학교에서 나를 믿고 가게를 주었는데, 그 신뢰를 깨고 싶지 않아서 강단 있게 거절했다.

우리 부부는 감사한 마음으로 즐겁고 힘차게 가게를 운영했다. 학교 안의 매점이라 토요일은 한가하고, 일요일에는 쉴 수가 있어서 가족들과 함께 시간을 보내게 되니 그 점도 좋았다. 가게를 직원에게 맡기고 쉬어 가면서 일을 하니 몸과 정신이 좋아지는 것도 느꼈다. 주중에는 열심히 일하고 주말에는 취미로 운동도 하며 아이들과 함께 뛰놀 수 있으니 이런 것이 사람답게 사는 것이구나, 싶었다. 여름방학, 겨울방학에는 한국 부모님 댁에 가서 두 달씩 있다가 오는 등 빡빡했던 삶에 윤활유가 부어졌다.

이렇듯 캐나다에 온 지 10년이 되는 1985년도는 나에게 큰 행운의 시기로 영원히 잊지 못할 숫자가 되었다. 새로운 사업을 시작했고, 아파트에 살다가 주택을 구입했고, 자동차도 두 대가 되었고, 새 집에 가구를 채우는 재미도 있었다. 시간적 여유도 생겨서 주중이나 주말에는 교회 활동도 열심으로 하게 됐다. 그리하여 이 모든 것이 하나님께로부터 온 축복임을 고백하지 않을 수 없었다. 이제 하나님을 더 깊이 알고자 하는 갈급함이 찾아왔다. 사는 것도 재미있고 하나님을 알아가는 것도 재미있었다.

나는 가난하고 궁핍하오나
주께서는 나를 생각하시오니
주는 나의 도움이시요 건지시는 이시라.
나의 하나님이여 지체하지 마소서.

But as for me, I am poor and needy;
may the Lord think of me.
You are my help and my deliverer;
you are my God, do not delay.

시편 Psalms 40편 17절

09

내 모습 이대로

I am...

이민 교회

A Church of Immigrants

나는 독일에서도 교회는 나갔지만 성실히 다니지는 않았다. 그 당시는 독일뿐 아니라 해외에 있는 많은 교회들이 한국의 군사정부에 저항하여 반정부 운동을 많이 할 때였으므로 나는 공무원으로 있는 한국 가족들에게 혹시나 폐가 될까 하여 교회 활동에 적극적으로 참여하지 않았다.

내가 독일에 갈 때나 캐나다에 이주할 때에도 그 나라에 대해서 잘 알지 못하는 상태로 갈 수밖에 없었다. 그 때는 인터넷이 없었던 세상이라 정보가 제한적이었고 무조건 몸으로 부딪혀보면서 알아가는 것이 최선이었다. 그래도 독일에 갈 때는 직업이 정해져 있어서 그나마 괜찮았는데 캐나다로 떠날 때는 아무것도 정해져 있지 않아서 어디에 짐을 풀어야 할지, 어떻게 직업을 구해야 할지, 어디에다가 도움을 청해야 할지… 빈주먹에 정보까지 전무한 상태여서 불안하고 난감할 수밖에 없었다. 오죽하면 처음 토론토 공항에 도착했을 때 몇 시간을 벤치에 앉아서 허공만 바라봤을까. 그리고 얼마나 간절했으면 처음 내뱉은 말이 “하나님 저 어떻게 합니까, 하나님 어떻게 해야 하나요.”였을까. 하지만 그 외마디 외침도 세밀히 들으셨던 하나님은 나에게 특별한 택시 운전사를 붙여 주시고 그를 통해서 방을 얻게 해주셨고, 그 집주인을 통해 직장까지 주셨다.

누구는 우연이라고 할 수 있는 연속된 행운들이 나에게는 캐나다에 정착하는 완벽한 메뉴얼이 되었다. 그리하여 나는 의지할 사람 하나 없는 외국에서 하나님의 인도하심을 깨닫는 체험적인 신앙을 가지게 되었다. 그리고 기쁘거나 슬프거나 모든 것에 감사하는 마음을 가지려고 노력했고, 인생에 닥친 어려움 속에서도 반드시 그 안에 있는 “불행 중 다행인” 요소들을 찾아내어 감사를 올려드렸다. 하나님은 각자에게 감당할만한 시험만 주신다고 했다. 인간을 벼랑 끝에서 떨어지도록 내몰지 않으시고 언제나 한구석에는 살 길을 예비해 두신다. 우리는 그 길을 잘 봐야한다.

그렇게 감사하고 충성된 마음가짐으로 교회생활을 열심히 하게 되었지만 솔직히 교회에 붙들려 교회 중심으로 살고 싶지는 않았다. 교회에 다니다 보니 자연스럽게 봉사할 기회가 많아지게 되었고, 신앙심이 깊어서라기 보다는 이심전심 어렵게 살아가는 서로의 이민생활을 격려하고 돕겠다는 취지로 여러가지 교회 일들을 시작하게 되었다. 하나님으로부터 내가 받은 축복을 다른 사람과도 나눠야 한다는 일종의 의무감 같은 것도 있었다.

이민자들은 자수성가로 어려운 일을 혼자 개척해 온 사람들이 많았기에 자신의 주장과 고집이 강한 편이었다. 앞만 보고 열심히 사는 나머지 세상 돌아가는 흐름에 발을 못 맞추고 자신의 세계에 고립되어 있는 사람들도 많았다. 아무튼 이런 분위기는 교회 내 교인들이 서로 협력해야 하는 일에서 더욱 도드라졌다. 목사님과 장로님의 리더십을 받아들이고 따라야 하는데 교회의 질서를 인정하지 않고 근거 없는 소문으로 깎아내렸다. 교회의 운영에 대해 책임을 지고 있는 집사들이 제직회라는 회의를 통해 민주적으로 결정한 사안에 대해서도 잘 따르려고 하지 않았다. 그리고 아이러니하게도 학연, 지연, 직장의 연까지… 한국을 떠나왔는데도 더욱 한국적인 특성을 보이며 각종 옛날 관계와 구습에 집착했다. 왜 자연스럽게 질서를 따르지 않고 순종하지 않으려 하는지 이해가 가질 않았다.

대체로 이민자들은 더 잘 살아보겠다는 의지로 익숙한 것들을 떠나 용감하게 도전한 사람들이다. 고집도 강하고 호 불호의 취향도 분명하여서 마음에 맞는 사람끼리는 잘 모이고 급격히 친해지지만, 한번 마음에 들지 않으면 배척하고 거부도 잘한다. 그래서 끼리끼리의 문화, 그룹 또는 파당, 파벌이 형성되는 것이다. 그룹에서 소외된 사람들은 그 사람들끼리 또 하나의 그룹을 만든다. 그러다 보면 교회는 파당이 여러 개 모인 거대한 집합이 될 뿐, 물과 기름처럼 섞이지 않고 계속 따로 논다. 사람들의 도마 위에 놓이고 입방아에 오르내리는 희생자도 생긴다. 목사님이 마음에 안 든다고 목사님이 설교하는 시간에 자기네들끼리 찬송가를 부르는 말도 안 되는 상황도 목격했다. 이 교회를 나가서 다른 교회를 차리고, 또 몇 년이 흐르면 그 안에서 균열이 생기고… 교회가 헤쳐지고 모이고를 반복하는 상황이 나는 너무나 가슴이 아팠다. 나는 교회를 옮겨 다니지는 않았지만 비슷한 패턴으로 열고 닫고를 반복하는 작은 이민교회들을 많이 보아오면서 하나님이 애통해 하고 계심을 분명히 느낄 수 있었다.

교회와 나

The church and I

나는 교회의 행정을 맡고 있었는데 군대생활 3년 내내 인사과에서 행정을 보았던 경험이 도움이 되었다. 교회 일의 한 부분을 맡으면서 그 일을 통해 하나님을 더 알게 되었고 교회에서 많은 시간을 보내게 되었다. 어느 날, 담임 목사님이 우리집으로 심방을 오셔서 서리 집사 직분을 맡아달라고 제안하셨다. 나는 정중히 고사하면서 직분을 맡지 않아도 평소대로 열심히 봉사 하겠노라고 말했는데도 목사님은 물러나지 않으셨다. 목사님의 오랜 설득 끝에 할 수 없이 맡겠노라고 서약을 하고 주일을 지켜 예배를 드리겠다는 주일성수, 소득의 일정량을 헌금으로 드리겠다는 십일조, 술이나 담배를 금하겠다는 약속, 예배나 행사에 참석해야 하는 의무 등이 적혀있는 종이에 서명을 했다. 그렇게 나는 서리 집사가 되었다.

2박 3일간 시골에 있는 수양관에서 교회의 수련회가 열렸다. 강사는 에드먼턴에서 오신 목사님이었는데 고린도전서 12장 성령의 은사에 대한 말씀을 전하시며 교인들이 서로의 다양성을 인정하되 모두 협력하여 한 몸이 되어야 함을 강조하셨다. 나는 수련회에서 큰 은혜를 체험했다. 나에게 큰 은혜를 주신 성령님의 인도하심을 따라 감사와 찬송이 절로 흘러나왔다. 운전하면서도, 사업장에서도, 집에서도 나도 모르게 찬양을 흥얼거렸다. 특히 찬송가 214장 "나 주의 도움받고자" 중에서 "내 모습 이대로 주 받아주소서"라는 후렴구는 내 삶의 주제곡이 되어버렸다.

나 주의 도움받고자 주 예수님께 빕니다
그 구원 허락하시사 날 받아주소서
내 모습 이대로 주 받아주소서
날 위해 돌아가신 주 날 받아주소서 아멘

부족한 나의 모습 이대로를 받아 주신 하나님께 감사하는 마음이 저 깊은 곳에서부터 올라와 차고도 흘러 넘쳤다. 하나님을 더욱 잘 믿어보고자 결단하며 교회에서 하는 모든 예배에 참석했고 성경공부도 더욱 열심히 했으며 미국에 있는 대형교회 집회나 수련회에도 참석하여 은혜를 더해갔다. 미국 LA에서 돌아오는 길에 비행기 안에서 하염없이 눈물을 흘리기도 하고, 밤새도록 "주는 평화"라는 복음성가를 부르면서 아침에 동이 트는 것을 보기도 했다.

주는 평화 막힌 담을 모두 허셨네

주는 우리의 평화

염려 다 맡기라 주가 돌보시니

주는 평화 우리의 평화

나는 신앙의 경력도 짧고 능력도 모자라지만 내 앞에 주어진 작은 일에 충성했다. 그러다가 점점 하나님께 발목을 잡혀(?) 교회 일에서 빠져나올 수 없게 되었다. 그것이 오히려 나에게는 가장 큰 축복이었다. 나의 생활은 가족과 직장과 교회, 이 세가지로 압축되어 더욱 심플하고 밀도가 있어졌다. 우리 교회도 진통을 겪으면서 조금씩 분위기가 바뀌어갔다.

신앙생활 초창기에 나도 교회를 비판하는 사람들과 잠시 어울렸던 적이 있다. 매사에 부정적인 사람들과 부정적인 이야기를 신나게 나눌 때는 재미있었다. 하지만 헤어지고나서 돌아오는 길에는 항상 마음이 찜찜하고 또다른 걱정이 생겼다. 나중에 그 모임으로부터 멀어지려는 노력도 힘들었고 그런 나를 그들이 지탄하고 험담하는 것도 참고 견뎌야했다. 아무튼 나는 건강한 신앙생활로 잘 돌아섰고, 인간 관계와 하나님과의 관계 모두 더 단단해지고 성숙해져갔다.

교회를 다니면서 귀한 믿음의 어른들과 선배들을 만났던 것도 빼놓을 수 없는 축복이다. 목사님과 장로님들은 연세가 많았지만 항상 본이 되는 생활을 하셨다. 예배를 중요하게 여기시고 봉사에 빠지지 않으셨으며 교회를 수리하거나 페인트를 하는 궂은 일에도 꼭 나오셔서 힘을 보태셨다. 우리 교회는 자가건물이 없고 현지의 캐네디언 교회를 빌려서 사용했는데 교회 건물주 측에서 우리 주일학교 아이들이 시설물을 훼손했다고, 한국 음식냄새가 배었다고, 주차문제가 생겼다고 등등 자주 불만과 불평을 통보하여 우리의 셋방살이의 설움(?)은 이만저만이 아니었다. 교회 재정은 넉넉하지 않았지만 장로님과 집사 몇명이 모여 건축 위원회를 조직하고 교회 건물 구입을 위해 일하며 기도하기 시작했다. 그 후로 3~4개월이 지나 신학교로 사용했던 좋은 매물이 우리 앞에 기적처럼 나타났다. 250석의 예배당과 충분한 교실 공간, 넓은 주차장 등 우리가 찾던 바로 그 성전이었다. 교인들과 건축위원들이 마음을 합하고 은행에서 융자도 받아 최대한도로 건축 기금을 만들었다. 나는 큰 돈은 아니지만 은퇴를 위하여 적금을 들어 놓았던 것을 깨트려 하나님께 드리며 기도했다. “주님, 이제 저의 은퇴는 주님이 책임져 주세요.”

교회 건물을 구입하는 과정에서 크고 작은 문제들로 교인들의 이동이 심했다. 교인이 겨우 30명 정도 남았을 때 새로운 담임 목사님이 한국에서 부임해 오셨다. 새 목사님을 통하여 신앙생활에 많은 도전이 생기고 말씀과 기도를 통하여 교회에 새로운 역사가 일어나기 시작했다. 새로 오신 유충식 목사님은 하늘에 구름이 보이면 바로 우산을 준비하는, 유비무환의 성격을 가진 분이셨다. 자다가도 좋은 말씀이 떠오르면 일어나서 바로 적어둔다는 열정의 목회자이기도 했다. 나는 목사님의 말씀이 너무 은혜가 되어서 집중하여 듣느라 목이 앞으로 길게 빠지는 경험을 하기도 했다. 그리고 유목사님은 교육과 선교의 중요성을 강조하며 다음세대를 위한 교육과 선교사 양육에 중점을 두어 김신일 목사님을 청빙하셨다. 그 때 나는 선교 위원장을 맡아서 훌륭한 목사님들, 믿음의 거인들에게서 직접적으로 많은 것을 배웠고 그 경험은 나의 신앙생활에 튼튼한 반석이 되었다. 영성있고 유능하신 목사님들 아래에서 교회가 노력하는 대로 하나씩 변화해가고 성취해가는 것을 보면서 교인들의 열정에도 차츰 불이 지펴지기 시작했다. 잠자던 교회가 기지개를 켜고 서서히 일어섰다.

부흥과 선교

Revival and mission

한국에서 온 기독교인 이민자들은, 저마다의 교회나 교단의 경험과 배경이 달라서인지 개인주의 성향과 다양성이 강했다. 그리고 교회의 문턱에도 가보지 않았던 사람들이 인맥을 쌓고 정보를 얻기 위해 교회에 나오는 경우도 많았기 때문에 교회 안에는 여러 개성, 여러 분위기가 섞여 있었다. 개 중에는 헌금을 할 때 은근히 자기 자신을 내세우는 사람들도 있었다. 하나님을 의식하기 보다는 사람들의 눈을 의식하면서 보여주기 식으로 하는 신앙생활이었다. 내게는 신분 세탁, 돈 세탁과 같이 일종의 '믿음의 세탁'을 하는 것으로 딱하게 여겨졌다.

유목사님이 부임한지 2년 만에 교인의 수가 배가 되고, 다시 2년 만에 또 배가 되니 교회가 쑥쑥 성장하면서 신앙생활 자체도 활기차고 즐거워졌다. 캘거리에서 한시간 반 동쪽으로 가면 원주민 마을과 원주민 교회가 있는데 우리 교인들은 토요일 새벽 기도

회를 마치면 두시간 동안 운전을 하여 원주민 마을로 갔다. 가서 주민들에게 식사를 대접하고 교육관 건축에 열심을 다했다. 6개월 후에 그들에게 번듯한 교육관을 선물로 줄 수 있었다.

교육관을 짓는 중에 전기 기술자가 필요했다. 전기 기술자를 불러올 재정적인 여유가 되지 않아서 내가 품을 들여 각종 부속품들을 찾아 구입하고 직접 공사를 하였다. 힘도 들었지만 좋은 일을 위해 신나고 재미있게 일했던 잊지 못할 추억의 한 장이 되었다. 건물을 짓는 데는 여러 분야의 기술자들이 필요했는데 나뿐만 아니라 적재적소에서 재능기부를 해줬던 많은 교인들이 있었기에 가능한 일이었다. 백인 선교사님들과 우리 교회의 성도들이 함께 준공 예배를 드리고 마을 잔치를 벌였던 감격의 순간은 내 인생의 명장면 중 하나이다.

교회 안에 많은 사역들이 활성화되니 성도들이 즐겁게 신앙생활을 하고, 집집마다 서로를 초대하여 사랑과 나눔의 시간을 갖는 등 살맛나는 교회 분위기가 조성되었다. 10년 만에 400명으로 성장한 것은 당시 이민 교회로서는 보기 드문 사례였다.

선교부에서는 활발하게 선교지를 방문하기 시작했다. 카자흐스탄의 알마타에서 복음주의 신학교를 운영하는 공목사님, 태국 치앙마이의 박선교사님, 중국 연길에서 치과병원을 운영하시는 목사님과 함께 서울 은평구에 있는 결핵 요양소와 부설 교회를 방문했다. 그리고 유목사님, 장권사님, 밴프의 홍장로님, 심집사님과 함께 태국 치앙마이로 단기 선교를 갔다. 우리가 후원하고 있는 박선교사님은 고산족인 라후 부족을 섬기고 있었는데 그곳 학생들을 도시로 데리고 나가서 유학을 시키는 사역을 하고 계셨다. 태국이 더운 나라인줄로만 알았는데 고산지대는 저녁이 되면 무척이나 쌀쌀했다. 정부에서는 그들이 일자리가 있는 도시에 와서 살기를 바라지만 현대문명에 익숙하지 않은 그들은 산마을에서 살기를 고집하며 그 마을의 족장은 무당을 겸하면서 사람들의 정신과 생활을 지배하고 있었다. 대나무로 지은 2층 집을 보았는데 2층에는 사람이 살고, 바로 아래 1층에는 닭이나 돼지 등의 가축을 키우고 있었다. 사람과 동물이 한 집, 한 공간에 있는 주택문화가 신기하기도 했지만 환경이 너무 열악하여 눈물이 났다. 선교사님들이 마을의 지도자인 무당을 전도하여 그리스도인으로 만들고 그 곳의 어린 아이들을 도시로 데리고 가거나 선교센터를 세워서 현대 교육을 받을 수 있게 하며, 식수를 위해 우물을 만들어 주고 양식을 지원하면서 생활밀착형으로 예수님을 전파하고 있었다.

이번에는 중국 연길로 가서 북한 선교 및 탈북자들을 돌보고 계시는 조선족 목사님을 만났다. 우리가 연길에 갔을 때는 중국이 완전히 개방되기 전이라 중국 공안의 감시가 심했다. 두만 강변에서, 철광산으로 유명한 북한의 무산을 바라보았는데 김일성과 김정일의 커다란 우상화 표지만 보이고 사람들이 보이지 않아 기이한 삭막함이 느껴졌다. 집집마다 굴뚝은 있어도 연기가 나질 않아서 의아했는데 그 때가 북한에서 300만 명이 굶어 죽었다는 고난의 행군, 대기근의 시기임을 나중에 알게 되면서 이해가 갔다. 연길에 있는 성목사님이 현대식으로 지은 치과병원도 방문했다. 목사님은 낙후된 연길에 현대식 치과기술을 전파했을 뿐만 아니라 북한 사역도 많이 하신 분이었다. 나는 그곳에서 남한에 대해 너무나 원색적이고도 전투적인 표현들을 쓴 북한의 노동신문을 읽고 다시금 분단의 비극과 서로에 대한 불신의 깊은 골을 실감했다.

파라과이의 선교 현장도 방문했다. 파라과이는 옛 스페인의 식민지로 유럽 문화를 일찍 받아들여 부강한 나라였는데 주위 국가들과의 분쟁과 잇따른 패전으로 이과수 폭포 지역을 빼앗기고 국민 남성의 80%가 사망하는 등 비극과 쇠퇴의 길로 몰락하고 있었다. 그 곳에는 1960년대에 한국의 활발한 이민정책으로 인해 아버지가 누군지도 모르는 한인 2세들이 많이 남아있어서 마음이 아팠다. 그런 어린아이들만 모아서 고아원을 운영하고 있는 한인 선교사님도 만나보았다.

선교의 현장을 직접 눈으로 보니, 그동안 내가 입으로만 그럴듯하게 말하던 "그리스도의 사랑"은 아무것도 아니었다. 열악하기 짝이 없는 환경 속에서 몸소 행동으로 실천하며 꽃 피우는 사람들의 그것이 진정한 그리스도의 사랑이었다. 사랑은 정신적인 개념이 아니라, 작게라도 실천하는 행동이라는 것을 보여주는 그분들의 신성한 삶 앞에서 나는 티끌만도 못하다. 보통의 우리들은 잘 먹고 잘 살기 위한 삶에만 관심을 가지는데, 남을 위한 선교와 희생과 사랑에 인생을 다 바치고 선한 영향력만 남기고 가는 순결한 인생이 있다니… 나는 그분들의 발뒤꿈치도 따라갈 수 없음을 알기에, 뒤에서 꾸준히 기도와 물질로 돕고 후원해야겠다는 다짐을 했다. 세상에는 참 배울 점이 많은 사람들이 많다. 범접할 수 없는 인생들의 숭고한 아름다움을 예찬한다.

우리 아이들

My sons

해마다 우리 교회에서는 원주민 자치 지구에 가서 건물을 지어주고 보수해주며 작은 의료활동을 펼치는 등 각종 봉사활동을 충실히 해왔다. 우리 교회의 중고등부와 청년부 학생들은 그곳의 학생들과 함께 수련회도 열었을 뿐 아니라 해외 단기선교 여행에도 활발히 참여했다. 선교 현장을 직접 체험하고 돌아온 학생들이 신앙뿐만 아니라 삶 전체가 바뀌고 새로운 인생의 목표와 비전을 발견하는 자체가, 우리 어른들에게는 놀라운 은혜 체험이었다. 우리 자신보다 우리 아이들이 더 발전하고 성숙함을 보일 때 그것이 얼마나 보람이 되고 기쁜 일인지 모른다. 우리 세대에는 자녀들의 교육과 미래를 위해서 이민을 선택한 사람들이 많았기에 특히 자녀들이 주님 안에서 잘 자라는 모습은 우리가 이 곳에 온 존재의 이유라고도 할 수 있을 것이다.

나는 간절하게, 우리 두 아들들이 어릴 적부터 믿음의 기초를 단단히 하고 신앙 안에서 잘 자랄 수 있도록 도와주고 싶었다. 하지만 나 자신도 부족한 사람일 뿐만 아니라 일하느라 아이들에게 신경 쓸 시간도 없어서 두 아이 모두 어릴 때부터 크리스천 사립학교에 보냈다. 그 당시 우리집이 여유가 있어서라기 보다(아파트 월세에 살 때였다) 부모의 부족함을 학교가 채워주고 공부보다도 영적으로 아이들을 잘 키우고 싶은 욕심 때문이었다.

나는 모태신앙(신앙을 가진 부모 밑에서 태어나고 자란 자녀)도 아니고 오히려 조상 대대로 뿌리 깊은 유교 문화권에서 자라온 사람이다. 그런 내가 독일과 캐나다 생활을 거쳐 깨달은 것은 그들의 문화가 기독교 문화를 바탕으로 하여 인간애가 넘치고 그로부터 파생된 사상이나 예술이 인생을 풍요롭게 만든다는 사실이다. 기독교는 인생을 엄숙하고 혹독한 수양으로 살기보다는, 하나님께 걱정과 근심을 맡기고 평안하게 살라는 메시지가 중심이고 특히 그 부분이 내겐 신선한 충격과 위안으로 다가왔다.

독일에서는 일요일이 되면 모든 상점이 문을 닫고 손에 손을 잡고 예배에 참석하며 가족중심의 화목한 시간을 보내는 풍경이 내겐 일종의 동경의 대상이 되었던 것 같다. 성경대로 살면 인생을 참되고 재미있게 살 수 있겠구나, 하는 느낌을 받으면서 나는 교회와 하나님에 대한 관심이 생겼다. 그래서 우리 아이들도 이러한 유익함이 있는 신앙의 환경 속에서 잘 자라주기를 바랐고 가정생활과 사회생활을 해 나가는데 있어서 하나님이 그들의 기준이 되길 소원했다.

크리스천 학교를 다니게 된 우리 아이들은 학교생활에 잘 적응하고 즐거워했다. 공부도 잘해서 일년에 두 번 선생님과의 인터뷰가 있을 때면 칭찬 세례를 받았다. 감사하게도 친구들과도 잘 지내고 인종차별을 당하는 일도 없었다. 우리 부부는 아이들이 학교 생활뿐 아니라 특기나 취미를 갖도록 도와주었다. 방과 후나 방학 때에 특별활동이나 스포츠 활동에도 적극적으로 참여하도록 응원해주었고, 아이들은 운동과 악기를 배우는 것에도 흥미를 보여서 큰 아들은 피아노와 배구를, 작은 아들은 바이올린과 배구, 골프를 잘 쳤다.

교회에서 하는 단기 선교에도 열심으로 참여하여, 큰 아들은 아프가니스탄 단기 선교를 마친 뒤 자신의 비전을 재확인하고 바로 대학원에 진학하여 석사학위를 받아 지금은 공무원 생활을 하고 있다. 둘째 아들도 캘거리 대학을 다니다가 부산 고신대 의대와 협력한 필리핀 의료 선교를 다녀와서 바로 토론토 공대로 편입, UBC 대학원에서 MBA 공부를 마친 뒤 지금은 엔지니어로서의 길을 성실히 가고 있다. 그러니 신앙 안에서 별 탈 없이 잘 자라주고, 선교라는 값진 경험을 통해 인생이 바뀌는 체험을 한 우리 아이들을 나는 자랑스러워하지 않을 수 없다. 누구든지 살면서 한번 이상 선교를 경험하기를, 젊은이일수록 더욱 선교 현장에 가보기를 강력하게 추천한다. 선교야 말로 한 번도 안 해본 사람은 있어도, 한 번만 해본 사람은 없을 것이라고, 그만큼 중독성(?) 이 있는 인생 최고의 값진 경험이라는 것을 아는 사람은 안다.

큰 아들 Richard와 사돈 가족들

작은 아들 Philip과 양가 가족들

아내의 손

My wife's magic hands

교회에서 안수집사 선거가 있었다. 쉽게 말해 안수집사는 보통의 교인이나 서리집사 보다는 한 단계 높은 책임과 봉사의 의무를 갖는다. 나는 신앙생활도 직분에 얽매이지 않고 자유롭게 하고 싶었고 앞에 나서기보다는 뒤에서 묵묵히 돕는 것이 더 성격에 맞았다. 더구나 나의 약점을 스스로 잘 알기에 교회의 리더 역할이나 안수집사가 될만하지는 않다고 생각했다. 담임목사님께 이러한 이유들을 조목조목 말씀드렸으나 비록 사람이 투표를 하더라도 세우시는 분은 하나님이시니 하나님의 영역을 침범하지 말라는 조언만 듣고서 결국 순종하게 되었다. 투표에서 떨어지기를 바랐지만 안수집사가 되었다. 부담스러운 마음으로 1998년에 안수집사식을 받고 교회에서 재정을 맡아 일했다. 교회 생활도 사람 중심으로 하다 보면 실망하게 되고 시험에 들기도 쉽다. 그래서 인간관계 보다는 사역 중심으로 일하면서, 일을 통해 만나는 분들과 좋은 관계를 맺고 좋은 점을 배우고자 노력했다.

약 2년 후에 장로 선출이 이어졌다. 안수집사 때와 마찬가지로 장로를 안하고 싶어서 피했지만 결국은 또 장로가 되었다. 안수집사 때와는 달리 시애틀 노회에서 장로 고시라는 시험도 봐야 했는데, 무사히 통과했다.

목사와 장로는 세상적인 면에서 외롭게 사는 삶이라고 말한다. 사람들과 어울려서 재미를 찾기 보다는 무엇이든 하나님 편에서 하나님과 같이해야 하는 직분이기 때문이다. 나는 제 일의 원칙을, 작은 일에 충성하는 것에 두었다. 외부나 전면에 드러나지 아니하고 안에서 숨어서 일하는 사람이 되고자, 사람들 사이에 떠도는 말에 흔들림 없이 교회에만 집중하고자 기도에 힘쓰며 나에게 주어진 일에 노력했다.

나에게 있어 아내는 일생의 보물이었다. 삶뿐만 아니라 신앙생활을 하는데 있어서도 아내의 도움을 많이 받았다. 아내는 집안 살림에, 육아에, 가게 일까지 하는 바쁜 중에도 교회 일을 거르지 않았으며 사교적인 성격으로 주위를 환하게 만들었다. 특히 손님 대접하는 일을 좋아해서 외부에서 목사님이나 선교사님이 오시거나, 새로운 가정이 등록하거나, 교회의 모임이 있을 때는 우리 집이 단골 장소가 되었다. 우리집 지하실에 있는 냉동고에는 언제나 식재료가 가득 채워져 있다. 언제든지 30명 정도는 거뜬히 대접할 수 있는 양을 보유중인 냉동고! 그 냉동고가 비어지면 아내는 불안한지 채워 놓아야 안심이 된다고 한다. 아내는 키도 몸도 손도 작은 사람인데, 보이지 않는 손(인심)이 크다. 살아보니 여성에게 있어 이것만큼 중요하고 아름다운 덕목이 없다. 만약 아내가 손이 작고 인색했다면… 아마 나는 괴롭고 힘들었을 것이며 신앙생활도 제대로 할 수 없었을 것이다. 본디 사람은 외모보다 마음이고, 좋은 마음은 너그럽고 후한 인심으로 알 수 있다. 이 부분이 미혼 남성들에게 좋은 팁이 되길 바라며…

재미있는 엄마, 밝은 가정

아버지 학교

Father's school

아버지 학교란, "아버지가 살아야 가정이 산다"라는 표어 아래 좋은 아버지를 양육하기 위한 가정사역 프로그램이다. 그간 경제발전 과정에서 희생되어왔던 가정의 중요성을 인식시키고 아버지의 올바른 정체성과 역할을 제시하기 위한 4회에 걸친 세미나와 강의, 나눔, 다양한 프로그램을 통해 성경적인 아버지상을 심어주고 실천하도록 돕는다. 서울 온누리 교회에서 시작하여 지방 각처로, 그리고 해외로 뻗어나가 L.A, 시애틀을 거쳐 캘거리에도 아버지 학교 1기가 열리게 되었다. 대부분의 아버지들이 나름대로 아버지로서 성실히 잘 살아왔고 가족을 위해 희생해왔다고 자부하는데 새삼스럽게 학교는 무슨 학교냐, 라며 난색을 표하는 사람들도 많았다. 나도 썩 내키지는 않았지만 배워서 나쁠 것은 없을 것 같아 큰 기대 없이 참석했다.

특히 우리 세대는 "아버지"의 역할에 대해서 심사숙고해 본 적이 없다. 아버지에게 교육이 필요한가? 부터도 의문이다. 나이를 먹고 장가를 들고 아이가 생기면 자연스럽게 그냥 아버지가 되는 것이지, 노력을 해서 잘하네 못하네 평가할 수 있는 영역이 아니라고 생각했다. 그런데 신기하게도 우리에게는 좋든 싫든 우리 아버지의 모습과 성향이 그대로 대물림된다. 아버지한테 맞고 자랐으면 본인도 모르게 때리는 아버지가 된다. 술주정뱅이 아버지 밑에서 자랐으면 어느덧 알코올 중독자가 되어 있다. 권위적인 아버지 밑에서 숨도 제대로 못 쉬고 자라면서 아버지를 경멸했건만 똑같이 그런 아버지가 된 자신의 모습에 놀라게 된다. 물론 다 그런 것은 아니다. 현실적으로 그렇게 되는 확률이 높다는 통계가 있으니, 기가 막힐 노릇인 것이다. 잘못된 아버지를 혐오하지만 고스란히 닮게 되는 이 이율배반의 저주를 어떻게 풀어갈 것인가? 바로 그러한 악의 고리를 끊어주고 올바르고 성경적인 아버지로 다시 태어날 수 있게 도와주는 것, 부모와 자식 관계를 치유하고 회복하게 해주는 것이 바로 아버지학교의 목적이다.

캘거리에서 최초로 열린 아버지학교 1기에는 60명이 넘는 남성 성도들이 참석했다. 4번의 강의와 모임은 기도와 말씀, 고백과 간증으로 은혜와 눈물의 바다를 이루었다. 어느 누구도 완전하지 않고, 연습 없이 태어나 처음 겪는 갈등이기에 서툴고 실수를 하고 상처를 준다. 주로 화를 입는 포화(砲火)의 대상은 "가족"이다. 그래서 누구에게나 남모르는 어린 날의 결핍과 상처가 있고, 그것으로 인해 다시 자신의 사랑하는 가족에게 불행을 주고 상처를 입히는 무한반복의 굴레에 갇히게 된다. 일단 그 아픔을 밖으로 꺼내놓고 풀어놓는 것 부터가 회복의 시작인데, 아버지학교에서는 그런 놀라운 현장을 생생하게 경험할 수가 있었다.

아버지 학교를 졸업하고 나니 내 의사와는 상관없이 캘거리 아버지 학교의 회장이 되었다. 1기에 이어 해마다 2기, 3기가 열리면서 캘거리 한인 가정에 큰 변화가 일어났고 아버지 학교에서 은혜를 받고 변화된 성도들은 가정에서뿐만 아니라 각 교회에서도 헌신적으로 봉사하는 교회의 지도자로 성장했다. 우리 캘거리가 좋은 예가 되어, 토론토, 에드먼턴, L.A., 라스베가스 등에서도 아버지학교를 열고 싶다는 요청이 들어와 캘거리 아버지학교 팀이 다른 도시에 직접 파송되어 그 지역 사역의 시작을 돕기도 했다.

지금도 기억에 남는 것은, L.A.나 라스베가스의 아버지학교에서 나누었던 수위 높은 간증들이다. 캐나다 아버지학교에서는 주로 가족 간의 관계에서 오는 고통이 주요 화두였다면, 미국의 아버지학교에서는 마약과 음주운전, 총기, 범죄, 도박 등 갈등의 차원이 한층 더 깊다는 것을 알 수 있었다. 파라과이에서 단기 선교를 할 때도 이와 비슷한 충격을 받은 적이 있다. 여느 가정과 크게 다를 것이 없는 다둥이 가정이었는데 알고보니 자녀들의 아버지가 모두 달랐다. 잘 드러나지는 않지만 거기에서 비롯되는 가정의 불행과 악행이 아이들을 사지(死地)로 내몰고 있었다.

이와 같이 인간적인 아픔과 상처가 악하고 질길수록, 아버지학교의 터치로 인해 치유되고 변화되는 역사는 과히 놀랍다고 할 수 있다. 자기의 잘못을 쏟아내고 가족들에게 용서를 구하며 새사람이 되어가는 것, 이것이 바로 기적이다. 물론 단기적인 배움으로 인간이, 즉 아버지가 완벽하게 변화될 수 있으리라고는 기대하지 않는다. 하지만 그 때마다 스스로를 바른 방향으로 독려하며 인간으로서나, 아버지로서나 더 나아지려는 노력을 게을리하지 않는다면, 아버지들이여, 성령님이 도우신다!

10

고생과 수고가 지난 후

After all the hardship

순간을 영원히 *Forever, this moment*

나를 깨워주는 취미 *Hobbies that wake me up*

부모님의 미소 *A smile from my parents*

미국 서부 여행 *Western America*

칸쿤과 하와이 *Cancun and Hawaii*

고난이 주는 유익 *The benefits of hardship*

꽃과 거름 *Flowers and fertilizer*

순간을 영원히

Forever, this moment

내가 살고 있는 캐나다 알버타 주의 캘거리는 로키 산맥이 아름다운 곳이다. 로키 산맥은 알래스카에서 시작하여 미국 남부까지 내려간다. 그 중 캘거리는 로키 산과 가장 가까운 도시이자 빼어난 경관으로 세계적인 관광 도시이다.

우리집에서 로키 산맥의 밴프 국립공원(Banff National Park) 입구까지는 약 150㎞로, 자동차로 한 시간 반만 달려도 만날 수 있다. 로키는 말 그대로 바위 산이다. 산 정상은 만년설이라고 하여 여름에도 흰 눈으로 덮여 있다. 하지만 정상에서 조금 내려오면 울창한 숲이 바다처럼 펼쳐진다. 천연 소재의 초록 천을 무심하게 두른 듯한 멋스러운 여성처럼, 산 저마다의 미적인 형상은 과히 압도적이며 보는 이의 상상력을 자극한다. 여름에는 등산이나 산책을 즐길 수 있고 겨울에는 최고의 스키장이 된다. 이렇게 세계적인 명소가 우리집 가까이에 있어서 마치 뒷마당 드나들듯 쉽게 다닐 수 있다는 것이 얼마나 큰 축복인지 모른다.

이토록 아름다운 자연의 모습을 보고도 사진을 찍고 싶은 생각이 들지 않는다면 정상이 아닐 것이다. 나도 어느새 자연스럽게 사진기를 갖고 다니며 사진을 찍는 취미를 갖게 되었다. 사진기에 대한 관심은 아주 오래 전 옛날 한국에서 부터였지만 그 때는 워낙 비싸서 카메라를 구입할 엄두를 낼 수 없었다. 무엇보다도 나는 카메라의 작동 원리에 대해서 궁금한 것이 많았다. 어떻게 스프링 하나로 조리개가 짧은 순간에 열리고 닫히는지 궁금했고, 어떻게 조리개가 열리고 닫히는 노출 시간이 1/1000초까지 가능한 것인지 상상의 한계를 넘어 의심이 될 지경이었다. 그래서 기계식 카메라를 사서 분해하는 일도 해보았다. 카메라의 원리를 조금씩 깨우쳐 가니 카메라에 더욱 매력과 관심을 느끼게 되었고 자연스럽게 카메라 수집으로 이어졌다.

카메라 산업은 1차 세계대전 이후에 급속도로 발전했고 2차대전 후에는 가정의 필수품이 되었다. 1차대전 전에는 카메라의 크기가 컸기 때문에 카메라를 지게에 지고 운반했다고 한다. 1차 세계 대전 후에 만들어진 카메라는 몸통이 작고 휴대하기 간편하게 35㎜ 필름을 사용했으며 전쟁 중에도 사진을 빠르게 찍을 수 있도록 조리개도 진화했다. 2차대전 후에 카메라 산업이 급속도로 발전하여, 고정된 물체가 갑자기 급하고 빠르게 움직일 때 그 찰나를 잘 잡아낼 수 있도록 기술이 발전되고 외장도 견고해졌다. 누군가 내게 카메라의 역사를 묻는다면, 나는 유럽, 미국, 일본, 한국 등 나라별로, 그리고 카메라 브랜드별로 특징을 상세히 설명할 수 있을 정도이다. 카메라에 대한 책도 많이 읽고, 전시회도 많이 다니고, 공부도 꽤 했기 때문이다. 지면 사정상 다 싣지는 못하지만, 여러분이 내게 카메라에 대한 궁금증을 물어온다면 언제든지 대환영이다.

은퇴를 하고 나면 카메라를 들고서 출사 나갈 여유가 많아질 줄 알았는데, 오히려 눈도 어두워지고 행동도 둔해져서 사진에 대한 열정이 자연스럽게 줄어들었다. 무엇이든지, 어떤 일이든지 세월을 아껴 젊을 때 해야 한다는 것을 다시금 일깨워주는 대목이다.

요즘은 기계식 카메라는 엔틱 수집용으로만 가치가 있고, 그저 휴대폰 하나만 손에 쥐고 있으면 만능인 시대가 되었다. 옛날에는 사진을 찍을 때, 신중에 신중을 기하여 셔터를 누르고, 신중하게 고르고 골라서 현상과 인화를 했다. 사진이 완성되면 사진첩에 곱게 끼워 넣고 언제 찍은 무슨 사진인지도 간단하게 메모하여 옆에 붙여 놨다. 한국 부모님 집에 가면 어머님 머리맡에 있는 두꺼운 사진앨범은 얼마나 많이 보셨는지를 짐작할 수 있게 표지가 너덜너덜 다 헤어져 있었다.

요즘에는 사진을 수 없이 막 찍고서 디지털로만 간직하고 산다. 특별한 때를 제외하고는, 사진을 뽑아서 사진첩에 넣거나 액자를 만드는 일이 거의 없다. 나도 손주들의 사진을 그때 그때 휴대폰으로 찍어서 심심할 때 마다 보고 또 본다. 개인적으로는 옛날의 빳빳한 종이 사진의 감성이 더 좋지만, 언제 어디서나 휴대폰을 열어서 볼 수 있는 지금도 좋다. 그 때나 지금이나 다 좋은 점들이 있기 마련이다. 모든 일이 그러한 것 같다.

나를 깨워주는 취미

Hobbies that wake me up

캐나다는 호수와 강이 많아 낚시를 할 수 있는 장소가 많다. 이렇게 좋은 환경 속에서 교민사회의 강태공들이 늘어나는 것은 당연한 현상이다. 한국에서는 손바닥만한 붕어가 잡히지만 이곳에서는 팔뚝만한 고기들이 잡힌다. 낚시도 낚시지만 낚시 후에 친구들과 어울려 즉석으로 해먹는 매운탕의 맛은 천국의 맛이다!

나는 가족들과 또는 교회 식구들과 가끔 국립공원 안의 일일 캠핑장에 가서 고기를 구워 먹고 놀다 왔다. 그러다가 그 주위에 잘 만들어진 산책길과 등산 코스를 발견하고는 우연찮게 등산을 시작하게 되었다. 등산을 하게 되면 병원을 덜 가게 된다는 말이 있듯이, 숲을 지나 바위를 넘고 호수를 지나 정상으로… 그렇게 등산을 하며 자연 속을 탐험하는 기분은 그 자체가 건강한 약이 되어준다! 처음에는 힘들어서 심장이 터질 것 같더니만 어느정도 숙달되니 점차 신선놀음 같이 느껴졌다.

산에 오르면 곰이나 사슴, 여러 동물들을 만나기도 한다. 사람 사는 곳에 동물이 사는 것이 아니라, 원래 동물의 세계인데 인간이 세 들어 사는 격이니 언제나 동물이 우선이고 동물이 먼저 존중받는다. 이 곳에서는 동물이 안심하고 지나갈 수 있도록 차나 사람이 멀리서 기다려줘야 하는 배려는 물론이고 동물들의 이동이 많은 봄철에는 아예 도로를 막아놓고 자동차를 못 다니게도 한다.

캐나다는 겨울이 길기 때문에 특히 겨울 스포츠를 즐기면 삶이 배로 즐거워진다. 로키 산 안에는 세계적으로 유명한 스키장이 여러 개 있다. 주말이면 아이들을 데리고 스키장에서 하루를 보내고 오고, 겨울 방학이 되면 스키장 주변에 숙소를 잡고 2주 정도 있다가 오기도 했다. 산 정상에 올라서서 강렬한 햇빛에 반사되는 눈 덮인 산들의 파노라마를 바라보면 얼마나 눈부시게 아름다운지 "하나님, 감사합니다!"가 절로 나온다. 우리 아이들이 특히 스키를 좋아했고 우리 가게도 캘거리 대학교가 겨울방학일 때 같이 쉬었기 때문에, 스키는 가족 스포츠가 되기에 가장 적합했다. 하지만 아이들이 커가면서 주로 또래 친구들과 스키를 타게 되면서, 우리도 자연스레 우리의 또래 친구들과 할 수 있는 스포츠로 갈아타게 되었다. 그러면서 알게 된 또 하나의 꿀스포츠가 바로 '골프'이다. 사업 때문에 시간적인 여유가 많지 않았지만 한달에 두 세 번은 골프장에 갔다. 나를 따라 아내도 골프를 치기 시작하면서 가까운 곳의 골프장 회원권을 구입하여 자주 치게 되니 백인 친구들도 많이 사귀게 되었다. 우리를 따라 아이들도 골프를 배우면서, 이제는 가족끼리 휴가를 가면 골프를 친다. 여행을 가서 관광 이외에 할 수 있는 어떤 스포츠 활동이 있다는 것은 가족의 행복지수를 높여준다. 독일에서 여행하면서 봤던, 그 때 몹시 부러워하며 꿈꾸었던 '가족이 함께 즐기는 스포츠 활동'을 나도 나의 가족들과 누리며 살고 있다.

가끔 미국 피닉스로 내려가 몇 주씩 지내며 골프를 치다가 오기도 한다. 골프가 재미있는 점은 4명이서 한 조가 되어 서로를 격려하고 축하하며 칭찬과 위로를 건넨다는 점이다. 그리고 다른 스포츠와 달리 '점수(공을 넣을 때까지 치는 횟수)가 낮을수록 이긴다는 점'이다. 골프를 치는 장시간 동안 친구 간에 우정도 깊어지고 부부간에 대화할 기회도 많다. 다행히 우리 부부는 젊었을 때부터 함께 골프를 시작했고, 사업 때문에 바쁜 중에도 새벽 시간을 내어 함께 아침 이슬을 밟으며 황제 골프를 즐겼다. 은퇴를 하고서 우리 부부는 거의 매일 골프장으로 출근(?) 을 한다. 골프장에서 퇴근(?) 후에는 지인들과 식사를 하며 교제하거나 간단하게 다과를 나누며 데이트도 즐긴다. 지금 생각해보면 골프는 미래를 위한 좋은 투자였다.

독일에서 캐나다로 올 때 나의 보물 1,2호는 전축과 녹음기였다. 거금을 주고 성능이 좋은 것들을 구입했었다. 음악은 외로울 때

나를 위로해주는, 아무도 대신해줄 수 없는 유일한 나의 친구이다. 나는 유독 팝송을 좋아해서 내가 선곡한 것으로만 한 시간 반 분량의 릴 테이프 6개를 만들어 아직도 보관하고 있다. 지하실에서 혼자 조용히 앉아 음악을 들으면 옛날 그 시절로 순간 이동을 한다. 주로 독일에서 앞으로의 진로를 고민할 때 들었던 음악들이다. 그 때의 젊은 나는 세월에 씻겨 사라지고 아련한 흔적만이 남아있다. 그것이 그 때 들었던 음악들이다.

부모님의 미소

A smile from my parents

한국에서 부모님이 오셨다! 여름에는 농사일이 바빠서 추운 겨울 2월에 오셨다. 캘거리의 2월은 상당히 추운 편이지만 아들이 외국에서 어떻게 살고 있는지 궁금해서 보러오신 것이었다. 부모님은 연세에 비하여 건강하셨다. 우리집에만 있기 답답하셨는지 미국 텍사스에서 공부를 하고 있는 동생집도 방문하고 돌아오셨다.

옛날부터 형님과 동생은 공부를 잘해서 부모님의 자랑이었고, 나는 독일에서 돈을 많이 보내드리는 자식으로 부모님의 자랑 아닌 자랑이었다. 모름지기 부모는 자녀들을 곁에 두고 살고 싶은 게 당연지사일텐데 우리 부모님 경우에는 형님은 대한항공 조종사로 외국에 자주 나가고, 나는 캐나다에 있고, 동생은 미국에 있으니 아들 셋이 다 외국에 팔려 갔다고 서운해하실만도 했다. 캐나다와 미국에서 잘 살고 있는 우리 모습을 보면 부모님이 좋아하실 줄 알았는데 동생은 공부하느라, 우리 부부는 장사하느라 고생하는 모습을 직접 보신 부모님은 못내 가슴 아파하셨다. 관광을 시켜드린다고 해도 극구 사양하시고 자식들에게 돈을 쓰지 않게 하려고 조용히 있으려고만 하셔서 두 분을 보는 내내 마음이 서글펐다.

그 다음에는 장인 어른이 처형과 조카와 함께 여름방학 때 캘거리로 놀러 오셨다. 마침 나도 시간적으로 여유가 있을 때여서 함께 로키 산맥을 여행했다. 재스퍼 국립공원(Jasper National Park)까지 가면서 공원 곳곳에서 피크닉을 즐기며 드라이브를 하고 명소도 구경했다. 나중에는 토론토에도 가시고 나이아가라 폭포도 관광하신 뒤 이제 여한이 없다며 좋아하셨다. 우리 아들들, 외손주들과도 즐거운 시간을 많이 보내셨다.

어떤 사람들은 자식의 미소를 보면 가장 기분이 좋다고 한다. 하지만 나는 부모님의 미소를 볼 때 가장 행복하다. 부모님은 나를 많이 웃게 해 주셨는데 나는 부모님을 많이 웃게 해드리지 못했다. 평생 자식을 자랑하셨지만 사실은 먼저 우리의 자랑이 되셨던 분들, 항상 자신들처럼 살지말라고 입버릇처럼 말씀하셨지만 나는 더도말고 덜도말고 딱 우리 "부모님처럼만" 착하게 정성껏 살고싶다.

언제나 보고싶은 나의 어머니, 아버지…

캐나다에 놀러오신 아버지, 어머니와 함께

아내와 장인어른, 콜롬비아 아이스필드에서

미국 서부 여행

Western America

방학이 되면 가게가 한가해져서 아이들과 함께 미국 여행을 자주 갔다. 큰 아들이 대학에 입학하기 전, 온가족이 미국 서부 여행을 떠났다. L.A에서 배형과 친구들을 만나 함께 골프도 쳤다. 라스베가스에서는 각종 퍼레이드와 쇼, 불꽃놀이, 호화로운 건물들에 둘러싸여 사방 어디를 둘러보아도 축제였다. 고지식한 큰아들이 카지노가 없는 호텔에서 묵자고 하여 시내에서 반경 50~60㎞ 안의 모든 호텔과 모텔을 샅샅이 뒤져봤지만 카지노가 없는 곳은 단 한군데도 없었다. 자정이 넘어 온가족이 지친 몸으로 겨우 호텔로 들어가 곯아 떨어졌던 웃지 못할 추억이 있다.

그랜드 캐니언(Grand Canyon)은 참으로 웅장했다. 어린 시절 고등학교 교과서에서 그랜드 캐니언 여행기를 읽었던 기억이 있지만 이렇게 내가 실제 와볼 수 있을 것이라고 상상하지 못했다. 브라이스 캐니언(Bryce Canyon)은 섬세한 조각 같았다. 자연적으로 우연히 만들어진 것이 아닌, 하나님이 계획을 가지고 우리를 위하여 아름답게 조각을 해 놓으신 것 같았다. 이 웅장한 협곡들은 마치 로키 산맥을 거꾸로 뒤집어 놓은 것 같아서 위를 쳐다보는 게 아니라 아래를 내려다봐야하는 게 나에겐 재미있는 관전 포인트였다. 로키가 푸른색 우아한 옷을 두른 여인 같다면, 이곳은 수영복을 입고 알맞게 근육을 드러낸 여인같이 또 다른 멋이 느껴졌고 거대한 산세의 기운에 눌려 내 자신이 납작해지는 기분도 들었다. 예술적인 생김의 바위들로 이뤄진 자이온 캐니언 국립공원(Zion Canyon National Park)이나 요세미티 국립공원(Yosemite National Park)은 그 아름다움이 너무나 대단해서 말로 다 표현하기 힘든, 천의무봉(天衣無縫) 완벽한 하나님의 솜씨였다. 요세미티 공원 안에는 폭포와 화강암 절벽, 깨끗한 개울, 호수와 다양한 생물들이 주요 볼거리였으며 깊은 산속에 있는 작은 교회 건물이 인상적이었다. 백인들이 개척하면서 예배를 드렸던 곳이라고 하는데 목숨을 걸만큼 힘들었던 여행길에서도 예배를 드리기 위해 교회를 찾았던 그들의 신실한 믿음을 생각해보게 되었다.

모뉴먼트 밸리(Monument Valley)는 빨간 돌들이 자연의 어떤 작용으로 어떻게 깎였길래 저리도 다양한 모습이 되었는지, 성경 속 노아의 홍수를 상상하게 만들었고 옛날에 존 웨인이 나오는 서부영화도 떠올리게 했다. 해가 뜨는 모습을 배경으로 보는 돌산의 실루엣은 더 없는 장관이었다. 데쓰 밸리 사막(Death Valley Desert)도

훌륭했다. 이름에서부터 알 수 있듯, 서부 개척시대에 많은 사람들이 금을 찾아 이 길을 지나가다가 사고를 당했다고 한다. 한 여름에 기온이 섭씨 40도가 넘는 황량한 이 곳을 우리도 별 준비없이 갔다가 폭염으로 고생을 했다. 끝도 없는 사막 위에 괴팍해 보이는 검은 산과 나무들, 말려진 엉겅퀴 식물들이 바람에 공처럼 굴러다니는 거칠고 쓸쓸한 풍경을 보면서 나는 나와 같은 이민자들의 쓸쓸한 처지가 연상됐고, 이민교회인 우리 교회의 상황과도 이미지가 비슷하다는 느낌을 받았다.

이어서 샌프란시스코로 향했다. 샌프란시스코 시내에 들어가니 길은 좁고 자동차는 많아 교통이 혼잡했지만 금문교(Golden Gate Bridge) 근처에 도착해 넓은 주차장에 차를 세우고 푸른 바다와 붉은 금문교의 대조적인 아름다움을 마주하니 그간의 모든 수고와 대도시가 주는 짜증이 순식간에 사라졌다. 금문교를 지나 해변가를 끼고 L.A.까지 운전해갔다. 골프로 유명한 패블비치(Pebble Beach), 낭만의 해변가 도로 17마일 드라이브를 지나 팬쉘 관망대(Fanshell Beach Overlook)를 거쳐 바다와 평야가 공존하는 아름다운 몬테레이(Monterey)에 머물다가 다시 L.A.로 향했다. L.A.에서는 한인타운도 구경하고 다시 배형을 만나 감회를 나누며 긴 여행을 마무리했다. 늘 느끼는 것이지만, 여행은 인생의 비타민이고 회복제이다.

칸쿤과 하와이

Cancun and Hawaii

결혼 25주년을 맞아 크리스마스 때 아내와 함께 멕시코 칸쿤으로 여행을 갔다. 나는 여행을 떠나기 전에 주로 도서관에 가서 관련 서적을 뒤지며 공부를 하고 철저하게 여행 일정을 짜는 편인데 이번에는 캐나다 여행사에 합류하기로 하여 크게 신경 쓸 일이 없었다.

칸쿤 지역은 마야 문명을 볼 수 있는 곳으로 돌로 세운 건축물들이 많다. 당시 마야인들의 천문학과 건축학의 발달 수준은 실로 놀라울 정도라고 하는데, 스페인의 침략으로 많은 자료들이 소실되어 해석이 불가한 것도 많다고 한다. 칸쿤의 희고 고운 모래사장과 바닷물은 어디를 가나 깨끗하고 투명해서 물 속의 생물들이 다 보이고 지상의 천국이 따로 없었다. 모처럼 오롯이 우리 부부만의 시간으로, 앞만 보고 열심히 달려온 우리 둘의 지난날을 되돌아보고 자축하며 위로했다. 점점 늙어가면서 외롭고 소심해지는 인생에 그래도 수고한 나를 알아주고 변함없이 의지가 되어주는 찐 친구는 오로지 내 옆의 짝꿍밖에 없다.

캐네디언들에게 가장 인기있는 여행지를 꼽으라고 하면 뭐니 뭐니 해도 하와이이다. 몽골에서 파견근무를 하고 있던 둘째가 연말에 하와이 코 올리나 비치(Ko Olina Beach)에 콘도를 빌려 놓았다며 가족들을 초청했다. 아이들이 장성하고 직장 생활이 바쁜 뒤로는 자주 모일 기회가 없었는데 오랜만에 가족들이 호놀룰루 공항에 모이게 되었다.

공항에서 차를 빌려 하와이 시내를 지나 코 올리나 휴양지로 갔다. 콘도 앞에는 태평양 바다가 펼쳐져 있고 뒤에는 세계적으로 유명한 골프 클럽이 있다. 우리가 사는 캘거리는 내륙지방이라 평소에는 즐길 수 없는 해변의 운치, 바닷바람과 습도, 열대의 식물 등 하와이만의 쾌적하고도 독특한 자연환경은 어느 것 하나 나무랄 것 없이 최상이었다. 하와이 시내 관광을 하고 맛집 여행을 다니고 와이키키 해변 모래사장을 거닐고 원주민들의 쇼를 보다보니 일주일이란 시간이 쏜살같이 지나갔다. 예전에는 우리가 아들들을 데리고 다녔는데 세월이 흐르니 아들들이 우리를 데리고 다닌다. 인생의 아름다운 섭리 같았다.

그 후 연말에도 하와이 마우이 섬의 카프 울라 콘도에 2 주간 휴가를 갔다. 사랑하는 가족들과 함께 이렇게나 아름다운 곳에 와 있으니 부러울 것이 없었다. 느닷없이 내가 옛날에 왜 하와이로 이민을 오지 않고 추운 캐나다로 갔을까를 후회할 정도였다. 아들들은 파도타기와 스쿠버다이빙을 했고 모두 함께 마우이 일주도 했다.

그 해 성탄절에는 2주간 휴가를 내어, 공부하느라 힘든 작은 아들을 위로할 겸 하와이 코나로 여행을 갔다. 여행을 가서도 음식 걱정을 하는 아내를 위해 이번에는 시종일관 완벽하게 외식을 하기로 했다. 하와이는 갈 때마다 날씨가 좋아서 우리를 실망시키는 일 없이 언제가도 태평양의 낙원이었다. 함께 골프를 치고 화산지대를 관광하기도 했으며 별이 쏟아지는 언덕 위 천문대에서 밤하늘을 보기도 했다. 하와이 코나에서 유명한 것은 역시나 '코나 커피'이다. 우리 가족은 커피를 좋아하는 편이어서 특별한 관심과 애정으로 커피 농장을 견학했다. 코나는 날씨가 시원하고 배수가 잘되며 토양이 좋아서 커피 생산지로 적합하다고 한다. 해발 700~800m의 산 중턱에 있는 커피 농장에서 현지 커피의 맛과 멋을 200% 즐겼다. 커피에 대해 직접 체험한 후 마시니 더욱 그윽하고 깊은 맛이 느껴졌고 커피에 대한 취향과 애정도 한층 더 깊어졌다.

하와이에 세 번 와보니 젊은 사람들이 놀기에는 마우이 섬이 좋고, 나이든 사람들에게는 호놀룰루가 좋고, 가족 단위의 여행객들에게는 코나가 좋은 것 같다. 사람이 죽을 때 남기는 것은 재산도 아니고, 명예도 아니고, 그 무엇도 아니고, 오직 기억에 남는 "추억"이라고 한다. 세상을 떠나는 자도 추억을 갖고 떠나고, 남은 자들도 추억을 연료로 남은 인생에 에너지를 내면 산다. 우리 가족에게 하와이 여행은 행복한 추억으로 영원히 남을 것이다.

이제 하와이 네 개의 섬 중에서 한 개만 남았다. 한 번도 안 가본 분들께는 죄송하지만, 나는 나의 버킷 리스트로 나머지 한 개의 섬을 마저 가보고 싶다. 다른 부자에는 관심이 없지만 추억부자는 되고싶다.

고난이 주는 유익

The benefits of hardship

아이들이 모두 장성하여 집을 떠나고 캘거리에는 덩그러니 우리 부부만 남았기에 마지막으로 시외에 나가서 큰 사업을 하기로 마음을 먹었다. 모든 서류를 완벽하게 준비하여 제법 규모가 큰 세차장(Car Wash Business)을 인수, 계약했다. 땅은 2에이커 정도에 자동세차(Automatic Car Wash Bay)가 1개, 트럭 세차(Truck Bay)가 4개, 자동차 세차(Auto Bay) 가 10개였다. 규모가 있는 만큼 투자 금액도 커서, 내가 너무 무리하는 거 아닌가 하는 걱정도 컸다.

세차 사업은 날씨의 변화가 관건이다. 날씨의 변화가 잦을수록 사람들의 세차 횟수가 늘어나기 때문이다. 우리가 11월에 오픈을 했는데 그 때부터 날씨 변화가 심하여 눈이 자주 왔다. 그래서 캘거리 시에서는 고속도로나 큰길에 자동차들의 미끄러움 방지를 위해 염화 나트륨을 뿌려 댔으니 우리 사업이 잘 될 수밖에 없었다. 봄이 되면서 날씨 변화는 계속 심해졌다. 게다가 국제 석유

값 상승으로 알버타 주의 경제가 호황을 맞아 캐나다 전역에서 알버타로 직장을 구하러 또는 투자하러 몰려들었다. 당시 오일 값이 배럴당 $130~140까지 올라갔다. 금상첨화로 미국에서는 알버타의 오일을 수입하겠다고 파이프 라인을 설치하겠다는 발표도 했다. 경기가 이 보다 더 좋을 수 없었다. 나는 캐나다에 와서 세번째 사업을 하는 것이었는데 이번에도 역시 사업이 잘돼서 밥 한 술 뜨기도 어려웠다. 세상에는 참 여러가지 이유로 밥 먹고 살기가 힘들구나를 느끼며 행복한 고생을 했다. 알버타의 부동산 경기가 급속히 오르면서 우리 사업체의 땅과 건물 값도 오르고 매출도 오르니 우리는 은행에서 VIP로 대접을 받았다. 하지만 초심을 잃지 않고 한결같은 마음으로 직원과 손님들에게 최선을 다해 성심껏 서비스를 했다.

우리는 좋은 뜻을 가지고 장애인 청년을 한 명 고용했다. 그 청년의 일은 세차장(Bay)을 깨끗하게 청소하는 일이었는데 일이 너무 바쁘다 보니 우리가 청소를 같이 해주었다. 그런데 그 청년이 왜 내가 해야 할 일을 너희들이 도와주느냐고 되려 불평을 해댔다. 아무리 주인이라 하지만 자기의 영역을 침범한 것에 대해 불쾌감을 표하더니 결국 노동청에 신고를 하고 떠나버렸다. 청년의 말대로 우리에게 잘못이 있긴 있다. 우리 쪽에선 도와주는 뜻으로 해 준 것이지만, 직원으로 고용하였으면 믿고 일을 맡겼어야 했고, 적어도 돕기 전에 양해를 구했어야 했다. 이것이 캐나다의 노동법이다.

엎친데 덮친 격으로 세무 사찰 통보까지 받았다. 전에 가지고 있던 가게와 개인재산, 현재의 사업장까지 3년치의 모든 서류를 준비해서 제출하라는 연락이 왔다. 말이 쉽지, 수 년 전의 서류들을 다 들추어 찾아내야 하고 세세히 기억해내야 하는 여간 까다롭고 어려운 일이 아니었다. 그렇게 서류 제출을 준비만 하는데 4개월이 걸렸다. 사업을 하면서 언제나 신경을 곤두세우고 조심했던 문제가 바로 세무 관련이었는데 하필 바쁠 때에 제대로 딱 걸린 것이다. 단순히 벌금을 내고 말고의 문제가 아니라 나의 자존심에 관한 문제이기도 했다. 하나님을 믿는 사람으로서 세금을 정직하게 잘 내왔던 나인데, 행여라도 무슨 문제가 발견된다면 내가 나를 용납하지 못할뿐 아니라 남에게도 분명 덕이 되지 못할 것이었다. 최대한으로 옛날의 서류들을 모두 찾아 짚어내고 정리하면서 만반의 준비를 했다. 그리고 기도하면서 세무서에 제출했다.

그 후 일년 정도가 지나고 나서야 세무소에서 통보가 왔다. 그간 해온 세무보고를 정정할 필요가 없다고, 아무 문제가 없다고 말이다. 나는 십년 묵은 체증이 내려가는 듯했다. 어려운 고비를 잘 넘긴 나 자신을 칭찬하고 끝까지 지혜와 정신력, 인내심을 주신 하나님께 감사를 올려드렸다.

그 이후에도 사업은 계속하여 번창하였고 어느 순간이 되어 정리할 때가 되었음을 느꼈다. 변호사를 고용하여 사업을 정리했다.

정리가 끝난 뒤 변호사는 내게 마지막 악수를 건네며 앞으로 무엇을 할 거냐고 물어왔다. 나는 앞으로 돈 버는 일은 안하고 교회에서 봉사나 하며 살 거라고 웃으며 대답했다.

되돌아보면, 고난이 주는 유익으로 인하여 나는 물질에 대한 욕심을 내려놓고 인생의 남은 시간을 하나님과 교제하며 살겠다고 결심할 수 있었다. 고난 조차도 좋은 것을 남기고 떠난다. 인생에는 참으로 버릴 것이 없다.

꽃과 거름

Flowers and fertilizer

캐나다 생활을 더 오래 했지만, 문득 문득 광부로 일했던 독일에서의 추억들이 그리워 독일 여행을 자주 갔다. 독일에서 옛 친구들을 만나 옛날 이야기를 나누면 얼마나 행복한지 모른다. 주로 뒤셀도르프와 베를린에 살고 있는 40년 지기 친구들의 얼굴은 세월이 흘러 많이 늙었지만 마음만은 처음 만났을 때의 청춘들 그대로이다.

아내의 간호학교 동문회는 해마다 부부 동반 모임으로 30가정 정도가 모여 독일 휴양지의 호텔을 빌려 3박 4일 동안 즐거운 시간을 갖는다. 간호사 중에는 독일에 남아 공부를 계속하여 교수가 된 이도 있고 음악이나 미술, 문학 등 예술 계통으로 전공을 바꿔 성공한 사람들도 있다. 그렇게 열심히 살아온 독일의 한인 1세들은 자녀들의 교육에 대해서도 특별한 열의를 가졌다. 자신들은 힘든 시기에 태어나 타국까지 와서 고생한 인생이었으므로 자녀들만큼은 자기들처럼 힘들게 살지 않기를 바라는 간절한 마음 때문이었는지도 모르겠다.

나의 옛 친구 30명 중에서 반 정도는 의사 자녀를 두고 있다. 뿐만 아니라 법이나 금융, 교육, 예술계 등 여러 분야에서 저명한 전문가로 활동하고 있는 자녀들도 많다. 전에는 독일 병원 어디를 가나 한국 간호사들이 있었는데 이제는 독일 병원 어디를 가나 한국인 2세 의사들이 있다는 말이 있다고 하니 참으로 듣기 좋은 말이다. 어느 나라에 가든지 한국사람들의 근성과 열심이 통하여 열매를 맺고, 그 후세대에까지 이어져 길이길이 꽃을 피우고 열매를 보는 일은 굉장히 벅차고 의미있는 일인 것 같다.

한국이든 독일이든 캐나다든, 열심히 사는 젊은 세대들을 나는 특별히 사랑하고 축복한다. 해바라기처럼 그들만 보며 살아온 이민 1세대여서 그런 마음이 더 드는지 모르겠다. 내가 그들을 위한 좋은 거름이 되기를 소망하며 살아왔으니까. 나는 비록 꽃이 되어 보진 못했지만 훗날 나의 정원에서 꽃을 보았다는 소식을 듣는 것만으로도 감격스러운 늙은이이니까.

사랑하는 손주 Cecily(송은 頌恩)와 Elliott(유준 瑜浚)

사랑하는 막내 손주 Micah(유재 維材)

11

나의 갈 길 다가도록

Jesus leads me to go my way

향수

Homesickness

한국을 떠나온 지 53년이 지났다. 참 오랜 세월을 외국에서 살았다. 그 동안 한국은 경제적으로나 문화적으로나 세계에서 괄목할만한 성장을 이루었다. K-Food, K-Pop, K-Drama 등이 이곳에서도 유명하다. 앞에 K 가 붙으면 그냥 "한국의(Korean-)"라고만 생각되는 게 아니라, 품질이나 맛, 상품성을 "보증"하는 일종의 프리미엄처럼 여겨질 정도이니 이 얼마나 감개무량한 일인지! 이런 한국이 50년 전만 해도 외국에 광부와 간호사를 파견할 정도의 극빈한 나라였다는 걸 알면 사람들은 놀랄 것이다!

어릴 적에 살던 집이 보고파서 그리고 부모님의 산소가 있어서 나는 한국에 갈 때마다 고향에 들른다. 옛날에는 털털거리는 버스를 타고 자갈길을 6시간 내리 달렸던 그 곳을 지금은 KTX(한국 고속 철도)로 2시간이면 간다. 내 고향 주위에는 고속도로가 무려 5개나 있다. 고속도로 곳곳에는 식사를 하고 휴식을 취할 수 있는 휴게소들이 있는데 시설도 좋고 음식 맛도 좋아서 인기 만점이다. 휴게소의 화장실은 호텔 화장실 못지 않게 깨끗하고 근처 조경도 아름답게 잘 해 놓았다.

마을의 학교들은 모두 현대식 건물로 잘 지어 놓았다. 예전에는 넓은 운동장에 뛰어노는 학생들이 가득 했었는데 인구 감소로 점점 더 한산해지는 것이 여간 걱정이 되는 것이 아니다. 내가 어렸을 때는 운동장에서 돼지 오줌통이나 새끼줄을 감아 공을 만들어 차기도 하고, 여학생들은 고무줄 놀이나 금을 그어 놓고 새금파리를 던지며 뛰어 놀았는데, 요즘 아이들은 상상조차 못할 것 같아서 혼자 피식 웃어본다.

날것의 냄새가 가득하고 가격 흥정으로 시끄럽던 재래시장조차 이젠 현대식 건물로 깨끗하게 정비되어 쾌적하다. 정찰제로 운영되는 재래시장이라니 나야말로 상상도 못했던 일이었다.

나의 어릴 적 시골집은 아무도 살지 않아 빈집 상태로 있고 농사를 지을 사람도 없어서 농협 측이 농토를 관리해준다. 고향을 지켜오신 몇몇 어르신 분들은 나를 보고선 어렸을 적에 많이 아프고 약했던 그 아이라며 무척 반갑게 맞아 주신다. 천 명 가까이 살던 우리 고향은 이제 다 떠나고 백 명 정도의 주민만 남았는데 대부분이 노인분들이시다. 그분들을 보면 캐나다의 의료보험 제도도 훌륭하지만 한국의 의료보험 수준도 세계 최고인듯 싶다. 노인분들의 병원 왕래가 부담 없고 자유로우며 국민연금뿐만 아니라 각종 복지혜택도 잘 되어있다. 많은 노인분들이 현대식으로 잘 지어진 마을회관에서 화투와 놀이로 시간을 보내시고 면사무소에서는 노인들을 위해 간식까지 제공한다고 하니 정말로 살기 좋아졌다.

이제는 시골에도 배운 사람들이 많고, 웬만한 집에는 경운기와 자가용이 있으며 대중 교통도 잘 되어있어 어르신들이 운신하시기에 좋아졌다. 그 옛날 40~50명의 일꾼들이 일하던 것을 지금은 기계 한 대면 거뜬히 해낸다고 한다. 산에 나무는 무성한데 곤충이나 새들은 잘 보이질 않고, 논이나 개울가에 지천으로 깔려있던 논 게나 새우, 물고기들도 사라졌다. 예전 같으면 겨울에 다 놀고 있을 땅들이 지금은 커다란 비닐하우스를 머리에 이고서 지역 농특산물을 키워내느라 바쁘다. 관공서도 정말 친절하게 변했다. 면사무소, 파출소, 세무소 어디를 가더라도 고압적인 태도는 찾아볼 수 없고 친절하게 잘 대해준다.

할머니가 사시던 곳을 우리는 두메산골이라 불렀었는데 이제는 대중 교통이 들어가고 아름다운 경관 때문에 콘도들이 즐비한 휴양지가 되었다. 살아생전에 할머니는 상상도 못하셨을 일이다. 풍경까지 바꾸는 시간의 힘, 세월의 무상함… 상전벽해(桑田碧海)라는 말이 꼭 들어맞는다.

가족, 그 이후

Family, after all that...

옛날에 누님은 많이 아팠었다. 누님의 병으로 우리 가족들의 인생이 180도로 달라진 것이었다. 하지만 어느 누구도 토를 달지 않는다. "우리는 가족이니까", 이 한 마디로 모든 것의 해답이 될 수 있으니까. 누님은 오랜 동안 병으로 고생했지만 가족들의 무한한 사랑과 후원으로 많이 회복되어 결혼도 하고 딸까지 두었다. 착한 딸의 효도를 받으며 서울에서 편하게 살고 계신다.

형님은 한평생 대한항공의 조종사로 근무하다가 정년 퇴직을 하셨다. 요즈음도 자주 시골에 내려가서 부모님의 산소와 살던 집을 관리하고 올라오신다. 형님은 집안의 장손으로 많은 희생을 하며 사셨다. 세 명의 자녀 모두 명문대학에서 석사, 박사까지 마치고 전공분야에서 두각을 나타내고 있으니 사람들은 효도한 장남에게 주신 자식 복이라고들 칭송한다.

막내 남동생은 형제 중에서도 유난히 두뇌가 명석하였다. 서울대 물리학과를 졸업하고 미국 텍사스에서 지구 물리학 박사를 마치고 귀국하여 지금은 연구소에서 근무하고 있다. 아들들도 미국의 대학교수로, 엔지니어로 잘 성장하였다. 이 동생은 세상이 어떻게 돌아가는지에는 관심이 없고 연구소에서만 시간을 보낸다. 세상적인 눈으로 보면 동생은 외골수에 평범한 사람이지만, 학자이자 특허 발명가로서 보면 나조차도 존경과 응원을 보내지 않을 수 없는 멋진 녀석이다.

나 또한 그럭저럭 걱정 없이 잘 살고 있다. 오랜 세월 변함없는 사랑으로 곁을 지켜준 아내가 있고 잘 커준 아들이 둘이나 있다. 그리고 의사로 일하고 있는 두 명의 며느리가 있으며 눈에 넣어도 안 아픈 손자 2명과 손녀 1명이 있다. 더 이상 바랄 것 없이 모든 것이 족한, 하나님의 은혜이다.

우리 형제들은 가족 행사가 있으면 고향집 마당 한자리에 다같이 모인다. 옛날 이야기를 하며 밤 새는 줄 모르게 즐거운 시간을 보낸다. 케케묵은 에피소드를 꺼내어 웃다가 눈물을 흘리고, 부모님 생각에 질질 짜다가도 이내 다시 배를 잡고 웃는다. 우리 형제들은 그리고 그 자식들까지도 모두 참 검소하고 근면하게 열심히 살아왔다. 저마다 험난한 세월이 있었지만 잘 이겨냈고 지금은 모두 행복하고 평안하게 살고 있다.

시골집 마당에서 우리들이 이야기를 나눌 때, 부모님이 곁에서 함께 웃으시며 우리의 이야기를 듣고 계신다고 나는 믿는다.

숨 쉬듯 선교

Missions as instinct

내가 섬기고 있는 한우리 교회는 선교를 중심으로 세워진 교회이다. 선교에 중점을 둔다는 것은 즉, 내부 지향적인 교회가 아니라 외부 지향적인 교회라는 뜻이다. 교회가 교회를 가꾸기보다는 세상을 향하여 전도하기를 힘쓴다는 뜻이다. 교인들은 자신의 사역에 열심을 다하고 절약하기를 힘쓰며 언제라도 약한 자를 도울 준비가 되어 있어야 한다. 그리고 어느 정도의 가시적인 불편을 감수할 마음가짐이 되어있어야 한다. 그런 면에서 우리 교회의 교인들은 모범적이다.

우리 교회처럼 교육과 훈련을 열심히 하는 교회도 없을 것이다. 끊임없는 교육 프로그램을 통해 선교에 대한 우리의 마음가짐이나 자세가 느슨해지지 않도록 하고있다. 우리 교회는 예배당 건물이 없다. 지역 대학교의 강당 건물을 빌려 쓰고 있으며 건물을 구입하고 유지할 비용을 모두 선교와 다음세대를 위한 교육으로 쓰고 있다. 담임 목사님과 부목사님들은 선교를 지향하는 교회의 목회자답게 타교회에 비해 상대적으로 적은 사례만 받으시고, 불편하고도 검소하게 사는 삶을 실천하고 계신다. 몇 년 전부터 우리 교회는 다민족 선교에 중점을 두고 다민족 선교위원회를 구성, 10개월 동안 기도와 훈련으로 준비하면서 행동지침도 만들었다.

이슬람권의 사역을 위해 사원을 방문, 아프리카인 이삭 목사님(아프리카 이민자 중에는 이슬람 신자, 즉 무슬림도 많다.)의 개척교회 사역을 돕고 어린이를 중심으로한 태권도 사역으로 그들에게 다가서고 있다.

베트남에서 이민 온 벤트 목사님이 베트남과 말레이시아인들을 위한 교회를 개척하는 데에 도움을 주고 있다.

이민 온 몽고인들의 캐나다 정착을 돕고, 그들을 전도하는데 힘쓰고 있으며 파키스탄 출신의 최목사님이 캘거리에 거주하는 파키스탄과 인도 사람들에게 복음을 전할 수 있도록 후원하고 있다.

내전으로 인해 캐나다로 망명한 나이지리아 난민들을 돕고 그들의 교회와 연합하여 행사와 교제를 꾸준히 이어나가고 있다.

가정 사역팀과 청년부가 가정사역 교재를 영어로 번역하기도 했다. 이를 사용하여 캘거리의 베트남 교회에서 가정사역 세미나를 개최, 뜨거운 호응을 받았다. 가정사역 교재를 스페인어로도 번역하여 파라과이에서 세미나를 세 번이나 열었고, 앞으로는 자력으로 열 수 있도록 지원하고 있다. 또한 의료사역을 펼치고 교회 건축과 학교 수리를 위해 재정적으로 지원하고 있다.

브라질에서는 복음의 일꾼인 김우선 목사님과 신숙자 사모님의 사역을 후원하고 있으며 현지인들을 대상으로 가정사역 세미나를 개최, 앞으로 중앙아시아와 아프리카에서도 이어나갈 전망이다.

해마다, 자동차로 15시간 거리에 있는 사스카츄완 원주민 교회를 방문하여 교회 건물 수리, 미용사역, 원주민 어린이들의 교육사역, 수련회를 개최하는 등 다양한 사역을 돕고 온다.

한국, 중국, 인도, 터키, 아프리카를 다니면서 복음을 전하고 계시는 박윤희 선교사님과 허몽구 선교사님을 후원하고 있으며 이 외에도 교회 청년들은 매년 열심히 아르바이트를 하고 펀드레이징을 한 자비량으로 인도네시아에 가서 단기선교를 하고 돌아온다.

끝으로, 일년에 한 번씩 우리 교회는 다민족 교회들을 초청하여 찬양대회를 열고 공원에서 야외예배를 드리면서 하나님 안에서 하나의 민족됨을 자축하고 서로를 격려하고 있다. 숨 쉬듯 선교를 하는 이것이 우리 교회의 자랑이며 나의 보람이다. 선교도 재미있다!

Welcome to 캐나다!

Welcome to Canada!

내가 살았던 어린시절의 한국은 전쟁 이후에 못 사는 나라였다. 모든 것이 혼란스럽고 안정되지 못한 그 시기에 나는 그리고 우리는, 자신들의 자그마한 이익을 위해서라면 부정한 방법을 쓰는 것도 크게 부끄러운 일이 아니었다. 돈이 인생의 목적이니 경제적인 자립을 위해서라면 물, 불 가리지 않는 정신이 있었고, 양심 보다도 돈이 우선이었다. 그리고 목소리가 커야 이긴다는 교육을 받아왔기 때문에, 합리적이고 이성적이기 보다는 힘 센 척, 있는 척, 일단 우기고 봐야 무시당하지 않는다는 생각도 깔려 있었다. 이런 나의 잘못된 생각을 깨뜨려 준 곳이 바로 캐나다였다.

캐나다 이민 초기에 나는 캐나다라는 거대한 숲 속에 홀로 남겨진 연약한 짐승 마냥, 혹여 거센 누군가가 나를 해치거나 그로인해 내가 손해보는 일이 생길까봐 필요 이상으로 경계하고 두려워했으며 내 것을 챙기느라 급급 했었다. 하지만 얼마 지나지 않아 나를 친절하게 도와주려는 사람들을 만나고, 멸시가 아닌 보호를 받으면서 천천히 마음의 문을 열 수 있게 됐다. 열심히 살아온 우리 부부의 노력도 있었지만 캐나다라는 사회의 평등하고도 온정적인 분위기가 없었다면 오늘날의 우리는 없었을 것이다. 차별 없이 기회를 주고 노력한 만큼 대가를 허락했던 캐나다의 환경에 감사한다.

나는 음식점의 위생 관리 그리고 식품점 음식들의 품질보장을 위한 생산, 유통, 관리 시스템이 유독 잘 되어있는 캐나다를 사랑한다. 모든 단계나 분야에서 공인된 면허증이나 자격증을 중시하고 존중해주는 분위기에도 감사를 보낸다. 어찌 보면 이런 것들이 우리 사회의 작은 부분이지만 이 사회가 서민들을 위해 일한다는 것을 느끼게 해주고, 부나 권력의 특혜가 통하지 않는다는 것을 알게 해주는 골자가 되는지 모른다. 질서가 있고 거짓이 없고 특혜를 경멸하는 이상적인 사회의 모습이다.

캐나다의 허허실실 평화적인 분위기도 좋다. 캐나다는 세계에서 두 번째로 큰 나라이지만 역사를 통해서도 알 수 있듯 적대국가가 없고 대체적으로 모든 나라에 우호적이다. 캐나다는 군인들에 대한 대우가 좋다. 이민자들도 누구나 군에 지원할 수 있고 군인을 직업으로 선택할 수가 있으며 세계 평화를 위하여 세계 곳곳에 파견되어 평화를 수호한다. 참전용사에 대한 존경과 예우가 상당히 좋고, 그 분들의 뜻을 기리는 기념일을 모든 학교에서 거행하며, 전국민이 작은 표식(가슴에 붉은 꽃)으로 애도하기도 한다.

캐나다의 병원이나 학교 운영은 각 주정부가 담당한다. 주 마다 제도가 약간씩 다르지만 병원비는 무료나 마찬가지다. 사설 병원을 개방하라고 미국에서 많은 로비와 압력을 가해도 정부에서는 인가를 해주지 않는다. 성스럽고 공평해야 할 의료 분야마저 자본주의의 생리로 오염될까봐서이다. 물론 무상 의료는 경쟁과 보상이 없으니 의료서비스의 질이 높아질 수 없는 한계가 있긴 하지만 그래도 환자의 편, 약자의 편에 서는 캐나다의 정책이 나는 마음에 든다.

교육에 있어서도 고등학교까지는 무료이다. 대학교에 가서도 등록금, 생활비 등을 감당할 재정적인 능력이 없다면 정부에서 졸업할 때까지 돈을 빌려주어, 공부하는데 어려움이 없게 해준다.

은퇴 후에도 최소한의 생활이 가능하도록 정부에서 연금 보조를 해준다. 하지만 요즘에는 캐나다도 한국과 마찬가지로 사회보장 기금의 재정 상태가 좋지 않아 연금 대상자의 연령이 점점 뒤로 가는 등 부정적인 조짐이 있긴 하다. 은퇴 후에 기본 연금으로 최소한의 생활은 보장될 수 있다지만, 조금이라도 더 여유로운 삶을 즐기고 싶다면 젊어서 열심히 저축하는 수밖에 없다. 100세 시대가 되어 감사하고 좋은 일이지만, 그로인한 명(明)과 암(暗)은 세계 어디나 똑같은 현상인듯 싶다.

해피라이프 in 캘거리

A happy life in Calgary

캘거리는 캐나다에서 4~5번째로 큰 도시이고 알버타 주에서는 제일 큰 도시이다. 인구는 대략 백 십만 명쯤 된다. 캐나다의 중부는 산 하나 보이지 않는 대평원이고 캘거리는 그 대평원의 서쪽 끝자락에 위치해 있다. 캘거리에서 시외로 나가면 석유나 가스를 퍼 올리는 기계들을 쉽게 볼 수가 있고 북쪽으로 가면 오일 샌드 라고 불리는 기름 모래가 벌판에 깔려 있고 이를 정제하여 기름을 뽑는 석유 단지가 있다. 캐나다 석유회사의 본사가 모두 캘거리에 있어 캘거리는 캐나다 오일 산업의 본거지가 되었다. 그러니 세계적으로 석유 값이 올라가면 캘거리의 경기가 좋아지고 일자리가 많아지면서 많은 인구들도 유입된다.

캘거리는 오래 전 1988년 동계 올림픽 개최도시로 유명해졌다. 특별히 하키와 스키, 스케이트 등 동계 스포츠를 즐기는 인구가 많고 캘거리 시의 적극적인 투자와 캘거리 대학교의 대형 연구 프로젝트를 통해 동계 스포츠가 유난히 발전한 도시이기도 하다. 그래서 캘거리 대학교의 스포츠 의학(Sport Medicine) 분야는 캐나다에서 최고 수준이라고 할 수 있다. 캘거리의 동계 스포츠 시설과 관광 인프라는 비약적으로 발전했으며 동계 올림픽을 전후하여 해외 및 한국의 선수들과 체육회 임원들의 캘거리 방문이 잦아졌고, 지금까지도 한국 선수들의 동계훈련, 전지훈련 장소로 각광받고 있다.

시내에서 한시간 거리에 스키장, 골프장, 등산코스, 캠핑장 등이 완비되어 있고 대자연의 아름다운 경치와 최고급 시설은 세계인들의 이목을 끈다. 밴프 국립공원에 가면 노천 유황 온천이 있어 한겨울에도 눈을 맞으며 온천을 즐길 수가 있다. 그리고 케이블카로 산 정상에 올라가 전망대에서 웅장한 경치를 내려다보며 커피를 마실 수도 있다. 산과 산 사이의 에메랄드 빛 호수를 유람선을 타고 건너며 쉽게 야생동물도 볼 수 있다.

로키 산 안에는 수 백 곳이 넘는 등산, 하이킹 코스들이 난이도에 따라 세분화되어 있어 평탄한 길도, 수십 미터 낭떠러지가 코앞에 있는 드라마틱한 길도 다양하게 즐길 수 있다. 굽이굽이 산을 돌 때마다 눈 앞에 펼쳐지는 야생화들의 꽃밭은 심장을 멎게 한다. 그 중에서도 영국 탐험가들이 발견한 세계 10대 절경이라는 루이즈 호수(Lake Louise)는 산과 호수의 조화로움 속에 그림처럼 서있는 고풍스러운 호텔의 모습이 단연 독보적인 랜드마크이다.

얼마나 아름다우면 이 호수를 바라보며 영감을 받아 만든 유명한 피아노 곡이 있겠는가. 더 놀라운 것은, 이런 비경이 로키 산맥 줄기를 따라 흔하고 즐비하게 펼쳐져 있다는 사실이다!

밴프에서 자동차로 3시간을 달리면 재스퍼 국립공원(Jasper National Park)이 나타나는데, 그 근처 콜롬비아 아이스필드(Columbia Icefield) 빙하 위에서 설상차를 타고 관광해 볼 것을 추천하고 싶다. 캐나다의 대표적인 자연경관을 실은 홍보물에 보면 언제나 등장하는 멀린 호수(Lake Maligne), 페이토 호수(Peyto Lake), 아사바스카 폭포(Athabasca Fall) 등 관광의 꽃이란 꽃들은 이 곳에 한데 모여 있다.

캘거리에서 동북쪽으로 한 시간 거리에 있는 드럼헬러(Drumheller) 지역도 숨은 보석 같은 곳이다. 그 지역에 공룡 화석이 많이 발견되어 박물관을 세운 것이 역사적인 첫 출발이었다. 관광객도 많이 오지만 공룡에 대한 연구도 학술적으로 크게 인정을 받아 이곳 출신의 연구진들이 세계 여러 나라에 나가 활약한다고 들었다. 특히 공룡에 관심있는 어린이라면 그 매력에 빠지지 않을 수 없는 성지라고 할 수 있을 것이다. 드럼헬러만의 특별한 지형을 뽐내는 후두스(Drumheller Valley Hoodoos)는 약한 암석 위에 단단한 암석 또는 석회석층이 쌓여 호리호리한 기둥 형태의 독특한 암석모양으로 지구과학과 역사에 대한 호기심을 자극한다. 태곳적 신비로움마저 느껴지는 이 곳에서 해마다 열리는 예수님의 십자가 고난 연극은 일생에 한 번쯤 꼭 볼만하다.

캘거리의 한인 사회도 짧은 기간에 급성장하였다. 알버타 주는 원유와 가스 사업이 활발하여서 한국의 많은 기술자들이 기술이민으로 들어와 성장했다. 현재는 대략 만 오천 명이 넘는 한인들이 거주한다고 하며 한인들의 비즈니스 업종도 다양해지고 한인 2세들의 사회적인 진출과 전문분야에서의 활동도 두드러져 이제는 한인들에게도 전혀 불편함이 없는 살기 좋은 도시가 되었다.

잘 살다가, 잘 가는 것

To live well and go well

우리집에서 자동차로 30분을 달리면 공원 묘지가 나타난다. 앞에는 새와 오리들이 들고나는 작은 연못이, 주위에는 바람 따라 이리저리 춤추는 밀밭과 보리밭이 있고, 여름에는 샛노오란 물감을 풀어놓은 듯 유채꽃이 흐드러진다. 멀리 새하얀 로키산맥이 웅장한 업 앤 다운(up & down)의 곡선을 그리며 연주를 하고, 공원 묘지 건너편에는 새파란 골프장이 있어 평화로우면서도 어느 정도의 활기가 스며있다. 이곳이 바로 한평생 같이 고생한 아내와 내가 나란히 눕게 될 이 땅에서의 마지막 안식처이다. 바로 이 곳에 오기 위하여, 나는 한국에서 독일로, 독일에서 캐나다로 그 멀고 먼 길을 돌아온 것인지 모른다.

오랫동안 외국 생활을 하면서 늘 고국을 그리워했기에 인생의 마침표를 한국에서 찍고 싶다는 소망도 있었다. 사실 내 마음이 진짜로 원하는 곳은 부모님이 계신 선산(先山)이다. 어릴 적 내가 뛰놀았던 곳, 한국적인 풍경의 단정한 논과 밭이 보이고 가을이면 황금평야를 이루는 그 곳을, 죽어서도 부모님과 함께 고즈넉이 바라보고 싶었다. 하지만 사랑하는 아들들과 손주들이 이 곳 캐나다 캘거리에 있기에 여기에 뼈를 묻기로 한다. 마지막까지 고향이 그리워도 못 가는 신세가 되어 처량한 기분이 들기도 하지만, 나의 후손들을 가까이에서 느끼고 싶은 간절한 소망도 지금의 나에게는 중요하다.

지금까지 타국 생활을 하면서 나는 참으로 애면글면 살아왔다. 노인이 되니 욕심도 사라지고 하고 싶은 것도 시들해진다. 지금까지는 어디서 어떻게 살아야할까를 고심해왔는데 마지막으로 거할 조그마한 땅 한 평을 사고나니 나는 결국 여기였구나, 하며 마음이 차분하게 정리가 된다.

나는 기꺼이 한 알의 밀알이 되는 삶을 자처해왔다. 지금의 내가 잘 되기 보다는 나의 아이들, 후손들이 잘 되는 것을 더 기뻐하고 바라고 기대하며 살아왔다. 그런 면에서 이제 나는 후회가 없고 다음 세대들이 그저 건강하고 행복하게 잘 살기를 바란다. 무엇보다도 대대로 주님을 잘 섬기며 사회에 도움이 되는 사람들이 되길 기도한다. 가끔씩 후손들이 찾아와 나의 비석이라도 쓰다듬어준다면 그것만으로도 기쁘고 족하다.

지금까지는 특별한 계획 없이 막연하게 그저 열심히만 살아왔다. 하지만 뒤를 돌아보면 그 모든 것이 하나님의 은혜요, 세심한

인도하심이 아닌 것이 없다. 나는 요리조리 시류를 타거나 대세를 따르는 일을 잘 못한다. 그저 나 생긴대로, 성격대로 조금씩 노력하며 살아왔을 뿐이다. 지금 생각해보면 사람을 의지하지 않고 하나님을 의지해왔기에, 하나님의 음성을 듣고 인도하심을 받을 수 있었다. 내가 막다른 길에서 듣지 못할 때에는 친히 손을 내밀어 이끌어주셨다.

지금까지 나를 도와주었던 많은 사람들이 있다. 말로 다 할 수 없는 축복이었다. 쉬운 길도 있었지만 어려운 길을 택했고, 고생도 했지만 그 마저도 인생은 광명이 기다리고 있는 터널이라는 것을 알게 되었다. 나는 광부였기에 더 잘 안다. 지금은 어둠밖에 보이지 않는다 하더라도 출구의 존재를 믿으며 희망을 잃지 말아야 한다는 것을.

나는 성격이 꼼꼼한 편이지만 깊고도 넓은, 해박한 지식을 갖추지는 못했다. 일예로, 외로울 때마다 팝송과 클래식 음악을 즐기긴 했으나 음악적인 울림을 주로 즐겼을 뿐 어려운 영어가사나 작곡가나 배경지식에 대해서는 자세히 알고자 하지 않았다. 무언가를 바닥까지 깊이, 온전하게 좋아하고 공부할 줄 알았다면 나는 지금보다 훨씬 더 훌륭한 사람이 되었을지 모른다. 아쉽지만 그게 나의 한계인 것을 어떡하겠는가. 하지만 이 미천한 지식과 경험을 가지고도 은혜로 잘 살아왔다. 나는 살아가는데 필요한 노하우를 20%만 가졌을 뿐이었고 나머지 80%는 하나님께서 다 채워 주셨다. 삶의 터전을 완전히 바꾸면서도 내가 알고 행할 수 있는 것은 많아야 20% 정도였고 나머지 80% 이상은 살아가면서 부딪히면서 깨닫게 하셨다. 그런 과정 속에서 알게 모르게 잘못하고 실수한 일도 많았을 텐데, 나로 인해 힘들었던 사람들이 있다면 이 자리를 빌어 용서를 구하고 싶다.

내가 한국에서 태어났던 것, 독일로 가게 되었던 것, 캐나다에서 살게 되었던 것 모두를 감사드린다. 그렇게 떠돌면서 많은 것을 배우고 조화로운 인간으로, 인간답게 살 수 있었다. 그리고 내 곁에서, 일생 같은 편이 되어 함께 웃고 울어 주었던 아내와 내 인생의 열매이자 인간으로서 가질 수 있는 최대치의 행복감을 알게 해줬던 자식들에게 힘껏 고맙다고 말하고 싶다.

스쳐간 풀 한 포기, 나를 넘어지게 만들었던 돌 뿌리… 그 무엇 하나도 나에게 불필요한 것이 없었고 감사하지 않은 것이 없다. 생명력을 주는 자연, 인간이 만들어낸 모든 육체적 그리고 영적 활동들을 조금이라도 맛볼 수 있어서 살아가는 모든 순간이 신기하고 놀라웠다! 다 재미있었다!

누가 나의 인생에서 가장 중요했던 순간을 딱 한 장면 뽑으라고 한다면, 캐나다 이민국을 통과하여 토론토 공항에 처음 도착했을 때를 말할 수 있을 것이다. 공항 벤치에 앉아 "하나님, 어떻게 하지요? 하나님, 저 어디로 가야 합니까?"라고 고백했을 때 나의 손을 잡아주셨던 하나님의 손 - 그 때는 보지 못했고 충분히 느끼지 못했던 것을, 세월이 지나면서 더 선명하게 보고 만질 수 있게 되었다.

절대로 나를 놓지 않으시는 그 손이 나를 또 어떤 좋은 곳으로 데려가 어떤 새로운 기쁨을 알게하실지 모른다. 나는 감사하며, 기대하면서, 주님과 산다. 그리고 나와 함께 여러분의 하루하루도, 날마다 재미있는 소풍이라는 것을 꼭 알려드리고 싶다.

실제로 소풍에 나쁜 날이란 없었다. 맑으면 맑은대로, 흐리면 흐린대로, 폭풍우는 폭풍우대로, 다른 종류의 멋과 정취가 있는 좋은 날들이었다. 그러한 모든 날들이 모여서 조화를 이루고, 다양한 기쁨과 사는 재미를 주었다. 인생이란 재미있는 소풍, 그리하여 나를 보고계신 하나님 아버지를 미소짓게 하는 것이 아닐까.

여러분과 나는 참으로 좋은 소풍을 살고있다. 너무나 감사하게도…

내 평생에 선하심과 인자하심이
반드시 나를 따르리니
내가 여호와의 집에 영원히 살리로다.

Surely your goodness and love will follow me
all the days of my life,
and I will dwell in the house of the Lord forever.

시편 Psalms 23편 6절

편지 모음

The Letters

아버지의 편지

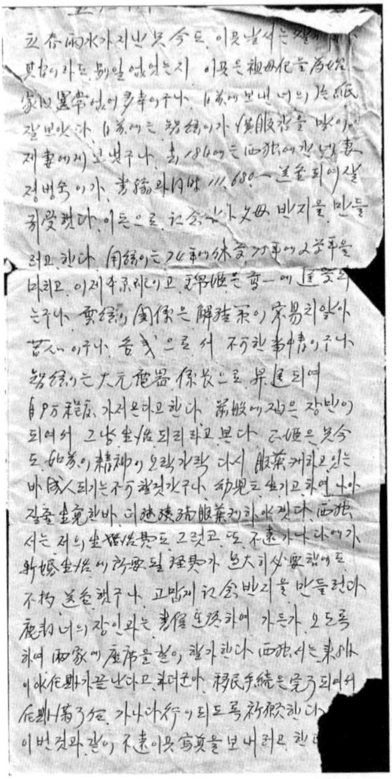

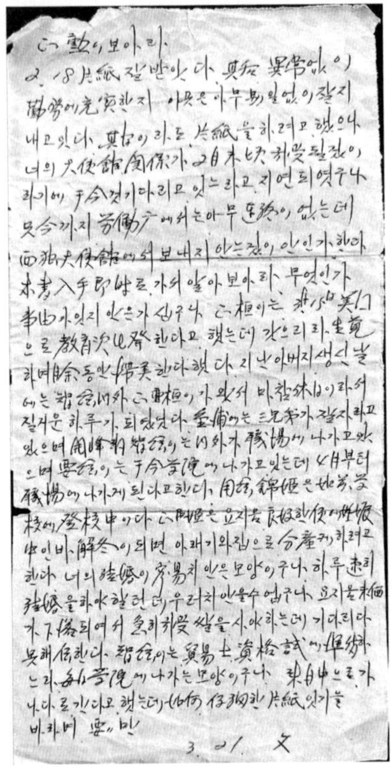

二勳 보아라
其后 別일 없이 職場에 나가는지 이곳은 家內 큰
變化 없이 秋收에 奔走하구나. 前般에 書信을 傳하
였는데 未着인듯 하구나 前에 準備로 送金 5万원
도 잘 취受했으며 二姪와 같이 잘 쓰고 [illegible] 衣服
[illegible] 같은 것도 사주고 하였다 10.27. [illegible] 100日
이라서 인지 지금은 사람도 알아보고 제법 예뿌게
생겼구나 이곳은 今年 平年作은 上位되어 作況이
아주 조왔는데 멸구의 피해로 약간 손실을 보았다
벼 비기가 한창이고 이제 탈곡과 보리파종이다
너의 片紙대로 10.4 全南 高興郡 道陽邑 鹿洞
[illegible] 旅館內 鄭永元氏 女子의 父가 와서 一泊
[illegible]은 너의 未婚 與否를 確認키 爲한 것, [illegible] 사람
들한테 問議한 모양이더구나. 事實이 未婚이라는 것을
알고 財産關係와 教育程度에 滿足한 模樣으로 一泊
을 하고 갔다 對話中 너의 寫真을 지참하고 이곳도 네가
보낸 寫真을 보고 兩親에 바로 贊成한다는 書信을 傳한
다는 것 이후에 다시 저의 母 언이와 같이 와볼 모양이
구나. 12月 中에 카나다로 온다 한 이 [illegible] 鄭永元 말에는
來年 6月이라 [illegible]이라기에 결정이 되였었다
用錫은 10.8. 설악山으로 修學旅行次 [illegible] 했고 二男姪
은 高入準備中이다. 祖母任은 老患으로 [illegible] 부터
臥病中 요지음 나아졌다 서울은 兩家 다 別일 없이
잘지내있다. 水도 [illegible] 한테 와서 2泊하고 갔다는
구나. 七子의 寫真을 보고 祖母任을 爲始 온 家族이 다
좋아하는구나. 他國에서 不足한 [illegible] 말할 것이 없을 건데
[illegible] 關係를 얻지 [illegible] 初年 苦生은 사서 하는 것 勇氣 [illegible]
不足을 [illegible] 來日의 幸福을 爲해 一路 邁進하라
그럼 다시 片紙 傳한다
75. 10. 11. 父

二勳이 보아라
去 11月 初에 너의 片紙를 잘 받아보고서도 [illegible]
지연되였구나 그간 서울와서 [illegible] 한테 그후의 消息
은 들었다만 별고 없는지 이곳은 祖母任을 爲始
온 家族이 異常없이 잘 지내고 있다. 너의 사업에
도우려고 구상중인데 여러가지로 용이하지 안는구나
외환관리법이다. 양도 소득세 다하여 이곳에서
일부처분이라도 해서 마련하려고는 하나
앞으로 좀 두고 보아야 하겠구나. 시일이 걸려
되더라도 너의 편지대로 북쪽의 [illegible]에 간
다고 하는 生覚은 하지 말아 [illegible]이다
이곳 아비것만도 생활에 충분하다 水관계를
해소키 위하여 주선중인데 11月 末에 왔다가
다시(12. 11) 上京中이다 12. 12. [illegible]은 [illegible]
에서 영등포 당산동 신우아파트 3동 408호로
이사했다. 이곳은 거리가 가찹고 새집으로 그리고 [illegible]
하다는 것이다. [illegible] 다 같이 [illegible] 너 집에
와있고 二男姪 [illegible]이구나 지난번에는
백제문화제에 參席했다면서 [illegible] 사돈(鄭永元)이 와
서 一泊 환담하였다 [illegible] 되었구나
이제 고독한 외지의 生活을 [illegible] 하고 알찬 幸福
한 터전을 마련하기를 바란다
12. 13.
서울에서 父

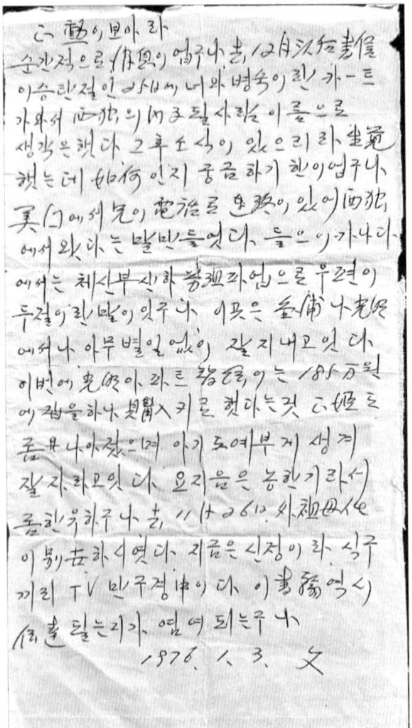

正勳이 보아라
순간적으로 旅惑이 업구나. 去 12月 28日 書信
이 승한 절인 25日에 너와 병숙이 쓴 카-드
가 와서 西獨의 孫子될 사람 이름으로
생각은 했다 그 후 소식이 있으리라 生覺
했는데 如何인지 궁금하기 한이 업구나.
美國에서 兄이 電話로 連絡이 있어 西獨
에서 왔다는 말만 들엇다. 들으니 가나다
에서는 체신부 산하 [illegible]파업으로 우편이
두절이란 말이 잇구나. 이곳은 金浦나 光州
에서나 아무 별일 없이 잘 지내고 잇다.
이번에 光明아파트 [illegible]이는 185万원
에 집을 하나 買入키로 햇다는 것 正姬도
좀 나아졌으며 아기도 예쁘게 생겨
잘 자라고 잇다. 요지음은 눈 한 기라서
좀 한웅하구나. 去 11月 26日 外祖母님
이 別世하시엿다. 지금은 신정이라 식구
끼리 TV만 구경中이다. 이 書翰 역시
信達 될는지가 염려되는구나
1976. 1. 3. 父

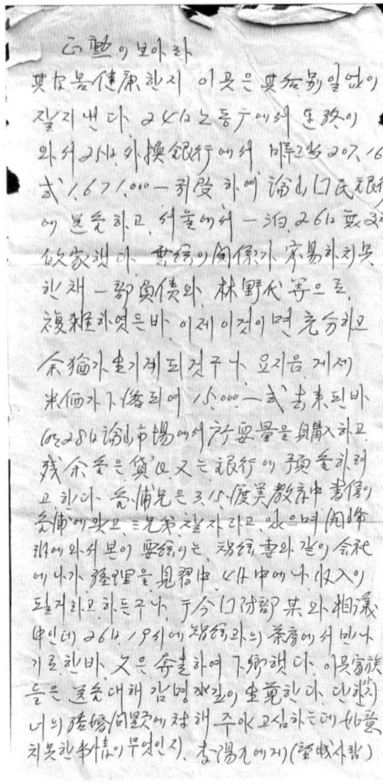

正勳이 보아라
其后 몸 健康한지 이곳은 其后 別일 없이
잘 지낸다 24日 [illegible]에서 連絡이
와서 25日 外換銀行에서 마르크 207.16
式 1,671,000 - 引受하여 論山 國民銀行
에 送金하고 서울에서 一泊 26日 歸家
했다. [illegible]이 關係가 容易하지 못
한 채 一部負債와 林野代 等으로
複雜하였든바 이제 이것이면 充分하고
余裕가 生기게 되것구나. 요지음 [illegible]
米價가 下落되어 15,000 - 式 去來된바
6斗 28日 論山市場에서 所要量을 買入하고
殘余金은 貸與 又는 銀行에 預金하려
고 한다. 金浦兄은 3.15. 度美 教育中 書信이
金浦에 왔고 三兄弟 잘 지내고 있으며 [illegible]
洞에 와서 본 [illegible]이는 [illegible] 會社
에 나가 經理를 見習中 4月中에나 收入이
될거라고 하든구나. 于今 國防部 某와 相議
中인데 26日 19시에 [illegible]과의 茶房에서 만나
기로 한바 父은 [illegible]하여 下鄕했다. 이곳 家族
들은 送金에 대해 감명 깊이 生覺한다. 단 [illegible]
너의 結婚問題에 対해 주야 고심하는데 如意
치 못한 事情이 무엇인지. [illegible]에게 ([illegible]사람)

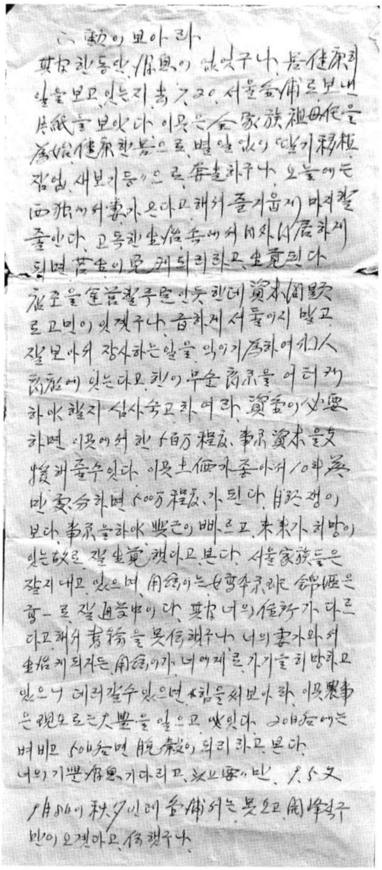

正勳이 보아라

其間 한동안 消息이 없었구나. 몸 健康히
일을 보고 있는지. 去 7. 20. 서울 金浦로 보낸
片紙를 보았다. 이곳은 全家族 祖母任을
爲始 健康한 몸으로 별일 없이 딸기 移植
작업, 새보기 등으로 奔走하구나. 오늘에는
西獨에서 妻가 온다고 해서 즐거웁게 마지할
줄 안다. 고독한 生活 속에서 同居하게
되면 苦生이 덜 하게 되리라고 生覺된다
[illegible]을 運営할 주문인듯 한데 資本 問題
로 고민이 있겠구나. 急하게 서둘지 말고
잘 보아서 장사하는 일을 익히기 爲하여 外國人
商社에 있는다고 한 이 무슨 商業을 어떻게
하야 할지 심사숙고 하여라. 資金이 必要
하면 이곳에서 한 5百万 程度 事業資本을 支
援해 줄 수 있다. 이곳 土価가 좋아서 10坪 쯤
만 賣分하면 500万 程度가 된다. 月給쟁이
보다 事業을 하야 발전이 빠르고 未來가 희망이
있는 故로 잘 生覺했다고 본다. 서울家族들은
잘 지내고 있으며, 用錫이는 6月 卒業하고 錦姬은
高一로 잘 通學中이다. 其間 너의 住所가 다르
다고 해서 書信을 못 伝해구나. 너의 妻가 와서
生活케 되거든 用錫이가 너에게로 가기를 희망하고
있으나 데려갈 수 있으면 힘을 써 보아라. 이곳 農事
는 現在로는 大豐을 일으고 있다. 20日 쯤에는
벼 베고 50日 쯤이면 脫穀이 되리라고 본다.
너의 기쁜 消息 기다리고 [illegible]. [illegible] 父
9月 5日이 秋夕인데 金浦서는 못 오고 [illegible]
[illegible]이 오겠다고 伝했구나.

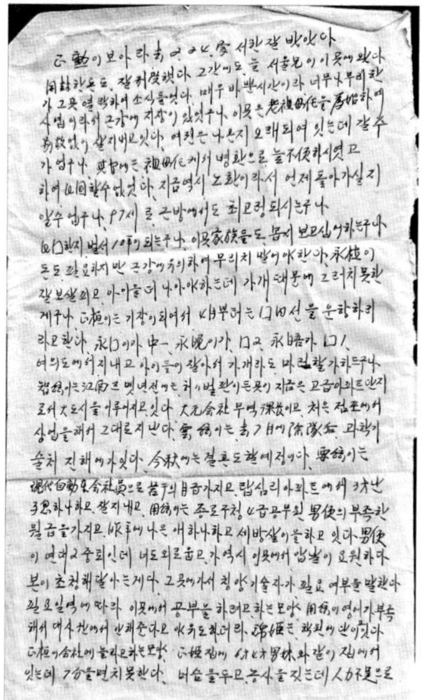

正勳이 보아라 去 2. 24. 字 서한 잘 받았다
[illegible] 돈도 잘 처리했다 그간에도 늘 서울분이 이곳에 왔다
가 그곳 연락하여 소식을 넣다. 매우 바쁜 시간이라 너무 [illegible]
사업이라서 근강에 지장이 있었구나. 이곳은 老祖母任을 爲始하여
無故없이 살지내고 있다. 여긴은 나온지 오래되어 있는데 갈 수
가 없구나. 其間에는 祖母任께서 병환으로 늘 不便하시였고
하여 [illegible]할 수 없었다. 지금 역시 노환이라서 언제 돌아가실지
알 수 없구나. 97세로 근방에서도 최고령 되시는구나
[illegible]한지 벌써 10年이 되는구나. 이곳 家族들도 몹시 보고싶어 하는구나
돈도 필요하지만 근강에 주의하여 무리치 말아야 한다. 永植이
잘 보살피고 아이를 더 나아야 하는데 가개 때문에 그러지 못한
게구나. 正植이는 기장이 되어서 6月부터는 [illegible]선을 운항하리
라고 한다. 永[illegible]이가 中一, 永暁이가 [illegible], 永晧가 [illegible]
여의도에서 지내고 아이들이 잘아서 가개라도 마련할가 하드구나.
昌錫이는 江南으로 몇년전에는 허허벌판이든 곳이 지금은 고급아파트 단지
로서 大도시를 이루어지고 있다 大元会社 무역課長이고 처은 점포에서
상업을 해서 그대로 지난다. 雲錫이는 去 7月에 除隊後 과학기
술처 진해에 가 있다. 今秋에는 결혼도 할 예정이다. 要錫이는
現代自動車会社員으로 봉급의 月급가지고 [illegible] 아파트에서 3才난
子息 하나하고 잘 지내고, 用錫이는 종로주청 6급공무원 男便의 부족한
월급을 가지고 [illegible]에 나은 애 하나하고 세방살이를 하고 있다. 男便
이 연대2중퇴인데 너도 외로웁고 가역시 이곳에서 앞날이 요원하다
본이 초청해 달아는 게다. 그곳에 가서 [illegible]기술자가 필요 여부를 말해다
필요일 경에 따라 이곳에서 공부를 하려고 하는 모양. 用錫이 영어가 부족
해서 [illegible]에서 안해준다고 애 쓰도 해더라. 錦姬는 [illegible]에 안이었다
正植이 会社에 놀리고 하는 모양. 正姬 집에 6才 4才 男妹와 같이 집에서
있는데 7分을 변치 못한다. 벼슴을 두고 농사를 짓는데 人力不足으로

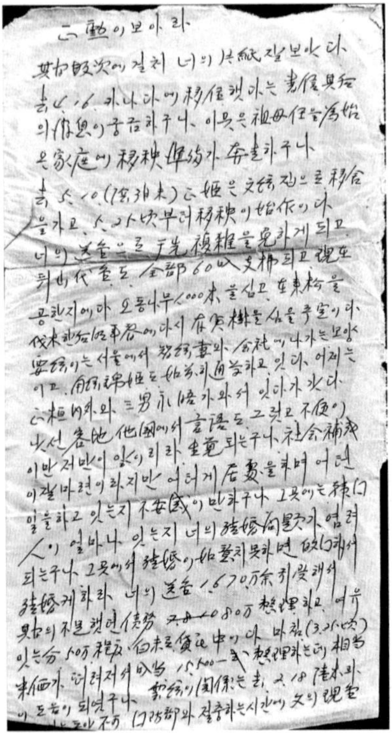

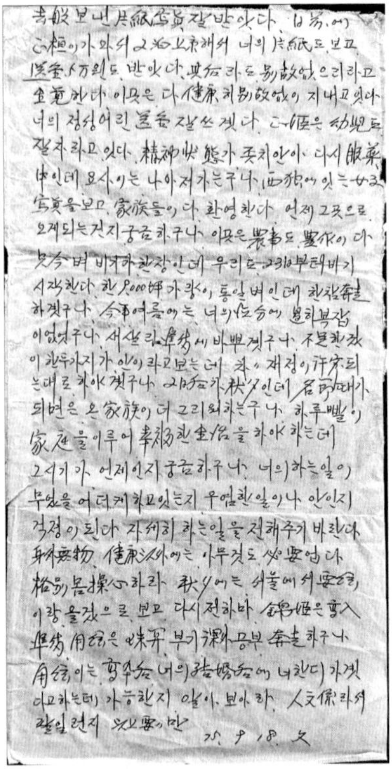

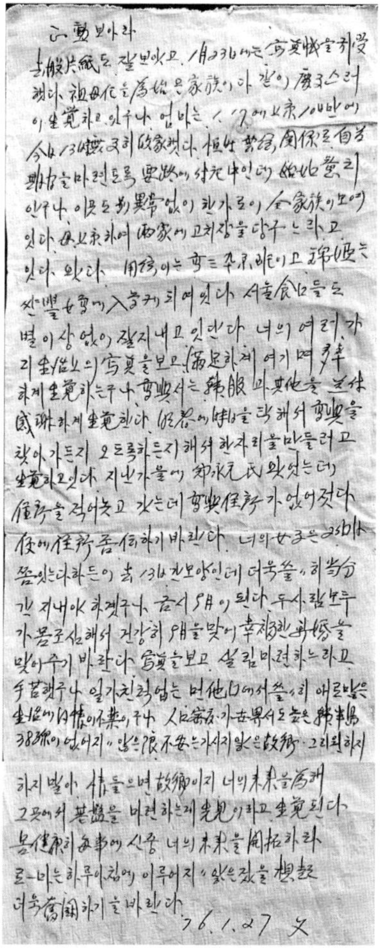

正勳 보아라

去般片紙도 잘 보았고. 1月23日에는 寫眞帳을 引受
했다. 祖母任을 爲始한 家族이 다 같이 慶事스러
이 生覺하고 있구나. 엄마는 1.17에 上京 10여만에
今日 13日 無事히 歸家했다. [illegible] 關係로 [illegible]
[illegible]을 마련토록 [illegible]에 研究中인데 [illegible]
인구나. 이곳도 別異常없이 한가로이 全家族이 모여
있다. 母上京하여 兩家에 고치장을 당구느라고
있다 왔다. [illegible]이는 [illegible]이고 [illegible]는
[illegible] 女高에 入学케 되어 있다. 서울食口들도
별이상없이 잘지내고 있단다. 너의 여러 가
지 [illegible]의 寫眞을 보고 滿足하게 여기며 [illegible]
하게 生覺하는구나. 當地서는 韓服과 其他을 [illegible]
[illegible]하게 生覺한다. [illegible]에 [illegible]을 [illegible]해서 當地을
찾아가든지 오도록하든지 해서 한자리를 만들려고
生覺하고 있다. 지난가을에 [illegible]氏 왔었는데
住所를 적어놓고 갔는데 當地住所가 없어졌다
[illegible]에 住所 좀 [illegible]하기 바란다. 너의 女子는 25日[illegible]
쯤 있는다 하든이 [illegible] 13日 [illegible]보양인데 더욱 쓸쓸히 當分
간 지내야 하겠구나. 올시 5月이 된다. 두사람 모두
가 몸조심해서 건강히 9月을 맞이 幸福한 結婚을
맞아주기 바란다. 寫眞을 보고 살림마련하느라고
手苦했구나. 일가친척 없는 먼 他國에서 쓸쓸히 애로 많은
生活에 [illegible]情이 [illegible]구나. 人口[illegible]가 世界서도 높은 韓半島
38線이 없어지지 않은 限 不安는 가시지 않은 故鄕. 그리워하지
하지 말아. 情들으면 故鄕이지 너의 未來를 爲해
그곳에서 基盤을 마련하는 게 先見이라고 生覺된다
몸健康히 每事에 신중 너의 未來를 開拓하라
로-마는 하루아침에 이루어지지 않은 것을 想起코
더욱 奮鬪하기를 바란다.
76.1.27 父

장모님의 편지

안녕하십니까
한국의 계절은 서리가 네리고 짙은 가을이 랍니다.
병숙이 어머님 되는 사람입니다.
따뜻한 마음으로 병숙이를 아껴주는데 대하여 고마움을 느낍니다.
병숙이로 부터 대충 이야기를 듣고 짐작은 하였으나 우리 딸애와 결혼을 해야 겠다는 갑작스런 편지를 받고 보니 어리둥절하고 어떻게 답을 해드려야 할지 지금도 의문 스럽습니다.
온 집안 식구가 귀국할 날을 하루 하루 손꼽아 기다리 다가 갑작스런 편지를 받고 영영 만나 볼수 없다는 착각에서 설렝이고 있읍니다.
진작 답을 해드려야 인사인줄 알고 있으나 부모와 언니 오빠 그리고 병숙이의 의사를 존중하다 보니 이렇게 충격적이고 이해할수 없을것 같아서 많은것을 생각하였읍니다.
내 팔위에서 재롱을 부리던 때가 엊그제 같은데 벌써 배우자를 찾은 성숙한 여자가 되었다는 것에 보람을 느끼기도 하지만 부모 형제를 떠나 다른 나라로 가더니 또 돌아올 여유 없이 평생을 가까이서 위로하고 사랑해 줄수있는 짝을 찾아서 떠나는 딸애가 서운하기 그지 없읍니다.
귀엽고 어루 만져주고 싶은 딸이지만 부모 마음을 몰라 주는것 같아서 어쩔때는 믿기도 하고 원망스럽기까지 합니다.
많은것을 가르쳐 주지 못했고 호사스럽게도 키우지 못했지만 나에게는 소중한 딸이랍니다.
딸가진 부모 모두가 떳떳하게 자라서 좋은데 시집가서 행복하게 살기를 원했겠지요.
병숙이 부모역시 남에게 잘낮다고 내놓지는 못할 망정 딸의 장래를 염려하고 걱정하고 있답니다.

병숙이의 편지에 의하면 하나도 나무랄데 없는 좋은 사람이라고
칭찬이 대단한걸 보니 좋아하는 눈치인것 같읍니다.
일생에 가장 중요한 일은 세상에 태어난 일, 혼인하는 일, 죽는 일이
라고 성인들은 말합니다.
중요한 일의 하나인 혼인하는 일에 부모 형제가 남들처럼
돌봐주지 못하고 지켜 봐주지 못하는 것은 가슴 아픈 일입니다.
전번에 애 아버지가 충청도에서 궁도 대회가 있어 가는 길에 귀
댁을 가셨읍니다.
가셔서 대접도 잘으시고 정이 담긴 좋은 이야기를 나누었다고
흐뭇하게 여기고 있읍니다.
모든게 좋은 뜻이겠지요
옛말에 내 딸이 좋아야 좋은 사위를 얻을수 있다는 말이 있읍니다.
들은 바에 의하면 좋은 가정 좋은 형제를 두고 있다고 하는데
우리 딸이 품위 있는 귀댁의 사람이 된다면 할바를 할수 있을런지
모르겠읍니다.
우리 집은 재물이 많은 부자집도 아니고 똑똑하고 잘난 인물이
사는 명문의 가정도 아닙니다.
그저 남에게 의지하지 않고 내일을 위하여 하루 하루를 충실하게
살아가는 평범한 가정이라고 말할수 있읍니다.
나는 내딸의 분수에 맞는 신랑을 골라서 결혼시켜 가까이서 살수
있도록 하는것이 솔직한 심정입니다.
부모의 과욕이 졸열하고 세대에 맞지 않는 마음이라고 할수
있겠지만 형제라고는 언니 오빠뿐이라서 적은 일이라도 직접
도와가면서 다정하고 의좋게 살아가는 것을 원했는데 막둥이
딸애와 사위는 아니 멀리 먼 타국에 두어야할 입장이 되고 보니
이해와 정이 얼마나 통할련지 궁금 합니다.
물론 멀리 있다고 해도 마음의 따뜻한 정은 가까이 있을수도
있겠지요
부모 형제의 마음과 딸애의 마음이 약간 엇갈린 입장이라서

어떻게 끝을 맺어야 할지 매우 어렵습니다.
모든것을 슬기롭게 풀어가기 위해선는 병숙이의 의사에 맞겨두는 겄이 현명하다 믿읍니다.
서신 한통 사진 한장 삭면하고 의사를 전달하는 입장이고 보니 서먹 서먹 한점이 많읍니다.
모든것을 접어 생각하시고 많은 이해를 바랍니다.
다정스럽게 말을 나누지 못하고 딱딱하게 했다고 해서 서운하게 생각하지 마십시요.
인연이 맺어 진다면 다정닺정하게 이야기 많이 나눕시다.
글씨가 잘 보이지 않고 자주 쓰지 않는 글이라서 아들의 도움으로 글을 쓰고 잇읍니다.
아므쪼록 건강하시고 마음 먹은대로 모든일이 잘이루어 지기를 바랍니다.

조정훈 앞
1975년 10월 27일

숙아 독일에서 출발하면서 보낸 서신 잘받아 보았다.
그동안 카나다에서 정훈과 숙이 건강에 변함 없길 빈다.
10월 1일 오전 4시에 전화가 정훈에게서 너무 고맙고 미안하게 생각하고 있다.
막내 숙이의 음성을 듣고 싶어 정훈이와(막내사위) 이야기도 않고 무조건 바궈 달라고 하면서 작별 인사도 못해 섭섭이 생각했겠다.
엄마는 목이 매여 아버지를 바꿨는데 교환들이 끈어버려 할말을 다못해 엄마 잘못을 원망했다.
혹 전화 널때는 여관 (261) 우리방(732) 언니집(733)이란다.
통화료가 비싸지

일생에 기쁜날 부모 형제가 참석지 못해 흡족하게 못해준
소포나마 대신 우리 숙의 게로운 심정을 십분지 일이라도 더러
줄까 하였다.
그러한 사정 때문에 며칠 사이에 소포마져 속을 싹인다 하였더니
너희들 앞날에 행복이 더욱더 행복해 진것 처럼 빨리 해결이 되어
소소한 소포지만 부송하게 되어 이러한 사정이 없는것 보다 더욱
반가워 12월 9일에 부송한다.
숙아 약혼 결혼 복잡하게 생각지 말고 둘이 잘 의논하여 약혼
결혼겸 끝마치면 어떻겠니.
한국에도 작년부터 청첩내면 벌금이고 약소하게 치른다.
숙아 말이 타국에서 두사람 뿐이니 아무쪼록 정훈이 기분을
거스리지 말고 모든것을 오손 도손 의논하며 의사에 맡기고
처음부터 끝까지 기분 마음으로 진행하길 축원한다.
숙아 이달에는 두사람의 생일 달이고 해서 찬감을 마음대로
보내고 싶으나 물품보다 소포료 주기가 그래서 조금 부친다.
정훈이 몇년만에 기쁜 생일을 맞이 하는것 같으니 꼬사리 같은
손으로 서트른 솜씨나마 정성것 노력 해봐라.
언재 해봤느냐. 잘못돼도 이해할 것이다.
주위에서 가르쳐 줄사람도 없이 짧은 시일이지만 어떻게 하나
싶어 엄마는 걱정이다.
할말은 많으나 시간이 없다고 밖에 아버지가 독촉을 하니 두서
없이 이만 줄인다.
아무쪼록 둘이의 경사가 소원 성취가 뜻대로 이루어 지길 바란다.

1975년 12월 9일

소포
정훈 한복, 내의, 잠옷, 넥타이 핀은 마고자 고리다, 마고자
안감을 새신랑 옷이라고 고은 색을 넣으니 다음 한국오면 다시
고쳐 주마.

숙이 한복   세벌, 파라보의 초록색은 새언니 선물, 잠옷,
버선, 브라자, 실내 양발, 핸드백, 전체 콜세트, 시아게분,
별도 소포. 문어, 곤봉장어, 새우 농어포(살만떠서 양념에 무쳐으니
술안주에 그냥 먹으면 되고, 후라이판에 살짝 구어서 밥 반찬해도
좋다. 살뜨면 얼마 되지 않고 한국서도 잘 안난다.
특별히 했으니 마음에 안들런지 모르나 조정훈이 술안주만 해라.
해태 2 속 ,팬티 3장.

보고 싶은 막내야.
날씨가 갑자기 눈바람을 하며 추워 지는것 같다.
숙아 그동안 몸건강히 지내는지 궁금하구나.
카나다는 한국과 달라 몹시나 기후가 춥다는데 학교에 나갈랴
살림 꾸러 나갈야 여러모로 복잡하여 몸도 고델텐데 걱정이
되다가도 조서방이 도와 줄걸로 믿으며 아픈 가슴이 한편 놓인다.
가까이 살면는 얼마나 좋겠느냐.
숙아 추워라도 남편 마음 상하지말고 말이 타국에서 누가 있고
또있느냐   서로 서로 의논하여 도와 가면서 행복하기를 바란다.
너희들 생일도 가까워지고 여러가지로 궁금하고 보고 싶은
찰라에 너 입던 옷을 보니 더욱 보고 싶어 펜을 드니 마음이
후련하다.
숙아 10월 20일에 아버지가 공주 궁도대회 가셔서 논산에서
주무시게 되어 너의 시댁에 가셨는데 너의 시아버지 말씀이
1월쯤에 녹동에 오시기로 하셨단다.
우리가 가을에 음식좀 해가지고 갈려고 마음 먹었는데 오신다
하시니까 그때 섭섭하지 않게 인사 할려고 한다.
오빠도 편지 못해 걱정은 하더라 마는 농봉기에 출장이 많아 항상
바뿌다.

언니 집도 형부가 그전 두통이 재발하여 광주 대학 병원 치료 받고 약 1개월 쯤 고생하다 겨우 학교로 출근한지 10일 정도 된것 같다.
편지 없다고 섭섭이 생각 마라.
정은이가 우리 이모한테 편지 한다면서 공부 잘한단다.
지성이도 사방을 기어 다닌다.
숙아 너 반가운 소식을 바라는데 그런데서는 애가 있으면 더욱 고생이 된다 드라만 여자가 구실이오니 하는수 없으나 걱정이다.
필요한것 있으면 부탁해라. 보내주마.
부디 몸조심하여라

1975년 11월 15일.
엄마 씀

병숙아 편지와 돈 잘받았다.
숙아 이럴줄 알았드라면 꼭 필요한 것만 간단히 독일로 부치고 다음 나머지 카나다로 부칠것을 넥타이 핀 때문에 황국장 딸이 무슨 책을 보면 좋은 방도가 이따기에 수차 우체국에 들렸으나 이런일은 생각지 않고 30일까지 카나다에 보낼 연구만 했구나.
요즘 결혼 식이 밀려 있는데도 그사이로 이용할려고 일주일을 살다 시피 했다.
야튼 너와 약속을 지킬려고 녹동에 힌공단 파티복이 없어 엄마가 여러가지 겸사 광주가서 순모로 수고를 끼쳤으니 다음 시간이 있으면 인사편지 내도록 하라.
킬로수야 어떻던 간에 준비는 했다.
일생에 꼭 한번있는 중요하고 뜻 깊은날에 부모 형제가 참석하지 못해 한국 소포로 대신 너희들 축하의 뜻을 표시할수 밖에 없어

힘껏 준비해 만든다.
시기를 마추지 못해 기분이 언찬지만 빨리 좋은 소식을 살펴서 부쳐 주도록 하마.
넥타이 핀과 핸드백은 형부가 했단다.
숙아 엄마 부탁은 이런일로 너희들 운수 소간이니 그렇다고 아무 기약없이 돌아 오지 말고 형편 되는대로 끝을 맺으면 여자와 남자가 다르다는걸 잊지말고 조씨와 잘 상의 해서 장래에 후회가 없도록 명심하기를 바란다.
오빠도 조씨와 너에게 편지 써놓고 소포 부칠때 조목 조목 써서 부친다고 안부치고 집에 나두었다.
가들랑 편지 없다고 섭섭하지 말고 안부 전하여라 .
부디 몸조심하고 기분 좋게 출발하여 안심하고 돌아 오기를 바란다.
편지와 함께 꼭 필요한 것만 다소 부칠려고 생각 했으나 못받을까봐 두려워서 못부친다.
그러나 카나다 아니고 좋은 방도가 있으면 어떠한 식이고 부칠테니 방법을 알려다오.
펜을 오래 들으면 마음이 이상하니 이만 줄인다.
병숙아 한국에 경사는 새언니가 어린애를 가져 1월쯤 날것 같다.
숙아 밥해 먹을것 같으면 서투를것 같으니 찬이 성가시면 독일 친구를 통애 찬거리를 보내 줄까.
최 집사 집에서 쓰봉을 안부쳐 준다.

1975년 11월 20일 아침에
망내딸 숙이에게 엄마 씀

※ 장모님의 표현과 맞춤법 등을 수정 없이 실었습니다.

형님의 편지

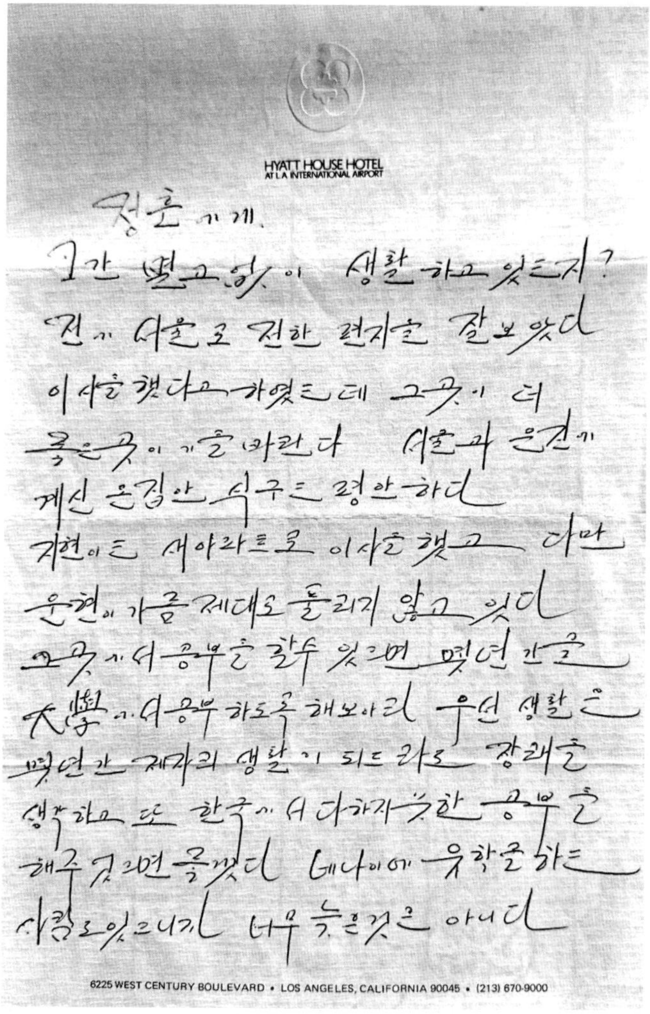

HYATT HOUSE HOTEL
AT L.A INTERNATIONAL AIRPORT

정훈에게.

그간 별고 없이 생활하고 있는지?
전에 서울로 전한 편지를 잘 보았다
이사를 했다고 하였는데 그곳이 더
좋은 곳이기를 바란다 서울과 온천에
계신 온집안 식구는 평안하다
지현이는 새아파트로 이사를 했고 다만
운현이가 좀 제대로 풀리지 않고 있다
그곳에서 공부를 할수 있으면 몇년간을
大學에서 공부하도록 해보아라 우선 생활은
몇년간 제자의 생활이 되드라도 장래를
생각하고 또 한국에서 다하지 못한 공부를
해주었으면 좋겠다 60나이에 유학을 하는
사람도 있으니까 너무 늦은것은 아니다

6225 WEST CENTURY BOULEVARD • LOS ANGELES, CALIFORNIA 90045 • (213) 670-9000

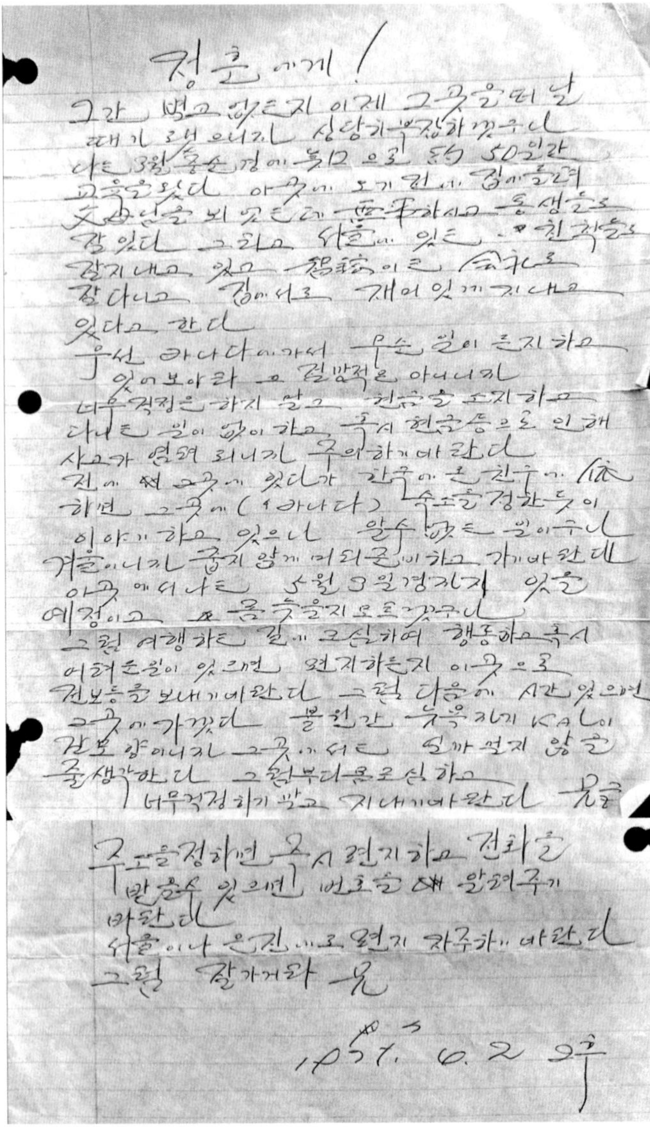

정훈에게!

그간 별고 없는지 이제 그곳을 떠날
때가 되었으니까 상당히 분주하겠구나
나는 3월 중순경에 농12 으로 약 50일간
교육을 왔다 아주머니 오기 전에 집에 들려
父母님을 뵈었는데 無事하시고 동생들도
잘 있다 그리고 서울에 있는 친척들도
잘지내고 있고 錫鉉이는 숙대로
잘다니고 집에서도 재미있게 지내고
있다고 한다

우선 카나다에 가서 무슨 일이든지 하고
있어보아라 절망적은 아니니까
너무 걱정은 하지 말고 현금을 소지하고
다니는 일이 없이 하고 혹시 현금등으로 인해
사고가 염려되니까 주의하기 바란다
전에 그곳에 있다가 한국에 온 친구에 依하면 그곳에(카나다) 숙소를 정한듯이
이야기 하고 있으나 알수 없는 일이구나
겨울이니까 춥지 않게 머리끝에 하고 가기 바란다
아곳에서 나는 5월 3일경까지 있을
예정이고 몸 굿을지 모르겠구나
그럼 여행하는 길에 조심하여 행동하고 혹시
어려운일이 있으면 연락하든지 이곳으로
전보등을 보내기 바란다 그럼 다음에 시간 있으면
그곳에 가겠다 불원간 늦어지게 KAL이
갈모양이니까 그곳에서는 얼마 멀지 않을
줄 생각한다 그럼 부디 몸조심하고
너무걱정하지 말고 지내기 바란다 兄

주소를 정하면 즉시 편지하고 전화를
받을수 있으면 번호를 알려주기
바란다
서울이나 은진에로 편지 자주하기 바란다
그럼 잘가거라 兄

1977. 6. 2 오후

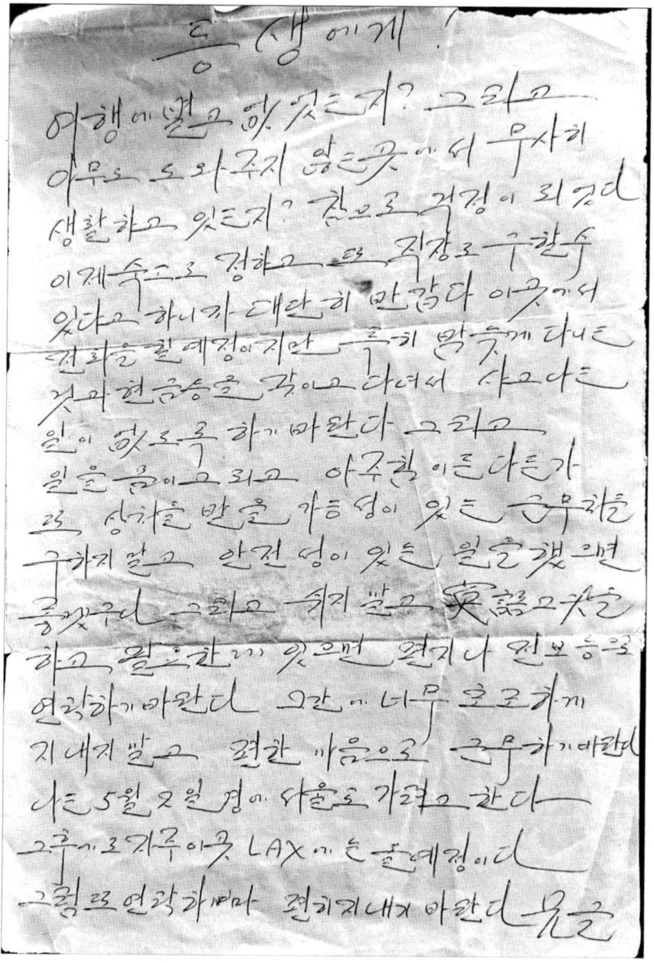

동생에게!

여행에 별고 없었는지? 그리고
아무도 도와주지 않는 곳에서 무사히
생활하고 있는지? 참으로 걱정이 되었다
이제 숙소도 정하고 또 직장도 구할 수
있다고 하니까 대단히 반갑다 이곳에서
전화를 할 예정이지만 특히 밤늦게 다니는
것과 현금등을 갖이고 다녀서 사고나는
일이 없도록 하기 바란다 그리고
일은 늦어도 되고 아주 험한 일이든가
또 상처를 받을 가능성이 있는 근무처를
구하지 말고 안전성이 있는 일을 했으면
좋겠구나 그리고 쉬지 말고 英語工夫를
하고 일을 할 때 있으면 편지나 전보등으로
연락하기 바란다 그간에 너무 초조하게
지내지 말고 편한 마음으로 근무하기 바란다
나는 5월 2일경에 서울로 가려고 한다
그후에 로가루이곳 LAX에는 올 예정이다
그럼 또 연락하마 편히 지내기 바란다 윤근

형님(아내의 오빠)의 편지

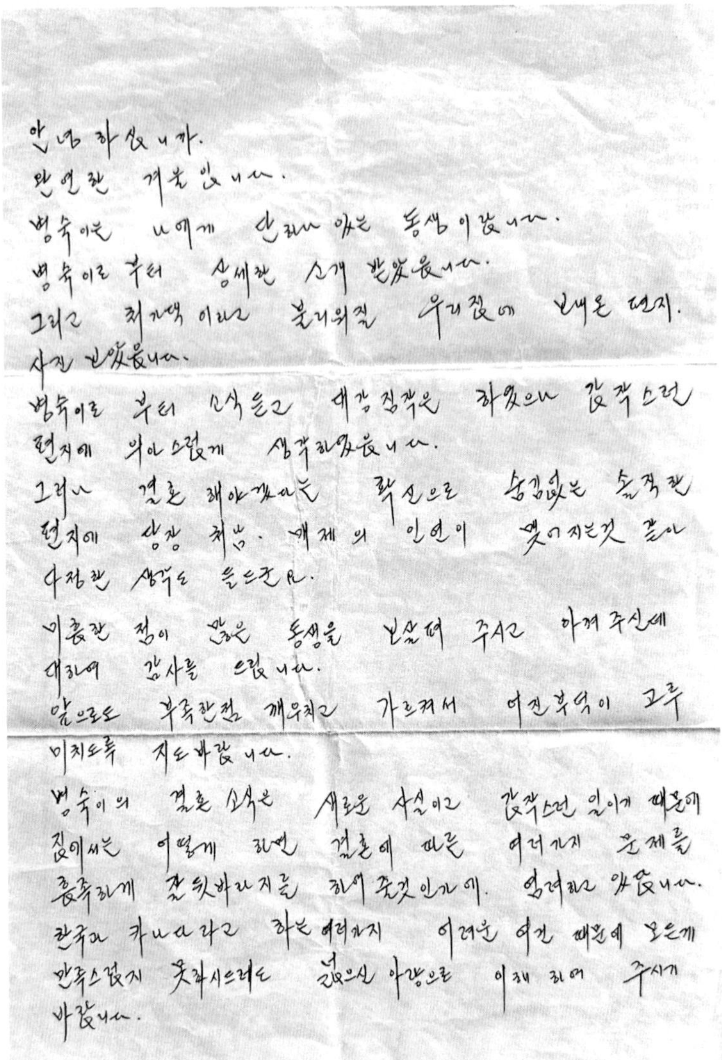
안녕하십니까.
완연한 겨울입니다.
병숙이는 나에게 단하나 있는 동생이랍니다.
병숙이로 부터 상세한 소개 받았읍니다.
그리고 처가댁이라고 불리워질 우리집에 보내온 편지.
사진 보았읍니다.
병숙이로 부터 소식듣고 대강 짐작은 하였으나 갑작스런
편지에 의아스럽게 생각하였읍니다.
그러나 결혼해야겠다는 확신으로 숨김없는 솔직한
편지에 상장 처음. 매제의 인연이 맺어지는것 같아
다정한 생각도 들든군요.
미흡한 점이 많은 동생을 보살펴 주시고 아껴주신데
대하여 감사를 드립니다.
앞으로도 부족한점 깨우치고 가르쳐서 여진부덕이 고루
미치도록 지도바랍니다.
병숙이의 결혼 소식은 새로운 사실이고 갑작스런 일이기 때문에
집에서는 어떻게 하면 결혼에 따른 여러가지 문제를
흡족하게 잘 뒷바라지를 하여 줄것인가에. 염려하고 있읍니다.
한국과 카나다라고 하는 여러가지 어려운 여건 때문에 모든게
만족스럽지 못하시드래도 넓으신 아량으로 이해 하여 주시기
바랍니다.

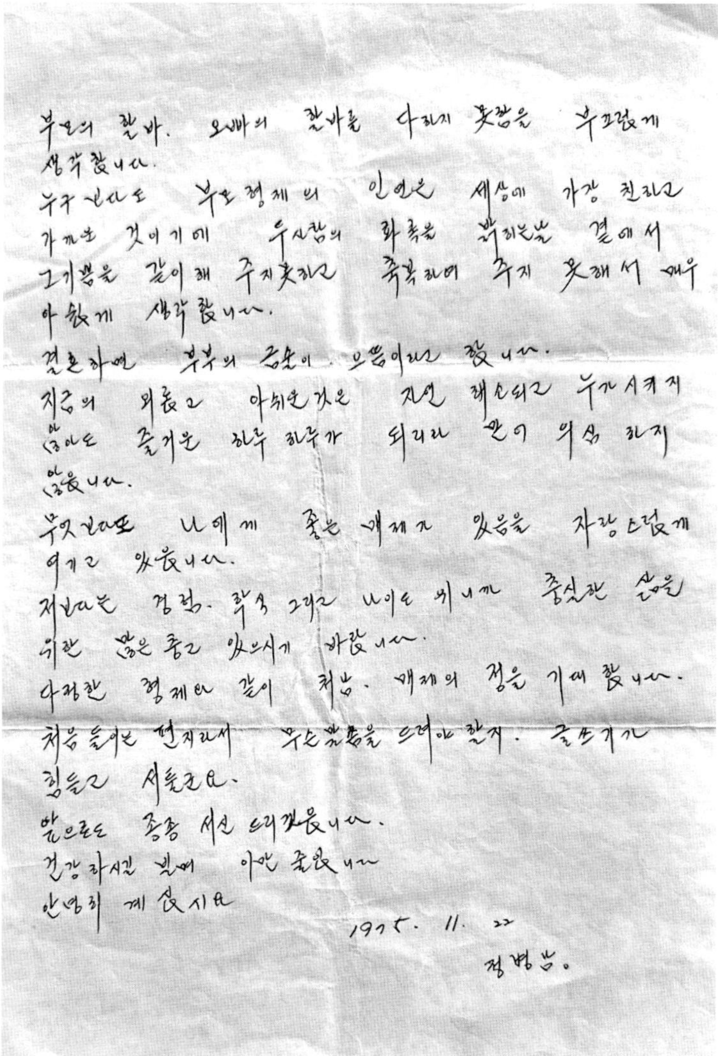
부모의 할바. 오빠의 할바를 다하지 못함을 부끄럽게
생각합니다.
누구보다도 부모형제의 인연은 세상에 가장 친하고
가까운 것이기에 우리참의 화촉을 밝히는날 곁에서
그기쁨을 같이해 주지못하고 축복하여 주지 못해서 매우
아쉽게 생각합니다.
결혼하면 부부의 금슬이 으뜸이라고 합니다.
지금의 외롭고 아쉬운 것은 자연 해소되고 누가 시키지
않아도 즐거운 하루 하루가 되리라 믿어 의심 하지
않읍니다.
무엇보다도 나에게 좋은 매제가 있음을 자랑스럽게
여기고 있읍니다.
저보다는 경험. 학식 그리고 나이도 위니까 충실한 삶을
위한 많은 충고 있으시기 바랍니다.
다정한 형제와 같이 처남. 매제의 정을 기대합니다.
처음 들여본 편지라서 무슨 말씀을 드려야 할지. 글쓰기가
힘들고 서툴군요.
앞으로도 종종 서신 드리겠읍니다.
건강하시길 빌며 이만 줄입니다
안녕히 계십시요
1975. 11. 22
정병남.

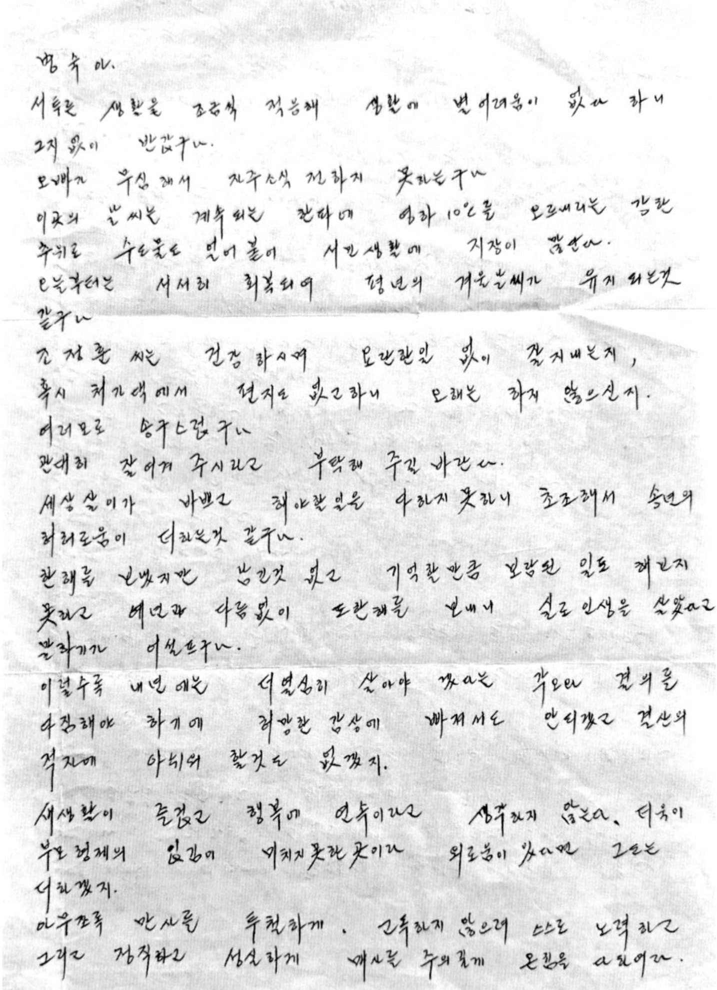
명숙아.
새로운 생활을 조금씩 적응해 생활에 별 어려움이 없다 하니
그지없이 반갑구나.
오빠가 무심해서 자주 소식 전하지 못하는구나
이곳의 날씨는 계속되는 한파에 영하 10℃를 오르내리는 강한
추위로 수도물도 얼어붙어 시민생활에 지장이 많단다.
오늘부터는 서서히 회복되어 평년의 겨울날씨가 유지되는것
같구나
조정훈 씨는 건강하시며 요란한일 없이 잘지내는지,
혹시 처가댁에서 편지도 없고하니 오해는 하지 않으신지.
여러모로 송구스럽구나
관대히 잘여겨 주시라고 부탁해 주길 바란다.
세상살이가 바쁘고 해야할일을 다하지 못하니 초조해서 송년의
허허로움이 더하는것 같구나.
한해를 보냈지만 남긴것 없고 기억할만큼 보람된 일도 해보지
못하고 예년과 다름없이 또한해를 보내니 실로 인생을 살았다고
말하기가 어설프구나.
이럴수록 내년에는 더열심히 살아야 겠다는 각오와 결의를
다짐해야 하기에 허망한 감상에 빠져서도 안되겠고 결산의
적자에 아쉬워 할것도 없겠지.
새생활이 즐겁고 행복에 연속이라고 생각하지 않는다. 더욱이
부모형제의 입김이 미치지못한 곳이라 외로움이 있다면 그도는
더하겠지.
아무쪼록 만사를 뚜렷하게. 고독하지 않으려 스스로 노력하고
그리고 정직하고 성실하게 매사를 주의깊게 온힘을 다하여라.

남편에게는 언제나 존경을 다하여 소중히 받들고
의견이나 견해차이는 표면화하여 대결하는 일이 없이
항상 그것을 존중하고 뒷바라지에 최선을 다하여라.
방숙이는 방숙이의 판단을 가지고 있기에 염려하고
싶지 않구나.

기쁨보다는 고통과 더 친숙하게 살아온 방숙이기에
누구보다 더 밝게 즐겁게 사는 요령을 통달하였으리라
믿는다.

우리집은 잘 지내고 있다.
부모님 건강도 좋으시고
누나 식구 역시 거리낌 없이 생활하시고 계신단다.
우리 딸 지상이는 돌(77년 1월 25일)이 얼마 남지 않았는데도
아직까지 걷지 못하고 엉덩이 방아만 찧은 형편이란다.
요즈음은 어리광이 늘어서.
조금이라도 비위가 거슬리면 떼짜를 놓는데 그 기세는 보통이 넘는단다.
부모입장으로는 성격형성에 결함이 생길 것 같애 걱정이란다.
언니는 딸 때문에 너에게 편지 한번 제대로 쓰지 못해서 미안해
한단다.
언니를 이해하고, 오빠보단 성격 거슬리지 않을라 고생이 많단다.
얼마전에 아버님은 활쏘시고 오시는길에 논산에 들려서 너의 시아버님
뵙고 오셨단다.
매우 반갑게 대해 주셔서 흐뭇해 하시더라.
집걱정 하지 말고 항상 건강에 유의하고 남편 뒷바라지에 게을리지
말도록 거듭 부탁하고 이만 줄인다.
또 소식 전하마. 1976. 12. 30
고국에서 "오빠"

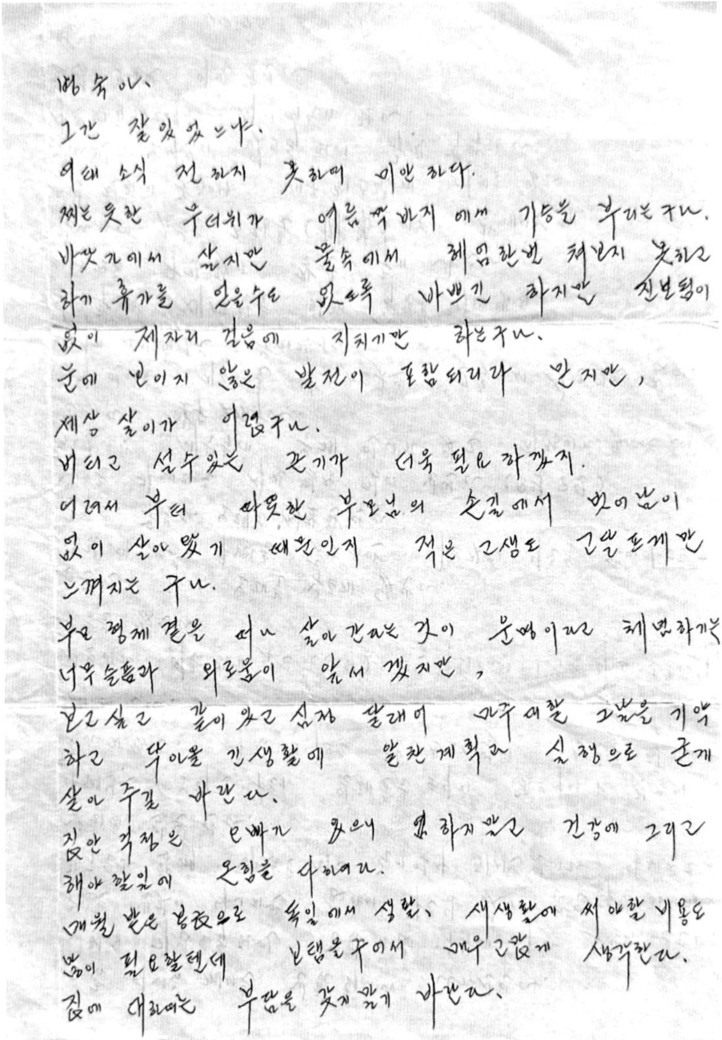

명숙아,

그간 잘있었느냐.

여태 소식 전하지 못하여 미안하다.

쩨는 못한 무더위가 여름 막바지에서 기승을 부리는구나.

바닷가에서 살지만 물속에서 헤엄한번 쳐보지 못하고

하계 휴가를 얻을수도 없도록 바쁘긴 하지만 진보됨이

없이 제자리 걸음에 지치기만 하는구나.

눈에 보이지 않은 발전이 포함되리라 믿지만,

세상 살이가 어렵구나.

버티고 설수있는 끈기가 더욱 필요하겠지.

어려서 부터 따뜻한 부모님의 손길에서 벗어남이

없이 살아왔기 때문인지 적은 고생도 고달프게만

느껴지는구나.

부모형제 곁을 떠나 살아간다는 것이 운명이라고 체념하기는

너무 슬픔과 외로움이 앞서겠지만,

보고싶고 같이 있고 싶정 달래어 마주 대할 그날을 기약

하고 다가올 긴 생활에 알찬 계획과 실행으로 굳게

살아 주길 바란다.

집안 걱정은 오빠가 있으니 염려하지 말고 건강에 그리고

해야 할일에 온힘을 다하여라.

1개월 받은 봉급으로 숙일에서 생활, 새생활에 써야할 비용도

많이 필요할텐데 보탬을 주어서 매우 고맙게 생각한다.

집에 대하여는 부담을 갖지 말기 바란다.

요즘 어머님 께서는 보험회사에 나가신단다.
보험에 가입토록 하면 보험 가입 액수에 따라 수당이 나온단다.
수입은 별것이 아니지만 집에서 하는일 없이 답답하고 하니까.
친구들과 함께 바람도 쐬고 놀기겸사 하시는 일이다 아버지도
말리지 않는 단다.
아버님은 오래전 부터 일체 술을 드시지 않으시니까 건강이
좋아지셨고. 아침 저녁으로 활을 쏘시는 일에 소일을 하고
계신 단다.
정은이가 어즈께 학교 (교회) 콩클 대회에서 1등을 하고 군중에서
2등을 했단다.
곧순천에 가서 노래를 부르게 됐단다.
생김 생김은 아빠를 닮았지만 하는것은 어므를 닮아서 그런지
공부도, 무용도, 노래도 썩잘한 단다.
보내준 카메라로 사진 몇장 찍어 보낸다. (8월 8일)
3년이란 세월속에 올케 언니가 있고 지성이가 있다는것이
변했다고 할수 있겠구나.
올케 언니가 지성이를 안고 있는곳은 고흥에서 살고있는 집이고
나머지 사진배경은 우리집이다.
얼마후에는 새생활을 위해 독일을 떠나겠지.
아무쪼록 구김없이 잘살아 주기 바란다.
카나다에 있는 조정훈(妹弟)씨는 잘계시는지.
소식 전하지 못해서 매우 죄스럽게 여기고 있다.
만나면 노여움이 없도록 하여 주길 부탁한다.
시간 여유 있는대로 서신띄울까 한다.
그럼 오늘은 이만 줄인다
안녕
1976. 8. 18
오빠.

동생의 편지

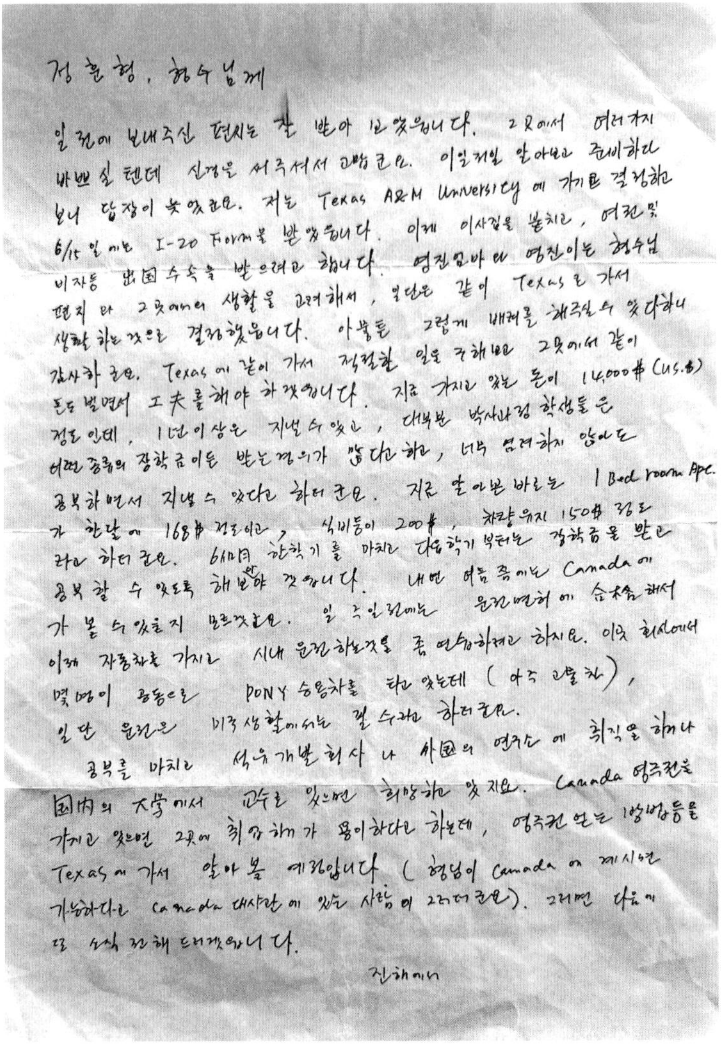

정훈형, 형수님께

일전에 보내주신 편지는 잘 받아 보았읍니다. 그곳에서 여러가지 바쁘실 텐데 신경을 써주셔서 고맙군요. 이일저일 알아보고 준비하다 보니 답장이 늦었군요. 저는 Texas A&M University 에 가기로 결정하고 6/15 일에는 I-20 Form를 받았읍니다. 이제 이사짐을 붙치고, 여권및 비자등 出國 수속을 받으려고 합니다. 영진엄마와 영진이는 형수님 편지와 그곳에서의 생활을 고려해서, 일단은 같이 Texas로 가서 생활하는 것으로 결정했읍니다. 아뭏튼 그렇게 배려를 해주실수 있다하니 감사하군요. Texas에 같이 가서 적절한 일을 구해보고 그곳에서 같이 돈도 벌면서 工夫를 해야 하겠읍니다. 지금 가지고 있는 돈이 14,000$ (U.S.$) 정도인데, 1년이상은 지낼수 있고, 대부분 박사과정 학생들은 어떤 종류의 장학금이든 받는경우가 많다고 하고, 너무 염려하지 않아도 공부하면서 지낼수 있다고 하더군요. 지금 알아본 바로는 1 Bed room Apt. 가 한달에 168$ 정도이고, 식비등이 200$, 차량유지 150$ 정도 라고 하더군요. 6개月 한학기를 마치고 다음학기 부터는 장학금을 받고 공부할 수 있도록 해보아야 겠읍니다. 내년 여름쯤에는 Canada에 가 볼 수 있을지 모르겠군요. 일주일전에는 운전면허에 合格해서 이제 자동차를 가지고 시내 운전하는것을 좀 연습하려고 하지요. 이곳 회사에서 몇명이 공동으로 PONY 승용차를 타고 있는데 (아주 고물차), 일단 운전은 미국생활에서는 필수라고 하더군요.
공부를 마치고 석유개발회사나 外國의 연구소에 취직을 하거나 國內의 大學에서 교수로 있으면 희망하고 있지요. Canada 영주권을 가지고 있으면 그곳에 취직하기가 용이하다고 하는데, 영주권 얻는 방법등을 Texas에 가서 알아볼 예정입니다 (형님이 Canada에 계시면 가능하다고 Canada 대사관에 있는 사람이 그러더군요). 그러면 다음에 또 소식 전해 드리겠읍니다.

진해에서